【中华智慧集萃丛书】

总主编 冯天瑜 张艳国

兵家韬略

何晓明 何顺进 编著

武汉大学出版社

养生荟要　知荣远辱　谋略经纬　文人雅言　人生箴言　家训辑览　学规菁华　官箴要语　和谐融通

图书在版编目(CIP)数据

兵家韬略/何晓明,何顺进编著.—武汉:武汉大学出版社,2007.10
中华智慧集萃丛书/冯天瑜　张艳国总主编
ISBN 978-7-307-05506-3

Ⅰ.兵…　Ⅱ.①何…　②何…　Ⅲ.兵法—中国—古代
Ⅳ.E892.2

中国版本图书馆 CIP 数据核字(2007)第 042948 号

责任编辑:宋玲玲　责任校对:王　建　版式设计:詹锦玲

出版发行:武汉大学出版社　(430072　武昌　珞珈山)
(电子邮件:wdp4@whu.edu.cn 网址:www.wdp.com.cn)
印刷:华中科技大学印刷厂
开本:950×1260　1/32　印张:10.375　字数:239 千字　插页:2
版次:2007 年 10 月第 1 版　　2007 年 10 月第 1 次印刷
ISBN 978-7-307-05506-3/E·10　　定价:20.00 元

总　序

时代的步履已跨越21世纪的门槛，现代文明不断创造出辉煌成就，上天入地，呼风唤雨，世界统一市场建立、全息式信息迅速传递等昔日的遐想，都渐次演为活生生的现实。然而，现代化带来的并非单向式的进步，而是善恶并举、苦乐同行、创生与毁灭双至的“俱分进化”过程，正所谓：“省忧喜之共门兮，察吉凶之同域。”（扬雄《太玄赋》）在人与自然、人与人、人与社会诸层面，今人都患着不轻的“现代病”，面临着若干不易突破的困局。此间的人类尤需反思，神交古人，听取历史这位导师的谆谆教诲，借重昔时积淀的智慧。

作为人类智慧重要组成部分的中华智慧，不仅是中国人的财富，而且也为域外所借重：《易经》成为德人莱布尼茨创立二进位制数学的启示，而二进制正是电子计算机的运作原理；《老子》的“有生于无”哲言为西方建筑大师提供了灵感源泉；《三国演义》是日本企业家从事商战的教材；美军将帅在海湾战争中星夜披阅《孙子兵法》，“声东击西”是其赢得胜算的谋略……外人研习中华智慧并取得实绩，使国人闻之而怦然心动——难道我们不应当以双倍的热情、更高的灵性，继承、发扬先辈智慧，以推动现代化事业健康发展，并在激烈的国际竞争中创造新的业绩吗！

出于以上思考，本丛书试图介绍"中华智慧之集萃"，以为时贤提供参考。

何谓"智慧"？狭义的"智慧"约指认识世界、改造世界的聪明、才智，与"贤德"相对称，故有"智性之知"与"德性之知"的分野。有些思想史家把西方文化的源头希腊文化称之为"智性文化"，把中国文化称之为"德性文化"。这当然是从东西文化关注的侧重点之异而立论的，并非说希腊不讲德性，中国不讲智性。我以为，区分"智性之知"与"德性之知"确有必要，如果两相混淆，则知识论与道德论便混为一谈，然而，强作两分，把二者割裂开来，又有悖人类精神的整体性。本丛书所介绍的"智慧"，并不全然限于狭义智慧，而涉及广义智慧，或曰"大智慧"，包举才与德，兼容智与贤。如此议"智慧"，或许更切近中华文化的本真面貌：中华智慧不限于"智性之知"，还包含"德性之知"，追求二者的统一，偏执一面、陷入偏锋者则每遭诟病——多智而无德者（如曹操）被斥为"狡智"的"奸雄"；有德性追求却丧失智性者（如宋襄公）则被视为不足取的蠢才，这两类人都不是中华智慧的代表。中国人所推崇的文化英雄（如周公、姜子牙、诸葛亮）都是智者与贤人的整合，是仁、智、勇的统一体。从此种"大智慧"视角方可逼近中华智慧的真髓。

何谓"集萃"？本丛书并非论著的集成，而是编者从"中华智慧"涉及的各个侧面（如立身做人的德行准则、处世创业的韬略谋划、莘莘学子的学规、官吏奉守的箴言，乃至生态平衡、家训要义、养生之道，等等），分别纂集中华古典的相关精粹，并加以条贯、诠释。读者诸君手持一卷，春诵夏弦，即可获得中华智慧某一方面的概要；若通览诸册，则可观照中华智慧的大貌。当然，如欲升堂入室，摘取智慧之果，则不仅需要“读万卷书”，还得“行万里路”，因为大智慧的获得，是人生践履的结果，需要从知、行两方面潜心努力。编者愿与读者诸君共同循流探源，寻觅中华智慧的真谛，并虚心汲纳各种异域智慧，相互比较、彼此观摩，以求得在现代文明地基上的整合与涵化，达成中华智慧的创造性发挥。

冯天瑜

2007 年金秋

书于丹桂飘香的武昌珞珈山

目　　录

前言　兵家韬略与中国智慧

源远流长的中国文化孕育出了光彩卓绝的中国智慧。

这里所说的“智慧”，不仅仅是指知识、技巧、才能，它的更根本含义还包括作为一个整体的中华民族所特有的思维途径、认知方式乃至价值观念、人生态度、社会理想。从这个意义上讲，中国智慧也可被认为中国文化的主干或内核。

文化史研究表明，在数千年的历史演进过程中，中国智慧在农艺、天算、医学，特别是军事领域，获得了尤其长足的发育。正因为如此，20世纪40年代的文化反省中，雷海宗、林同济合作写出了意味深长的学术专著《中国的文化与中国的兵》；20世纪80年代的文化反省中，李泽厚着重强调：“中国四大文化（兵、农、医、艺）与培育中国智慧形式有关系”〔1〕

但是，具体而论，古典军事学与中国智慧

〔1〕参见《中国古代思想史论·试谈中国的智慧》。

之间，究竟存在怎样的关系，雷、林、李及诸学界前贤，并无详论面世。为解此疑惑，笔者搜求爬梳，条分缕析，探赜索隐，感受良多，权且提出如下浅识，以求方家指正。

一、重整体之“势”

从思维方式上看，中国智慧的突出特点之一是注重整体，长于综合，追求统一。与西方智慧亟亟于探究“此岸”与“彼岸”、物质与精神、灵魂与肉体的本质区别不同，中国智慧更乐于以笼统、直观的方式，论证“天人合一”、“知行合一”、“情景合一”，体现出一种朴素的整体思维的优长。

这一优长，在古代兵家的韬略中，具体化为对“势”的注重与阐发。兵家始祖孙武论道：“故善战者，求之于势，不责于人，故能择人而任势”。“任势”，就是强调从总体上把握胜利的枢钮，而不仅仅瞩目于战役布署、战术技巧等细节，“故善战人之势，如转圆石于千仞之山者，势也”。〔1〕宋代军事学家许洞又进一步说明：“势之任者有五：一曰乘势，二曰气势，三曰假势，四曰随势，五曰地势”，既要扬威猛进，鼓足士气，又要善布疑兵，还要抓住战机，巧用地形。“用兵者乘此五势，未有不能追亡逐北以建大功也”〔2〕。

战争是关乎天文、地理、人事的庞大系统工程，所以自古以来，便有“天阵，地阵，人阵”〔3〕之说。古代兵家将三者统一于“势”的把握之中：“夫行兵之势有三焉：一曰天，二曰地，三曰人。天势者，日月清明，五星合度，慧孛不殃，风

〔1〕《孙子·势篇》。
〔2〕《虎钤经·任势》。
〔3〕《六韬·虎韬·三阵》。

气调和。地势者，城峻重崖，洪波千里，石门幽洞，羊肠曲沃。人势者，主圣将贤，三军由礼，士卒用命，粮甲坚备"〔1〕。既然决定战争胜负的因素是全面而非单一的，综合而非支离的，所以兵家强调："夫竭三军气，夺一将心，疲万人力，断千里粮，不在武"，单靠武力是不行的。"智周万物而不殆，曲成万物而不遗"〔2〕，只有总体谋划，宏观决策，综合分析，统筹调度，才能克敌制胜。

"智周万物而不殆，曲成万物而不遗"，这就对军事统帅的素质，提出了全面的、高标准的要求。"用兵之道，先正其礼，次渊其谋，次择其人，然后详天地之利害，审人心之去就，行赏罚之公，慎喜怒之理，择进退之地，张攻伐之权，明成败之图，度主客之用"〔3〕。要驾驭如此复杂的系统工程，军事统帅当然不能是徒具匹夫之勇的莽汉鲁夫，而应该是具有广阔视野，全局胸怀，文武兼备，智勇双全的"通才"。《六韬·龙韬》提出"将有五材"：勇、智、仁、信、忠；吴起告诫"将之所慎者五"：理、备、果、戒、约；诸葛亮认为"将材有九"：仁、义、礼、智、信、步、骑、猛、大。诸贤说法各异，宗旨则一：只有加强综合修养，提高整体素质，才能造就优秀将帅。

立足于重"势"的整体思维，古代兵家对于战争终极目标的确认，也有卓异见解。战争以夺取最终胜利为目标，这是毫无疑问的。问题是对"胜利"如何界定，如何判别。古代兵家认为，从整体上（包括精神气势、军备器械、军队数量、

〔1〕《诸葛亮集·将苑·兵势》。
〔2〕《太白阴经·人谋下·沉谋》。
〔3〕《虎钤经·军谋》。

将帅素质、国家财力、外交关系诸多因素）彻底压倒敌人，迫使其放弃抵抗，较之斗智、斗勇、斗力，浴血搏杀，使敌降服，是更为完美的胜利。“故上兵伐谋，其次伐交，其次伐兵，其下攻城”，“百战百胜，非善之善者也；不战而屈人之兵，善之善者也”〔1〕。这种对于“全胜不斗，大兵无创”〔2〕境界的追求，是古典军事学的重要精华所在，也是中国智慧整体思维特征的典型体现。

二、因辩证之“机”

与整体思维模式相关，中国智慧的辩证法，也有不同于西方的特点。简要地说，它是实用的辩证法而不是概念的辩证法，是互补的辩证法而不是否定的辩证法。“它的重点在揭示对立项双方的补充、渗透和运动以取得事物或系统的动态平衡和相对稳定，而不在强调概念或事物的斗争成毁或不可相容”〔3〕。

古典军事学，是中国传统辩证法体现得最透彻、精粹的学科领域之一，而“正”与“奇”，则是古代兵家使用频率最高的一对辩证法范畴。“善用兵者，无不正，无不奇，使敌莫测，故正亦胜，奇亦胜”〔4〕；“以奇为奇，以正为正者，胶柱调瑟之士也。以奇为正，以正为奇者，临书模画之徒也。我奇而示敌以正，我正而示敌以奇者，知胜者也。我奇而敌不知其

〔1〕《孙子·谋攻篇》。

〔2〕《六韬·武韬》。

〔3〕李泽厚：《中国古代思想史论》，人民出版社1985年版，第304页。

〔4〕《唐太宗李卫公问对·卷上》。

为奇，我正而敌不知其为正者，知胜之胜者也”〔1〕。

如果单纯作字义概念的辨析，奇与正的辩证法似乎并不太容易讲得清楚。但是，如果我们从中国智慧的特点出发，从把握胜负因素动态平衡的角度去理解，便可以找到古典军事辩证法中体现中国智慧的闪光之点：“因机而立胜”〔2〕。

关于“因机”与“奇正”用兵之术的关系，明人何良臣有一段论述颇为精辟：“得机略者，不逼人之穷，不攻人之锐，不启人之未及。必因其盛而致之弛，击其虚而待其废，取其无备而疾袭其迟。是以用兵之术，惟因字最妙。或因敌之险以为己固，或因敌之谋以为己计，或因其因而复变用其因，或审其因而急乘其所因。则用因而致胜者，不可言穷矣。”〔3〕

显而易见，所谓“惟因字最妙”，就是说把握“奇”与“正”的辩证关系，要害在于因人、因地、因事而制宜，切不可死背兵法条文。这方面的经典例证，可见《史记·淮阴侯列传》：韩信背水列阵，大破赵军，便是依据“陷之死地而后生，置之死地而后存”的法则，活用兵法，一反“右倍山陵，前左水泽”的惯例而用之，既正而奇，既奇而正，最终大获全胜，令诸将钦佩不已。

战场局势千变万化，辩证之“机”无所在又无所不在。古代兵家在丰富实战经验的基础上，总结归纳出若干规律。吴起称：“凡兵有四机：一曰气机，二曰地机，三曰事机，四曰力机”〔4〕，分别从指挥调度、扼守要塞、离间敌营、训练士卒等方面阐明“因机”的重要意义。明人西湖逸士以“无常”

---

〔1〕《投肤笔谈·兵机》。

〔2〕《诸葛亮集·将苑·机形》。

〔3〕《阵纪·因势》。

〔4〕《吴子·论将》。

来释“兵机”：“主客无常态，战守无常形，分合无常制，进退无常度，动静无常期，伸缩无常势。出没变化，敌不可测，此之谓兵机”[1]。清人揭暄论“机”，更为精审：“势之维系处为机，事之转变处为机，物之紧切处为机，时之凑合处为机。有目前即是机，转瞬即非机者；有乘之即为机，失之即无机者。谋之宜深，藏之宜密。定于识，利于决”[2]，不仅点出“机”之所在，而且指明“因机”之乘、失有诀，“谋机”之宜深宜密，言简意赅，启人心智。

古典军事学中涉及辩证法的内容，精彩纷呈，美不胜收。如讲擒纵予夺之计，有《老子·三十六章》的“将欲歙之，必固张之；将欲弱之，必固强之；将欲废之，必固与之；将欲夺之，必固予之”；讲战与非战之分，有《商君书·画策》的“以战去战，虽战可也；以杀去杀，虽杀可也”；讲敌我胜负之数，有《孙子·形篇》的“不可胜在己，可胜在敌。故善战者，能为不可胜，不使敌之可胜”；讲智愚勇怯之度，有《六韬·武韬》的“大智不智，大谋不谋，大勇不勇，大利不利”；讲立功争胜之道，有《兵经百篇·智篇》的“无功之功，乃为至功；不争之争，乃为善争”等等。如果将这些论述提升到认识论、方法论高度来剖析，宋人何去非的如下总结，颇能画龙点睛般地凸显兵家韬略所蕴含的辩证法精髓：“事物之理，可以情通，而不可以迹系。通之以情，则有以适变而应乎圣人所与之权；系之以迹，则无以制宜而入乎圣人所疾之固。是以天下事攻之成，常出于权，而其不济，常主于

---

〔1〕《投肤兵谈·兵机》。
〔2〕《兵经百篇·智篇·机》。

固”。[1]

三、贵人伦之“和”

中国智慧尤其注重人际关系的调节、和谐，注重仁义道德在社会生活各个领域中的价值与功用。在军事领域内，这也得到了强有力的贯彻。

《荀子·议兵》记录了陈嚣与荀况之间一段耐人寻味的对话：

陈嚣问道：“先生议兵，常以仁义为本。仁者爱人，义者循理，然则又何以兵为？凡所为有兵者，为争夺也!”荀子回答：“非汝所知也。彼仁者爱人；爱人，故恶人之害之也。义者循理；循理，故恶人之乱之也。彼兵者，所以禁暴除害也，非争夺也。”

在一般人看来，刀兵相交，生灵涂炭，似乎与道德伦理毫不相干。但是在中国智者眼中，议兵与议政并无区别，同样要“以仁义为本”，正因为如此，在先哲议兵的诸多著述中，有关仁义道德的内容，占了相当的篇幅。“圣人之用兵也，亡国而不失人心，利泽施乎万世”[2]；“攻伐之事，未有不攻无道而伐不义也”[3]。在以仁讨不仁、以义伐不义的前提下，尽管战争本身必然造成伤亡和毁灭，但其最终结局，仍然是符合中国文化的伦理原则的。其中的道理就在：“故夫兵，虽非备道至德也，然而所以辅王成霸”[4]。大军所向，“克其国不及其民，独诛所诛而已矣”，对于敌国的民众，仍以仁义为怀，

---

[1] 《何博士备论·邓艾论》。

[2] 《庄子·大宗师》。

[3] 《吕氏春秋·振乱》。

[4] 《管子·兵法》。

"举其秀士而封侯之，选其贤良而尊显之，求其孤寡而振恤之，见其长老而敬礼之"〔1〕，这才是仁义之战，仁义之师。

如果说兵争之事对于敌国民众尚且应该以仁义为本，以和为贵，那么，对于己方军民来讲，就更应该将"人和"置于首要地位了。吴起提出："不和于国，不可以出军；不和于军，不可以出阵；不和于阵，不可以讲战；不和于战，不可以决胜"〔2〕。孟子总结出中国军事学的著名命题："天时不如地利，地利不如人和"〔3〕。诸葛亮进一步申言："人和则不劝而自战矣"，否则，"将吏相猜，士卒不服，忠谋不用，群下谤议，谗慝互生"〔4〕，必败无疑。

谋求"人和"，君主应对前线将帅予以充分信任，使其拥有高度的决策自主权，"上不制于天，下不制于地，中不制于人"〔5〕，而将帅回报这种信任的最好方式，则是"将在军，君命有所不受"〔6〕。只有"无主于后"，方可"无敌于前"〔7〕，君主与将帅之"和"，妙在其中矣。

谋求"人和"，友邻部队之间，理应和衷共济，相互体谅。曾国藩论道："欲求和衷共济，自统将先办一副平恕之心始。人之好名，谁不如我。同打仗，不可讥人之退缩；同行路，不可疑人之骚扰。处处严于治己而薄责于人，则唇舌自省矣"〔8〕。

---

〔1〕《吕氏春秋·怀宠》。
〔2〕《吴子·图国》。
〔3〕《孟子·公孙丑下》。
〔4〕《诸葛亮集·将苑·和人》。
〔5〕《尉缭子·武议》。
〔6〕《史记·孙子吴起列传》。
〔7〕《尉缭子·武议》。
〔8〕《曾胡治兵语录·和戢》。

谋求“人和”，说到底是实现部队意志的绝对统一；“用百万如役一人”〔1〕，“三军一心则令可使无敌矣”〔2〕。做到这一点，“缘法而治，按功而赏”〔3〕固然是相辅相成的两手，但古代兵家更强调的，却是将帅须行“拊循之道”，将血亲人伦的道德准则，溶入军队内部的人际关系之中，“饥寒困乏，如以身尝，疾病医药，亲临诊视，解衣推食，哀死问孤，殡殁吮伤，恩逾骨肉”。要而言之，“以父母之心，行将帅之事，则三军欣从，万众咸悦”〔4〕，“人和”于是转化为无坚不摧的战斗力。兵民为胜利之本的道理，就在这里。

四、循实用之“理”

实用理性（或称实践理性）是中国文化的特殊品格。与此相关，与西方相比，中国智慧并不亟亟于抽象思辨的深邃、知性探求的透彻和对感悟能力的超越，而以重历史、重人事、重经验见长。这些特点，在实践性极强、容不得半点虚妄的军事学领域中，得到了极为鲜明的体现。

中国历史悠久，忧患迭兴，战事频繁，兵学遗产异常丰厚。据此，清人陈庆年论道：“欲明兵法，先明方略；欲明方略，先明史事。取古今战争得失之数，设身处地以求之，博习其故，可以得实理。”他论证这样做的必要性时说：“天下至大，事变至赜，一时所历，则拘于时；一地所习，则域于地；一事所经，则囿于事；一技所娴，则狃于技。欲穷其变，能有几何。”因此，惟有“观其已然之迹”，从历史中吸取启迪，

〔1〕《何博士备论·汉光武论》。
〔2〕《吕氏春秋·论威》。
〔3〕《商君书·君臣》。
〔4〕《草庐经略·卷一·拊循》。

方可“有古今无限之藏，无身世易尽之憾”[1]。以史为鉴，以前人为鉴，是中国智慧的重心所在，也是兵家韬略中最平实的法则。

历史由人所创造，因此，兵家韬略蕴含的实用理性的另一表征，便是对人事的高度关注。早在崇尚鬼神的流风余韵尚存的晚周，孙武就明确表示：“成功出于众者，先知也。先知者，不可取于鬼神，不可象于事，不可验于度，必取于人”[2]。在决定战争胜负的众多因素中，强调人的因素，是古代兵家一以贯之的认识。史籍记载，梁惠王问尉缭子：黄帝为什么能“百战百胜”？尉缭子回答：“刑以伐之，德以守之，非所谓天官、时日、阴阳、向背也。黄帝者，人事而已矣。”他进一步说明：一座城池，从东南西北都攻不下来。难道四个方向都没有可以利用的天时、地利方面的条件吗？显然不是。攻不下来的原因，只能是城高池深，兵器备具，粮谷多积，守军顽强。相反，“若城下、池浅、守弱，则取之矣。”他总结道：“由是观之，天官、时日，不若人事也”[3]。今天看来，黄帝“百战百胜”，更多属神话传说的成份，但尉缭子因梁惠王之问而申发的“天官、时日，不若人事也”的道理，却是经得起历史检验的至理名言。

人与历史结合，即产生经验。古代兵家将自己的全部理论，牢牢植根于实践经验的沃土之中。据此，他们一再强调，从实战中考验军人素质，选拔将帅人才，才是惟一可靠的途径。管仲提出：“言勇者试之以军，言智者试之以官，试于军

[1]《兵法史略学·卷一》。
[2]《孙子·反间篇》。
[3]《尉缭子·天官》。

而有功者，则举之，试于官而事治者，则用之”[1]。韩非子生动地比喻道：只看马的外形，伯乐也无法断言其优劣；只听人的言辞，孔子也无法判定其贤与不肖。惟有“试之官职，课其功伐，则庸人不疑于愚者”。他的结论是：“宰相必起于州部，猛将必发于卒伍”[2]。如果说管仲与韩非子所论，从正面阐发了兵家智慧的实用原则的话，那么纸上谈兵的赵括及其40万士卒被坑杀的可悲下场，就从反面促使一代又一代的军事家们感悟循实用之“理”的极端意义，刻骨铭心，永志不忘。

〔1〕《管子·明法解》。
〔2〕《韩非子·显学》。

第一章 战 争 论

“兵之所自来者上矣，与始有民俱”〔1〕。战争，是人类社会的异化物。出于政治的、经济的、种族的、宗教的种种原因，当谈判桌上的对话破裂之后，人们便运用武器来继续辩论。“人世难逢开口笑，上疆场彼此弯弓月，流遍了，郊原血。”〔2〕

就战争本身而论，它只能带来灾难：人员的伤亡，物资的损耗，已往文明成果的毁灭……失败的一方固然国破家亡，胜利的一方也伤痕累累，元气大伤。从这个意义上讲，战争没有胜利者。正因为如此，中国兵家历来强调：“兵者，不祥之器，非君子之器，不得已而用之”〔3〕，“兵者，凶器也；战者，逆德也”〔4〕，“贫民伤财莫大于兵，危国忧主莫速于兵”〔5〕，因而主张对战争须持慎之又慎的

〔1〕《吕氏春秋·荡兵》。
〔2〕毛泽东：《贺新郎·咏史》。
〔3〕《老子·三十一章》。
〔4〕《尉缭子·兵令》。
〔5〕《管子·法法》。

态度，“不得已而用之”，而绝不能穷兵黩武，一味用强。“一期之师，十年之蓄积殚；一战之费，累代之功尽”〔1〕，“故国虽大，好战必亡”〔2〕。

对战争持谨慎态度，只是事情的一方面。另一方面，当战争已不可避免，非战不可以求得生存发展的时候，中国兵家又十分坚定地认为：“兵之于人之国也，有以用而危，亦有以不用而殆矣”〔3〕，“以战去战，虽战可也”〔4〕。

“以战去战”，就是用正义的战争去制止非正义的战争，用强力去制止邪恶。战争的功能与战争的性质从来就密切相关。“兵者，外以诛暴，内以禁邪”〔5〕，“存亡平乱，为民除害”〔6〕，这样的战争，就是正义之战；这样的军队，就是正义之师。坚持战争的正义性，是中国兵家思想的重要精华。

既注意到战争的负面影响，又强调当战则战，以战去战，是中国兵家辩证法的精彩篇章，这集中体现在如下生动论述中：“夫兵不可偃也，譬之若水火然，善用之则为福，不能用之则为祸。若用药者然，得良药则活人，得恶药则杀人。义兵之为天下良药也亦大矣！”〔7〕。

战争是综合实力的对抗，所以，中国兵家的战争论，从不单单注目于军事本身。他们反复强调：“人众兵强，此帝王之

---

〔1〕《管子·参患》。
〔2〕《司马法·仁本》。
〔3〕《何博士备论·汉武帝论》。
〔4〕《商君书·画策》。
〔5〕《管子·参患》。
〔6〕《文子·上义》。
〔7〕《吕氏春秋·荡兵》。

大资也"〔1〕,"凡战法,必本于政胜"〔2〕,"兵之胜败皆在于政"〔3〕。军事是政治的延续,政治是军事的基础。

与"兵之胜败皆在于政"相联系,中国兵家认为,在决定战争结局的诸因素之中,"天时不如地利,地利不如人和"〔4〕。政治清明,说到底就是"人和"。人和,就会"多助之至,天下顺之";人不和,就会"寡助之至,亲戚畔之"。所以,"不和于国,不可以出军;不和于军,不可以出阵;不和于阵,不可以讲战;不和于战,不可以决胜"〔5〕。

1. 兵所自来者久矣

古圣王有义兵而无有偃兵。①兵之所自来者上矣,②与始有民俱。③凡兵也者,威也;威也者,力也。民之有威力,性也。性者,所受于天也,非人之所能为也,武者不能革,④而工者不能移。⑤

兵所自来者久矣。黄、炎故用水火矣,共工氏固次作难矣,五帝固相与争矣。⑥递兴废,⑦胜者用事。人曰"蚩尤作兵",蚩尤非作兵也,利其械矣。未有蚩尤之时,民固剥林木以战矣。胜者为长;长则犹不足治之,故立君;君又不足以治之,故立天子。……争斗之所自来者久矣,不可禁,不可止,故古之贤王有义兵而无有偃兵。

《吕氏春秋·荡兵》

---

〔1〕《商君书·弱民》。
〔2〕《商君书·战法》。
〔3〕《文子·上义》。
〔4〕《孟子·公孙丑下》。
〔5〕《吴子·图国》。

注：①偃：止息。偃兵：废弃战争。②上：时间久远。③俱：一起。④革：革除。⑤移：更改。⑥五帝：传说中的上古帝王，有多种说法。其中之一为：黄帝、颛顼、帝喾、唐尧、虞舜。⑦递：依次。

译：古代圣王发动正义的战争，而不废止战争。战争的由来非常久远，与人类的诞生一起出现。战争，讲究威势；威势，来源于武力。人有威势和武力，是一种本性。本性是上天所赋予，不是人的力量所能做到的，勇武的人无法革除它，精巧的人无法更改它。

战争的由来非常久远了。黄帝、炎帝就曾使用水攻、火攻的方法作战，共工氏也曾多次挑起战端，传说中的五帝也相互发生争斗。一朝一代依次更替，胜利者就能掌握政权。人们说“蚩尤创制兵器”，蚩尤不是创制兵器，而是使兵器更加锐利。还没有蚩尤的时候，人们就已经砍树伐木制做兵器来作战了。作战胜利的就成为首领，首领还不足以治理民众，于是设立了君主；君主还是不足以治理民众，于是设立了天子。……人与人之间的争斗由来久远，不可禁止，不可废弃，所以古代贤明的君王发动正义的战争，而不废止战争。

搢笏干戚，①不适有方铁铦；②登降周旋，③不逮日中奏百；④《狸首》射侯，⑤不当强弩趋发；干城距冲，⑥不若堙穴伏橐。⑦古人亟于德，中世逐于智，当今争于力。古者寡事而备简，朴陋而不尽，故有珧铫而推车者。⑧古者人寡而相亲，物多而轻利易让，故有揖让而传天下者。然则行揖让，高慈惠，而道仁厚，皆推政也。⑨处多事之时，用寡事之器，非智者之备也；当大争之世，而循揖让之轨，非圣人之治也。

《韩非子·八说》

注：①搢：插。笏：大臣朝见时所用的手板，用以纪事。平时插在腰间。干戚：盾牌、斧子，这里指用作舞蹈的道具。②不适：不敌，敌不过。有方：方国的酋长。铦：音“先”，一种短兵器。③登降周旋：宾主会见时上阶、下阶、登堂、入室的礼

仪。④不逮：比不上。日中奏百：魏国考选士卒的方法，应试者带武器、口粮，半天走一百里路，才算合格。⑤《狸首》：射礼时演奏的乐章。射侯：箭靶。⑥干：捍卫。距：通“拒”。冲：攻城用的兵车，⑦堙：音“因”，堆土攻城。穴：挖地道攻城。伏橐：一种火攻的方法，烧柴鼓风，将烟吹入敌人地道。⑧跳铫：音“姚姚”，蚌壳做的农具。⑨推政：像手推车那样陈旧的政治。

译：腰插笏板、手执干戚舞蹈，敌不过方国酋长使用铁铦的进攻；讲究繁琐的礼仪，比不上严格地训练士卒；演奏乐章，练习射礼，挡不住强劲弓弩的射击；守卫城池，拒抗冲击，不如堆土山、挖地道、烟熏火燎、破敌城池。古代的人以道德相竞争，中世的人以智谋相角逐，现今的人以气力相争斗。古代事情少，设备简单，质朴简陋，条件不完善，所以，用蚌壳来做农具，用手推车。古代人口少，相亲相爱，财物多，相互谦让，所以有将天下禅让给别人的。但是，禅让天下，推崇慈爱恩惠，讲究仁义忠厚，都是像手推车一样古老的、不合时宜的政治。身处复杂多事的时代，却仍然使用处理单纯事情的方法，这不是聪明人的做法；身处争夺激烈的社会，却仍然遵循禅让的规矩，这不是圣人的治国之道。

且兵之所自来者远矣，未尝少选不用，①贵贱长少贤者不肖相与同，有巨有微而已矣。察兵之微：在心而未发，兵也；疾视，②兵也；作色，③兵也；傲言，兵也；援推，兵也；连反，④兵也；侈斗，⑤兵也；三军攻战，兵也。此八者皆兵也，微巨之争也。今世之以偃兵疾说者，⑥援身用兵而不自知悖，⑦故说虽强，谈虽辨，文学虽博，犹不见听。故古之圣王有义兵而无有偃兵。

《吕氏春秋·荡兵》

注：①少选：隔一会儿，不多久。②疾视：怒视。③作色：翻脸发怒。④连反：搏斗。⑤侈斗：多人群斗。⑥疾说（音

“税”)：极力游说。⑦悖：荒谬。

译：相互争斗之事，由来很久远了，从来就不曾停息过。人们不分贵贱、老少、贤与不贤，彼此相同，只不过争斗有大有小罢了。请看争斗从小处开始的情形：怒在心头而不发作，是争斗；怒视对方，是争斗；勃然变色，是争斗；恶语伤人，是争斗；推推拉拉，是争斗；拳脚交加，是争斗；成群结伙大打出手，是争斗；三军出动，对敌作战，也是争斗。这八种情形都是争斗，只不过有或大或小的区别。当今有人极力宣扬止息争斗的主张，殊不知他自己就处于争斗之中，而不明白自己的荒谬，所以虽然强词夺理，诡辩机巧，学问渊博，还是没有人听从。所以，古代的圣王发动正义的战争，而不废弃战争。

2. 兵者，凶器也

兵者，凶器也；战者，逆德也；①争者，事之末也；故王者伐暴乱，本仁义也。战国则以立威，抗敌相图，而不能废兵也。

兵者，以武为植，以文为种；以武为表，以文为里；能审此二者，知胜败矣。文所以视利害，辨安危；武所以犯强敌，②力攻守也。

《尉缭子·兵令》

注：①逆德：违反道德。②犯：抗击。

译：武器，是凶器；战争，是违反道德的行为；争斗，是最下作的事情；所以，君王讨伐暴乱，是出于仁义的目的。与敌国作战是为了树立威势，抵抗敌军是为了图谋利益，这样，战争就无法废止了。

用兵打仗，如果说武略是植物的话，那么文韬就是种子；武功是外表，文治才是内里。能够清楚地理解这一点，才能知道胜负的道理。文韬、文治是用来分析利害、辨别安危的，武略、武功是用来抗击强敌、攻战守备的。

贫民伤财莫大于兵，危国忧主莫速于兵。此四患者明矣，古今莫之能废也。兵当废而不废，则惑也；不当废而欲废之，则亦惑也。此二者伤国一也。①黄帝唐虞，帝之隆也，资有天下，制在一人。当此之时也，兵不废。今德不及三帝，天下不顺，而求废兵，不亦难乎？故明君知所擅，②知所患。国治而民务积，此所擅也。动与静，此所患也。是故明君审其所擅以备其所患也。

《管子·法法》

注：①一：同样。②擅：全力去做。

译：使百姓贫困、财物耗费，没有比战争更厉害的了；使国家危亡、君主忧虑，没有比战争更迅速的了。这四条祸害明明白白，但是从古到今仍然没有人能够废止战争。战争应当废止而不废止，是错误的；战争不应当废止而废止，也是错误的。这两种错误对国家的伤害是相同的。黄帝、唐尧、虞舜，是帝业最隆盛的时代，据有天下，一人独断。在那个时候，战争尚且不能废止。现今君主的德行比不上三帝，诸侯不服，而要求废止战争，不是很困难吗？所以，贤明的君主知道自己应当全力去做什么，知道国家最大的忧虑是什么。国家安宁而民众富足，这是应全力去做的；动静进退适宜，这是最值得忧虑的。所以，贤明的君主审慎地对待要尽力做好的事情，防备可能发生的忧患。

故凡用兵之计，三惊当一至，①三至当一军，②三军当一战。故一期之师，十年之蓄积殚；③一战之费，累代之功尽。今交刃接兵而后利之，则战之自胜者也。攻城围邑，主人易子而食之，④析骸而爨之，⑤则攻之自拔者也。是以圣人小征而大匡，不失天时，不空地利，用日维梦，⑥其数不出于计。故计必先定而兵出于竟。⑦计未定而兵出于竟，则战之自败，攻之自毁者也。

《管子·参患》

注：①惊：警戒。至：出征。②军：包围敌军。③殚：音"单"，穷尽。④易子而食：交换亲生孩子吃。⑤析骸而爨（音"串"）：分解尸体残骸烧。⑥用日维梦：花费的时间虽多。⑦竟：同"境"。

译：大凡用兵作战的耗费，三次警戒就相当于一次出征；三次出征就相当于一次围困敌军；三次围困敌军就相当于一次大决战。所以，一次出征，就要耗尽十年的积蓄；一次大决战，就要耗尽几代人的劳动成果。现今有人已经与敌短兵相接了，才去磨砺武器，这是自取其败。围攻城池，城内守军易子为食，析骸为柴，坚守不降，这样攻城者自己先就失去了信心。所以，圣明的君主总是发动小规模的进攻，注重安抚民众，不违背天时，不放弃地利，花费的时日虽多，但总不出预料的计划。因此，一定要先制订作战计划，然后才出兵敌境。计划未定而匆忙出兵，那就是自取灭亡。

数战则士罢，①数胜则君骄。夫以骄君使罢民，则国安得无危？故至善不战，其次一之。②破大胜强，一之至也。乱之不以变，乘之不以诡，胜之不以诈，一之实也。③近则用实，④远则施号；力不可量，强不可度，气不可极，德不可测，一之原也。⑤众若时雨，⑥寡若飘风，⑦一之终也。

《管子·兵法》

注：①罢：疲。②一之：打一仗。③实：实际内容。④实：实力。⑤原：本原、根本。⑥众：疑当作"骤"。⑦寡：疑当作"暴"。

译：频繁作战，士卒就疲惫不堪；屡屡获胜，君主就骄横无忌。以骄君驱使疲民，国家怎么会没有危险？所以，最好是不经过战斗就获胜，其次是只打一仗就解决问题。破大敌、胜强军，是一仗定乾坤的典范。扰乱敌人而不用变换战术，乘机进攻而不用阴谋诡计，战胜敌人而不用欺诈手段，这些都是一仗定乾坤的内容。对近处的敌军以实力将其歼灭，对远方的敌军以号令相威胁；我方的军力不可估量，强势不可推算，士气不可阻扼，心智不可预测，这些都是一仗定乾坤的根本。一旦部队投入战斗，其势如暴风骤雨，不可阻挡，这些就是一仗定乾坤的终结。

兵者，不祥之器，非君子之器。不得已而用之，恬淡为上。胜而不美，①而美之者是乐杀人。夫乐杀人者，则不可以得志于天下矣。

《老子·三十一章》

注：①美：沾沾自喜，洋洋得意。

译：兵器，是不吉祥的器具，不是君子所喜好的器具。只是在迫不得已之时才使用，使用时保持平静、淡定的心态。打了胜仗也不可洋洋得意；洋洋得意的人，是以杀人为快乐的人。而以杀人为快乐的人，是不可能实现他夺取天下的志向的。

孙子曰：凡用兵之法，驰车千驷，①革车千乘，带甲十万，②千里馈粮，③则内外之费，宾客之用，胶漆之材，车甲之奉，④日费千金，然后十万之师举矣。其用战也贵胜，久则钝兵挫锐，攻城则力屈，久暴师则国用不足。⑤……夫兵久而国利者，未之有也。故不尽知用兵之害者，则不能尽知用兵之利也。

《孙子·作战篇》

注：①驷：拉一辆兵车的四匹马。由此，也将四匹马拉的兵车称作"驷"。②带甲：士卒。③馈：运输。④奉：供给。⑤暴：音"辅"，同曝，暴露。暴师：军队在外作战。

译：孙子说：用兵的法则，轻车千辆，重车千乘，士卒十万，千里运粮，那么内外的经费，接待使节的用度，维修弓箭甲盾的胶、漆等物资，以及车、甲的供给，每天都需花费一千镒（一镒为二十两或二十四两）的重金，然后十万大军才得以出动。因此，作战务求速胜。如果旷日持久，部队疲惫，锐气受挫，攻城则力量不能发挥，长期在外作战，也会使国家军费供给不足。……长期用兵作战而对国家有利的事，是从来没有的。所以，不详尽了解战争危害的人，也不会详尽了解战争带来的利益。

圣人以必不必，①故无兵；众人以不必必之，故多兵；顺于兵，②故行有求。兵，恃之则亡。

《庄子·列御寇》

注：①必：必然的事理。不必：并非绝对如此。②顺于兵：穷兵黩武，战争泛滥。

译：圣人认为，必然的事理也并非绝对如此，所以就不生争端，不引发战争。一般的人则将并非绝对的事理看做必然的规律，所以纷争四起，战事不断。穷兵黩武，战争泛滥，各种贪欲就不可遏止。一味依赖战争，必然灭亡。

老子曰：夫亟战而数胜者，①则国必亡。亟战则民罢，②数胜则主骄；以骄主使罢民，而国不亡者，则寡矣。主骄则恣，③恣则极物；④民罢则怨，怨则极虑。⑤上下俱极而不亡者，未之有也。

《文子·道德》

注：①亟：音“气”，屡次。②罢：同“疲”。③恣：放纵。④极物：贪得无厌。⑤极虑：想尽方法。

译：老子说：屡战屡胜的，国家必然灭亡。屡战，民众就疲惫不堪；屡胜，君主就骄横无忌。以骄横的君主去役使疲惫的民众，而国家不灭亡的，是很少有的。君主骄横就会放纵，放纵就会贪得无厌；民众疲惫就会怨恨，怨恨就会想尽方法反抗。君主和民众都走到了极点而国家还不灭亡的，从未有过。

兵起非可以忿也，①见胜则兴，不见胜则止。患在百里之内，②不起一日之师；患在千里之内，不起一月之师；患在四海之内，不起一岁之师。

《尉缭子·兵谈》

注：①以忿：因为一时的气愤。②患：敌患、敌人。

译：发动战争，不可仅仅因为一时的气愤。有胜利的把握就出兵，没有胜利的把握就停止。敌人在百里之内，战争不超过一天；敌人在千里之内，战争不超过一月；敌人在四海之内，战争也不可超过一年。

战道：不违时，不历民病，①所以爱吾民也；不加丧，不因凶，所以爱夫其民也；冬夏不兴师，所以兼爱其民也。故国虽大，好战必亡；天下虽安，忘战必危。天下既平，天下大恺，②春蒐秋狝，③诸侯春振旅，秋治兵，所以不忘战也。

《司马法·仁本》

注：①历：加重。②恺：欢乐祥和。③蒐：音“收”，检阅。狝：音“险”，打猎。

译：作战的原则是：不违背农时，不增加百姓的负担，这样来爱护本国的民众；不乘敌国丧之机发兵，也不乘敌灾荒之时进攻，这样来爱护敌国的民众；不在冬、夏两季作战，这样来爱护双方的民众。国家虽然强大，但一味好战，穷兵黩武，必然灭亡。天下虽然安宁，但忘掉战争，失去警惕，必然危险。天下太平，欢乐祥和，仍然应在春天检阅部队，秋天用打猎的方式进行演习。各国君王春天扩军，秋天练武，这都是为了不忘战争，作好准备。

凡兵，天下之凶器也；勇，天下之凶德也。举凶器，行凶德，犹不得已也。举凶器必杀，杀，所以生之也①，行凶德必威，威，所以慑之也。敌慑民生，此义兵之所以隆也。②故古之至兵，③才民未合，④而威已谕矣，⑤敌已服矣，岂必用枹鼓干戈哉？⑥故善谕威者，于其未发也，于其未通也。窅窅乎冥冥，⑦莫知其情：此之谓至威之诚。

《吕氏春秋·论威》

注：①生之：使人生存。②隆：兴盛强大。③至兵：最强大的军队。④才民：士卒。⑤谕：晓谕，明白。⑥枹：音“浮”，鼓槌。⑦窅窅：音“咬咬”，深远的样子。冥冥：玄妙的样子。

译：兵器，是天下的凶器；武勇，是天下的凶德。用凶器，行凶德，是因为迫不得已。用凶器一定要杀人，杀死坏人，正是为了让好人能够活下去。行凶德一定会产生威势，产生威势正是为了威慑敌人。敌人慑服了，民众得以生存，这就是正义的军队所以兴盛强大的原因。所以，古代最强大的军队，士卒还没有集合完毕，军威已经显示于天下了，敌人已经慑服了，哪里还用得着大动干戈，冲锋陷阵呢？所以，善于显示威势的，在威势还未发动、还未通行之时，已经充分显示出力量了。玄妙隐密，莫测高深：这就是最大威势的实情。

法曰：天下以战为国者，①五胜者亡，四胜者祸，三胜者霸，二胜者王，一胜者帝。此谓兵黩战久，②残人屈财之如此也。故古之明主知将之言乎战者，莫之敢易也。

（宋）曾公亮等：《武经总要·前集·叙战》

注：①以战为国：依仗武力建立国家。②兵黩战久：滥用武力，旷日持久地作战。

译：兵法说：天下凡是依仗武力建立国家的，连续五次取胜的最终会灭亡，四次取胜的将遇重大灾祸，三次取胜的可称霸，两次取胜的可称王，一次取胜的可称帝而君临天下。这是因为穷兵黩武，旷日持久地连续作战，必然会给劳动力及社会财富带来惨重的损失。所以古代贤明的君主知道这番话的道理，不敢轻易发动战争。

夫兵者，凶器也；战者，逆德也，实不获已而用之。[①]不可以国之大、民之众，尽锐征伐，争讨不止，终至败亡，悔无所追。然兵犹火也，弗戢将有自焚之患。[②]黩武穷兵，祸不旋踵。[③]

（明）刘基：《百战奇略：好战》

注：①不获已：迫不得已。②弗：不。戢：收敛。③旋踵：转足之间，形容非常迅速。

译：武器是凶器；战争本身也是违背道德的，实在是迫不得已才进行。不可因为国家大、人口多，倾其全力东征西讨，争战不止，以至最终败亡，后悔不及。战争有如放火，如不加收敛，将有自焚的危险。无限制地滥用武力，灾祸马上就会降临。

曾国藩语：兵者，阴事也。[①]哀戚之意，[②]如临亲丧；肃敬之心，如承大祭，故军中不宜有欢欣之象。有欢欣之象者，无论或为和悦，或为骄盈，终归于败而已矣。

（近现代）蔡锷：《曾胡治兵语录·兵机》

注：①阴事：阴森、惨烈之事。②戚：忧愁、悲伤。

译：曾国藩说：战争，是阴森惨烈之事。悲哀之意，如同自己的双亲去世；肃敬之心，如同承办盛大的祭典。所以，军队之中不宜有欢快的气氛。如有欢快气氛，无论是因为将士和睦愉快，还是因为打了胜仗，喜气洋洋，最终都会导致失败。

3. 以战去战，虽战可也

神农之世，男耕而食，妇织而衣，刑政不用而治，甲兵不起而王。神农既没，①以强胜弱，以众暴寡。故黄帝作为君臣上下之义，父子兄弟之礼，夫妇妃匹之合，内行刀锯，②外用甲兵，故时变也。由此观之，神农非高于黄帝也，然其名尊者，以适于时也。故以战去战，虽战可也；以杀去杀，虽杀可也；以刑去刑，虽重刑可也。

《商君书·画策》

注：①没：音“莫”，死亡。②刀锯：行刑的工具。

译：神农的时代，男子耕作而食，妇女纺织而衣，不用刑罚政令，社会治理得很好，不用起兵打仗，照样统治天下。神农死去之后，以强凌弱，以众击寡的现象层出不穷。于是，黄帝制定了君臣、上下的名分，父子、兄弟的礼仪，男女婚配的制度。对内施用刑罚，对外动用军队，这是由于时代发生了变化。由此看来，神农并不比黄帝高明，然而他的名声却更尊贵，是因为他适应了时代的要求。所以说，用战争来消灭战争，那么进行战争是可以的；用杀人来制止杀人，那么杀人是可以的；用刑罚来消除刑罚，那么使用重刑也是可以的。

今有强贪之国，临王之境，索王之地，①告以理则不可，说以义则不听，王非战国守御之具，其何以当之？[2]王若无兵，邻国得志矣！

《战国策·赵策》

注：①索：勒索。②当：抵挡。

译：现在有强大而贪婪的国家，兵临您的国境，索要您的土地，用道理警告之没用，用仁义劝说之不听，您如果没有守卫国家、防御敌人的力量，用什么去抵抗它呢？您如果没有军队，邻国的贪欲就要得逞了！

兵有所必用，虽虞舜、太王之不欲，[1]固当举之；有所不必用，虽蚩尤、秦皇之不厌，固当戢之。[2]古之人君，有忘战而恶兵，其弊天下皆得以陵之，[3]故其势蹙于弱而不能振；[4]有乐战而穷兵，其弊天下皆得以乘之，故其势蹷于强而不知屈。[5]然则兵之于人之国也，有以用而危，亦有以不用而殆矣。

（宋）何去非：《何博士备论·汉武帝论》

注：①虞舜：有虞氏，传说中远古部落。舜是其领袖。所以又称舜为虞舜。太王：周人的先祖古公亶父。②戢：止息。③陵：侵侮。④蹙：音"促"，窘迫。⑤蹷：音"决"，受挫折。

译：用兵作战有时是必须的，虽然像舜、古公亶父那样的仁慈君主不主张打仗，这时也会发动战争。用兵作战有时是不适宜的，虽然像蚩尤、秦始皇那样的暴虐君主穷兵黩武，这时也会禁止出兵。古代的君王，有的淡忘军事，厌恶作战，其弊端是天下各国都可以侵侮它，所以其国势窘迫衰弱，不能振兴；有的喜爱争战，穷兵黩武，其弊端是天下各国都可以乘隙攻击它，所以其国势受挫于一味用强，而不知退让。所以说，用兵作战对于国家来讲，有时因为打仗而危及安全，也有时因为不打仗而危及安全。

凡安不忘危，治不忘乱，圣人之深戒也。天下无事，不可废武；虑有弗周，我无以捍御；必须内修文德，外严武备，怀柔远人，戒不虞也。四时讲武之礼，所以示国不忘战；不忘战者，教民不离习兵也。

（明）刘基：《百战奇略·忘战》

译：安不忘危，治不忘乱，是圣人深刻的告诫。天下平安，不可废除武备；这方面不考虑周全，就没有防卫的能力；必须内部安定政治，外部加强武备，结交远方的友邦，以防备突发的战争。一年四季都行武备之礼，以此表示国家没有忘记战争的威胁；不忘战争的威胁，就要教育人民时时练习军事。

4. 兵者，外以诛暴，内以禁邪

君之所以卑尊，国之所以安危者，莫要于兵。故诛暴国必以兵，禁辟民必以刑。①然则兵者外以诛暴，内以禁邪。故兵者尊主安国之经也，②不可废也。

《管子·参患》

注：①辟民：奸邪之人。②经：常道。

译：决定君主尊卑、国家安危的，没有比军事更重要的了。所以，讨伐残暴的国家一定要使用军队，禁阻奸邪之人一定要使用刑罚。由此看来，武力外可以除暴，内可以禁邪。因此，军事是使君主尊贵、国家安全的常道。

吴子曰："凡攻敌围城之道，城邑既破，各入其宫。御其禄秩，①收其器物。军之所至，无刊其木、②发其屋、取其粟、杀其六畜、③燔其积聚，④示民无残心。其有请降，许而安之。

《吴子·应变》

注：①禄：官吏的俸给。秩：官吏的级别。②刊：砍伐。③六畜：牛、马、羊、猪、鸡、犬。④燔：音“凡”，焚烧。

译：吴起说：“攻打敌人城池的法则是，城破以后，部队进入敌官府，控制各级官吏，没收他们的财物。部队所到之处，不许砍伐树木，拆毁房屋，抢掠粮食，屠杀牲畜，焚烧仓库，向民众表示没有残害之心。对请求投降的人，要接受并予以安抚。”

吴子曰：“凡兵之所起者有五：一曰争名，二曰争利，三曰积恶，①四曰内乱，五曰因饥。其名又有五：一曰义兵，二曰强兵，三曰刚兵，四曰暴兵，五曰逆兵。禁暴救乱曰义，恃众以伐曰强，因怒兴师曰刚，弃礼贪利曰暴，国乱人疲、举事动众曰逆。五者之服，②各有其道。义必以礼服，强必以谦服，刚必以辞服，暴必以诈服，逆必以权服。”

《吴子·图国》

注：①积恶：长期积累的怨恨。②服：治理、对付。

译：吴起说：“引发战争的原因有五种：一是争名，二是争利，三是积恨，四是内乱，五是饥荒。战争的性质、名义也有五种：一是义兵，二是强兵，三是刚兵，四是暴兵，五是逆兵。除暴平乱的叫义兵；依仗人多势众攻伐别国的叫强兵；因愤怒而出动的叫刚兵；背弃礼义贪图私利的叫暴兵；扰乱国家，残害人民的叫逆兵。对付这五种情况，各有不同的方法：对义兵，用礼仪来治服；对强兵，用谦让来平服；对刚兵，用言辞来说服；对暴兵，用计谋来克服；对逆兵，用权变来制服。”

曰：顺天之意者，兼也；①反天之意者，别也。②兼之为道也，义正；别之为道也，力正。曰：义正者何若？曰：大不攻小也，强不侮弱也，众不贼寡也，诈不欺愚也，贵不傲贱也，富不骄贫也，壮不夺老也。是以天下之庶国，③莫以水火毒药兵刃以相害也。若事上利天，中利鬼，下利人，三利而无所不利，是谓天德。故凡从事此者，圣知也，仁义也，忠惠也，慈孝也，是故聚敛天下之善名而加之。是其故何也？则顺天之意。曰：力正者何若？曰：大则攻小也，强则侮弱也，众则贼寡也，诈则欺愚也，贵则傲贱也，富则骄贫也，壮则夺老也。是以天下之庶国，方以水火毒药兵刃以相贼害也。若事上不利天，中不利鬼，下不利人，三不利而无所利，是谓天之贼。故凡从事此者，寇乱也，盗贼也，不仁不义，不忠不惠，不慈不孝，是故聚敛天下之恶名而加之。是其故何也？则反天之意也。

《墨子·天志下》

注：①兼：兼相爱，即人与人、国与国之间相互友爱。②别：人与人、国与国之间相互对立，相互残害。③庶国：众多的国家。

译：墨子说：遵循上天的意旨行事，就是“兼”，即人与人、国与国之间相互友爱；违反上天的意旨行事，就是“别”，即人与人、国与国之间相互残害。“兼”作为一种行为准则，就是以正义来收服天下；“别”作为一种行为准则，就是以强力来征服天下。依靠正义该怎么做？即大不攻小，强不侮弱，众不伤寡，智不欺愚，贵不傲贱，富不笑贫，壮不夺老。于是天下众多国家，互不以水火毒兵相互伤害。这样做，上有利于天，中有利于鬼，下有利于人，有此三利而无不利，就是天德。对于这样做了的人，应该搜集天下所有的美名，如圣智、仁义、忠惠、慈孝等等，授予他。为什么呢？因为他顺从天意。另一方面，依靠强力又会怎么做？即以大攻小，以强侮弱，以众伤寡，以智欺愚，以贵傲贱，以富笑贫，以壮夺老。于是天下众多国家，纷纷以水火毒兵相互伤害。这样做，上不利于天，中不利于鬼，下不利于人，有此三不利而无利，就是天贼。对于这样做了的人，应该搜集天下所有的恶名，如寇乱、盗贼、不仁不义、不忠不惠、不慈不孝等等，授予他。为什么呢？因为他违背天意。

孟子曰："以力假仁者霸，①霸必有大国；以德行仁者王。王不待大：汤以七十里，文王以百里。以力服人者，非心服也，力不赡也；②以德服人者，中心悦而诚服也，如七十子之服孔子也。《诗》云：'自西自东，自南自北，无思不服。'此之谓也。"

《孟子·公孙丑上》

注：①假：假借。②赡：足够。

译：孟子说："依仗实力而假借仁义之名对外征伐的，可以成就霸业，成就霸业一定要靠强大的国力。依仗道德推行仁义的，才可以成就王业。成就王业不一定要靠强大的国力：商汤不过拥有七十里国土，周文王也不过拥有一百里国土。依仗强力使别人服从的，别人并非心服，只是力量不足以抵抗罢了。依仗道德使别人服从的，别人才会心悦而诚服，正如七十二贤人信服孔子一样。《诗经》说：'从东到西，从南到北，无人不想归服。'说的就是这个意思。"

齐人伐燕，胜之。宣王问曰："或谓寡人勿取，或谓寡人取之。以万乘之国伐万乘之国，①五旬而举之，人力不至于此。不取，必有天殃。取之，何如？"

孟子对曰："取之而燕民悦，则取之。古之人有行之者，武王是也。取之而燕民不悦，则勿取。古之人有行之者，文王是也。以万乘之国伐万乘之国，箪食壶浆以迎王师，②岂有他哉？避水火也！如水益深，如火益热，亦运而已矣。"③

《孟子·梁惠王下》

注：①万乘：万辆兵车。②箪食壶浆：用竹篮盛饭食，用瓦壶装酒浆。③运：转向。

译：齐国攻伐燕国，取得了胜利。齐宣王问孟子："有人劝我不要攻取燕国，也有人劝我不要占领它。以一个拥有万辆兵车的大国去攻打实力相当的另一个大国，五十天就打下来了，光凭人力是做不到的（一定是天意如此），所以，如不去攻取，一定会受到天的惩罚。那就占领它，怎么样？”

孟子回答道：“如果占领它，燕国民众感到高兴，那就占领。古代有人这样做过，例如周武王。如果占领它，燕国民众感到不高兴，那就不要占领。古代也有人这样做过，例如周文王。以大国去攻打另一个大国，敌国的民众用竹篮盛饭、用瓦壶装酒来欢迎您的军队，难道还有别的原因吗？是为了逃避水深火热的苦难生活啊！如果水日益加深，火日益加热，他们就只好转而寄希望于别国的君主了。”

故圣人之用兵也，亡国而不失人心；①利泽施乎万世，②不为爱人。

《庄子·大宗师》

注：①亡国：消灭敌国。②利泽：恩惠。

译：圣人用兵作战，消灭了敌国，却不会失去敌国的民心；恩惠留传千秋万代，却不故意作出爱护民众的姿态。

孙子见威王，曰：“夫兵者，非士恒势也。①此先王之传道也。战胜，则所以存亡国而继绝世也。战不胜，则所以削地而危社稷也。②是故兵者不可不察。然夫乐兵者亡，而利胜者辱。兵非所乐也，而胜非所利也。事备而后动。故城小而守固者，有委也；③卒寡而兵强者，有义也。夫守而无委，战而无义，天下无能以固且强者。

《孙膑兵法·见威王》

注：①士：通“事”，职事。恒势：恒久不变的形势。②社：

土神。稷：谷神。古时以社稷为国家的代称。③委：积蓄。

译：孙膑拜见齐威王，说："用兵打仗，不能谋求恒久不变的形势。这是先王遗传下来的道理。打了胜仗，就可以保存危亡的国家，延续将要中断的帝王世系。打了败仗，就会丧失领土，危害国家。所以，用兵打仗不可不精心考察，慎重决策。然而，一味好战的人，往往自取灭亡，贪图胜利的人往往失败受辱。战争不是轻松愉快之事，胜利也不是轻而易举的。必须事先做好准备，然后发动进攻。因此，城小而防守牢固的，是因为有充足的储备；兵少而战斗力强的，是因为拥有正义。守城而无储备，从事不义之战，天下没有能守得住、打得赢的。"

古之用兵者，非利土地而贪宝赂也，将以存亡平乱，为民除害也。贪叨多欲之人，①残贼天下，万民骚动，莫宁其所。有圣人勃然而起，讨强暴、平乱世，为天下除害，以浊为清，以危为宁，故不得不中绝。赤帝为火灾，故黄帝擒之；共工为水害，故颛顼诛之。教人以道、导之以德而不听，即临之以威武；临之不从，则制之以兵革。杀无罪之民，养不义之主，害莫大焉。殚天下之财，②赡一人之欲，③祸莫深焉。肆一人之欲，而长海内之患，此天伦所不取也。

所为立君者，以禁暴乱也。今乘万民之力，反为残贼；是以虎傅翼，何为不除！夫畜鱼者，④必去其猵獭；⑤养禽兽者，必除其豺狼。又况牧民乎！是故兵革之所为起也。

《文子·上义》

注：①叨：音"滔"，通"饕"，贪吃。②殚：音"单"，竭尽。③赡：音"善"，满足。④畜：养。⑤猵獭：音"编塔"，生活在水边食鱼的兽类。

译：古代用兵作战的人，不是为了贪图土地和财宝，而是为了平定叛乱，保存国家，为民除害。贪得无厌的人，残害天下，使民众惶恐不安，无法安居乐业。于是，有圣人奋然而起，讨伐强暴，平定乱世，为天下除害，化混浊为清明，转危难为安宁，于是贪得无厌之辈不得不销声匿迹。赤帝制造火灾，黄帝将他擒拿；共工引发水灾，颛顼将他诛灭。教人以道德而不听从的，就要对他显示威严，面临威严仍不服从的，就用武力予以制裁。杀害无罪的民众，供养不义的君主，没有比这更大的灾难。竭尽天下的财宝，满足一人的私欲，没有比这更深的祸害。放纵一人的欲望，而增长天下的忧患，这是天理所不容的。

树立君主的目的，在于禁除暴乱。现今有人凭借民众的力量，反而残害百姓；这好比给老虎添上翅膀，为什么不除掉他！养鱼的人，一定要先除掉水獭；养禽兽的人，一定要先消灭豺狼。更何况是治理民众呢！这就是军队与战争产生的原因。

霸王之道，以谋虑之，以策图之，挟义而动，非以图存也，将以存亡也。故闻敌国之君有暴虐其民者，即举兵而临其境，责以不义，刺以过行。①兵至其郊，令军帅曰：无伐树木，无掘坟墓，无败五谷，无焚积聚，无捕民虏，无聚六畜。乃发号施令曰：其国之君，逆天地，侮鬼神，决狱不平，②杀戮无罪；天之所诛，民之所雠也。③兵之来也，以废不义而授有德也。有敢逆天道、乱民之贼者，身死族灭。以家听者，④禄以家；以里听者，赏以里；以乡听者，封以乡；以县听者，侯其县。克其国不及其民。废其君，易其政，尊其秀士，显其贤良，振其孤寡，⑤恤其贫穷，出其囹圄。⑥赏其有功。百姓开户而内之，⑦渍米而储之，唯恐其不来也。义兵至于境，不战而止；不义之兵，至于伏尸流血，相交以前。⑧

故为地战者，不能成其王；为身求者，不能立其功。举事以为人者，众助之；以自为者，众去之。⑨众之所助，虽弱必强；众之所去，虽大必亡。

《文子·上义》

注：①刺：指责。过行：错误的行为。②决狱：判决罪案。③雠：同“仇”。④听：顺从。⑤振：救济。⑥图圄：音“玲雨”，监狱。⑦内：接纳。⑧相交以前：相持不下，旷日持久。⑨去：背离。

译：成就霸王之业的法则，是制定谋略，精心策划，依仗正义而行动，不是图谋消灭别国，而是如何拯救将要灭亡的国家。所以，听说敌国的君主残害他的民众，就出兵逼近国境，指斥他的不义之举，谴责他的错误行为。部队开进到敌国都郊外，命令全军道：不得砍伐树木，不得挖掘坟墓，不得毁坏庄稼，不得焚烧仓储，不得捕捉平民，不得掠夺牲畜。又发布通告说：你国的君主，背逆天地，侮辱鬼神，断案不公，滥杀无辜；这样的君主，正是上天所要诛杀的，民众所仇恨的。我军的到来，就是为了废黜不义的君主，而把国家授予有德的君主。有胆敢违抗上天的意志，庇护民众仇敌的，必然受到身死族灭的惩罚。率领一家人顺从我军的，给予一家的俸禄；率领一里人顺从的，封他为里正；率领一乡人顺从的，封他为乡长；率领一县人顺从的，封他为县令。攻克了这个国家，却不伤害它的百姓。废黜不义的君主，改变它的弊政，尊崇它的英俊之士，表彰它的贤良之才，拯救它的孤儿寡母，抚恤它的贫穷人口，释放无辜被囚的人，奖赏有功之臣。这样，老百姓就会大开门户，欢迎仁义之师，淘米做饭，唯恐其不来。这样的仁义之师进入敌国境内，不必作战就可安定局面；而不仁不义之师，必将死伤惨重，且战争旷日持久，无法收拾。

所以，为争夺土地而作战的，不可能成就王业；为贪图私欲而作战的，不可能建立功绩。出兵打仗是为了他人的，大家都会帮助他；是为了自己的，大家都会背离他。大家都帮助，即使弱小也可转为强大；大家都背离，即使强大也必然归于灭亡。

老子曰：能成霸王者，必德胜者也；能胜敌者，必强者也；能强者，必用人力者也；能用人力者，必得人心者也；能得人心者，必自得也；自得者，①必柔弱者也。能胜不如己者，至于若己者而格。[2]柔胜出于若己者，其事不可度。故能以众不胜成大胜者，惟圣人能之。

《文子·符言》

注：①自得：自身具备道德修养。②格：阻碍。

译：老子说：能够成就霸王者，必然是道德方面处于优胜的人；能够战胜敌国者，必然是兵力强盛的人；能够达到兵力强盛者，必然是善于使用人力的人；能够使用人力者，必然是得人心的人；能够得人心者，必然是自身具备道德的人；自身具备道德者，必然是信奉以柔克刚、以弱胜强的人。这种人能够战胜在道德方面不如自己的对手。至于遇到道德方面与自己不相上下的对手，取胜就会受到阻碍。如果与自己实力相当的对手，也采取以弱克刚的策略，那么战争的结局就很难预料。所以，能积众多的不胜而成大胜的，只有圣人才能做到。

文子问曰：王道有几乎？[1]

老子曰：一而已矣。

文子曰：古有以道王者，有以兵王者，何其一也？

曰：以道王者，德也；以兵王者，亦德也。用兵者五：有义兵，有应兵，有忿兵，有贪兵，有骄兵。诛暴救弱，谓之义。敌来加己，[2]不得已而用之，谓之应。争小故，不胜其心，谓之忿。利人土地，欲人财货，谓之贪。恃其国家之大，矜其人民之众，[3]欲见贤于敌国者，谓之骄。义兵王，应兵胜，忿兵败，贪兵死，骄兵灭。此天道也。

《文子·道德》

注：①几：音“机”，关键、诀窍。②加己；对我施以攻击。③矜：音“金”，夸耀。

译：文子请教老子：“成就王业有什么诀窍吗？”

老子回答："诀窍不过就有一条罢了。"

文子又问："古代有的人凭借道义称王，有的人凭借武力称王，怎么说诀窍只有一条呢？"

老子回答："凭借道义称王的，要具备仁德；凭借武力称王的，也要具备仁德。出兵作战有五种：义兵、应兵、忿兵、贪兵、骄兵。诛杀暴虐，救助弱小，叫做义兵。敌军来犯，迫不得已而应战，叫做应兵。为小事而争斗，不能克制怨恨，叫做忿兵。夺人土地，图人钱财，叫做贪兵。依仗国家强大，夸耀人口众多，想用强力压服敌国，叫做骄兵。义兵必然称王，应兵必然获胜，忿兵必然失败，贪兵必然丧命，骄兵必然灭亡。这是自然的规律。

陈嚣问孙卿子①曰："先生议兵，常以仁义为本。仁者爱人，义者循理，然则又何以兵为？凡所为有兵者，为争夺也！"

孙卿子曰："非汝所知也。彼仁者爱人；爱人，故恶人之害之也。②义者循理；循理，故恶人之乱之也。彼兵者，所以禁暴除害也，非争夺也。故仁人之兵，所存者神，所过者化，③若时雨之降，莫不说喜。……故近者亲其善，远方慕其义，兵不血刃，远迩来服，④德盛于此，施及四极。"

《荀子·议兵》

注：①孙卿子：即荀子。②恶：音"务"，憎恨。③化：教化。④迩：近。

译：陈嚣问荀子道："先生议论用兵之事，常常把仁义作为根本。仁，讲的是爱人，义，讲的是循理，那为什么又要用兵作战呢？凡是用兵作战，都是为了争夺啊！"

荀子说："这不是你所知道的。仁者爱人，正因为爱人，所以憎恨有人去伤害人。义者循理，正因为循理，所以憎恨有人去扰乱理。用兵作战，是为了禁止暴虐，扫除祸害，而不是为了争夺。因此，仁义君主的军队驻扎的地方，政治就清明，经过的地方，民众就受到教化，就像下了及时雨，没有人不欢欣鼓舞。……所以，近处的民众喜爱他的德政，远方的民众仰慕他的仁义，不必动用刀兵，就会远近归服，道德隆盛到了这种程度，恩泽就会遍及四面八方。”

夫攻伐之事，未有不攻无道而伐不义也。攻无道而伐不义，则福莫大焉，黔首利莫厚焉。①禁之者，是息有道而伐有义也，是穷汤、武之事而遂桀、纣之过也。②凡人之所以恶为无道不义者，为其罚也；③所以祈有道行有义者，为其赏也。今无道不义存，存者赏之也；而有道行义穷，穷者罚之也。赏不善而罚善，欲民之治也，不亦难乎？故乱天下害黔首者，若论为大！

《吕氏春秋·振乱》

注：①黔首：老百姓。②穷：阻碍。遂：助长。③恶：音“务”，害怕。

译：作战征讨之事，没有不是攻伐无道、惩罚不义的。攻伐无道、惩罚不义，那么进攻者得福就没有比这更大的了，老百姓得利就没有比这更多的了。禁止这种征讨，就是扼杀有道，惩罚有义，就是在阻碍商汤、周武王的事业，而助长夏桀、商纣的罪过。大凡人们害怕做无道不义的事情，是担心受到惩罚；而希望实行道义，是想得到奖赏。如果无道不义之人保全了，那是保全他们的人在奖赏他们；如果有道行义之人受到阻扰，那是阻扰他们的人在惩罚他们。奖赏不善之人而惩罚行善之人，还想使民众服从治理，不是很困难的吗？所以说，扰乱天下，祸害百姓的，没有比这种主张更厉害的了！

家无怒笞，①则竖子婴儿有过也立见；②国无刑罚，则百姓之相侵也立见；天下无诛伐，则诸侯之相暴也立见。故怒笞不可偃于家，③刑罚不可偃于国，诛伐不可偃于天下，有巧有拙而已矣。故古之圣王有义兵而无有偃兵。

夫有饐死者，④欲禁天下之食，悖；⑤有以乘舟死者，欲禁天下之船，悖；有以用兵丧其国者，欲偃天下之兵，悖。夫兵不可偃也，譬之若水火然，善用之则为福，不能用之则为祸。若用药者然，得良药则活人，得恶药则杀人。义兵之为天下良药也亦大矣！

《吕氏春秋·荡兵》

注：①笞：音“痴”，鞭打。②竖子：儿童。③偃：音“演”，止息，废弃。④饐：食物堵住喉咙。⑤悖：音“背”，不合情理，荒谬。

译：家庭没有斥责鞭打，小孩子的过错立刻就会出现；国家没有刑罚，百姓之间相互侵害的行为立刻就会出现；天下没有诛灭征伐，诸侯之间相互争夺的事情立刻就会出现。所以，家庭不可没有鞭责，国家不可没有刑罚，天下不可没有诛伐，只不过在运用时有巧妙、笨拙的区别罢了。

因为有人吃东西哽死，就禁止天下人吃饭，是荒谬的；因为有人乘船淹死，就禁止天下人乘船，是荒谬的；因为有用兵作战而亡国的，就废弃天下的战争，也是荒谬的。战争不可废弃，就像水、火一样，善于运用它，就可造福，不善于运用它，就会惹祸。就像用药一样，用良药可以救人，用坏药可以害命。正义的战争可以说是天下良药中最大的了！

兵诚义，①以诛暴君而振苦民，民之说也，②若孝子之见慈亲也，若饥者之见美食也；民之号呼而走之，若强弩之射于深溪也，若积大水而失其壅堤也。中主犹若不能有其民，③而况于暴君乎？

《吕氏春秋·荡兵》

注：①诚：确实。②说：音“月”，同“悦”。③中主：一般的君主。

译：如果战争确实是正义的，是为了讨伐暴君，拯救受苦受难的民众，那么民众的喜悦，就像孝子见到慈爱的父母，就像饥饿的人见到精美的食物；民众欢呼着前来投奔，就像强劲的弓箭射向深溪那样迅速，就像大水冲决了堤坝那样不可阻挡。这时，一般的国君都不能控制自己的民众，更何况暴君呢！

暴虐奸诈之与义理反也，其势不俱胜，不两立。故兵入于敌之境，则民知所庇矣，黔首知不死矣。至于国邑之郊，①不虐五谷，不掘坟墓，不伐树木，不烧积聚，不焚室屋，不取六畜。得民虏奉而归之，以彰好恶；信与民期，②以夺敌资。若此而犹有忧恨冒疾遂过不听者，③虽行武焉亦可矣。

《吕氏春秋·怀宠》

注：①国邑：国都。②期；约定。③忧恨：当作“愎眼”，刚愎自用，不听人劝。冒疾：妒忌。

译：暴虐奸诈与义理是相反的，这就决定了它们不可能同时获胜，两者并立。所以，正义之师进入敌国境内，敌国的士民就知道自己能得到保护了，老百姓就知道自己可以得救了。正义之师到达敌国都的郊外，不损坏庄稼，不挖掘坟墓，不砍伐树木，不焚烧积蓄，不掠夺牲畜。抓到俘虏，遣返回家，以此来显示自己爱护百姓，诛伐暴君的立场。遵守对民众的承诺，争取敌国的民心。假若这样做了，还有刚愎自用，凶狠妒忌，怙恶不悛，不听号令的，那么对他们使用武力也是可以的。

克其国不及其民，①独诛所诛而已矣。举其秀士而封侯之，②选其贤良而尊显之，求其孤寡而振恤之，见其长老而敬礼之，皆益其禄，③加其级。论其罪人而救出之；分府库之金，散仓廪之粟，以镇抚其众，不私其财；问其丛社大祠，④民之所不欲废者而复兴之，曲加其祀礼。⑤是以贤者荣其名，而长老说其礼，⑥民怀其德。

《吕氏春秋·怀宠》

注：①不及：不殃及。②秀士：俊杰之士。③益：增加。④丛社大祠：神庙祭祀之处。⑤曲：委婉。⑥说：音“月”，同“悦”。

译：攻克敌国，而不殃及民众，只是诛杀所要诛杀的暴君恶吏。同时，选拔俊杰之士，封给官爵；选拔贤良人才，使他们名声显贵；寻找鳏寡孤独，救济抚恤他们；接见年高德劭的前辈，向他们致敬，增加他们的俸禄，晋升他们的官爵。甄别罪犯，将无辜者释放。分发府库的金钱和仓库的粮食，用以安抚民众，而不贪为己有。寻访神庙祭祀之处，凡是民众不愿废弃的，都要修葺一新，恢复祭祀。这样，贤良俊杰感到荣耀，前辈父老感到喜悦，民众百姓也感谢正义之师的恩德。

凡兵之用也，用于利，用于义。攻乱则服，服则攻者利；攻乱则义，义则攻者荣。荣且利，中主犹且为之，①有况于贤主乎？故割地宝器，卑辞屈服，不足以止攻，唯治为足。②治则为利者不攻矣，为名者不伐矣。凡人之攻伐也，非为利则固为名也。名实不得，国虽强大，则无为攻矣。

《吕氏春秋·召类》

注：①中主：才德平平的国君。②唯治为足：只有治理好国家，才足以阻止敌人的进攻。

译：军队的使用，或者是图谋利益，或者是维护道义。攻击乱国，就会使它降服，降服了，攻击者就会得利；攻击乱国，就是伸张道义，伸张道义，攻击者就得到荣誉。既有荣誉，又得利益，这样的事连才德平平的君主都会去做，何况贤明的君主呢？所以，割让土地，赔偿宝器，用低三下四的言辞表示屈服，都不足以阻止敌国的进攻，只有将国家治理好，才足以阻止敌国的进攻。国家治理得好，那么谋求利益的就不会来进攻了，谋求荣誉的就不会来讨伐了。大凡人们进行攻伐，不是求利，就是图名。如果通过攻伐，既不能得名，又不能得利，那么国家再强大，也不会去进行攻伐。

积德而后神静，神静而后和多，和多而后计得，计得而后能御万物，①能御万物则战易胜敌，战易胜敌而论必盖世，论必盖世，故曰无不克。②无不克本于重积德，故曰重积德，则无不克。战易胜敌，则兼有天下；论必盖世，则民人从。进兼天下而退从民人，其术远，则众人莫见其端末；③莫见其端末，④是以莫知其极。故曰无不克，则莫知其极。

《韩非子·解志》

注：①御：驾驭。②克：战胜。③端末：端倪，开端。④极：终极。

译：积累德行而后精神宁静；精神宁静而后情绪平和；情绪平和而后计谋得当；计谋得当而后能驾驭万物；能驾驭万物就容易战胜敌人；容易战胜敌人而后论说道理就容易被世人接受；论说道理容易被世人接受，所以说“无往而不胜”。无往而不胜的根本在于不断积累德行，所以说“不断积德行，无往而不胜”。容易战胜敌人，就可兼并天下；论理被人接受，就可使民众顺从。进则兼并天下，退则使民众顺从，手段一定非常高明，一般的人看不出它的开端，看不出开端，所以也就看不出它的终结。所以说：“无往而不胜，谁也不知道手段的终极”。

诸库藏兵之国，①皆有兵道。②世兵道三：有为利者，有为义者，有行忿者。

《经法·本伐》

注：①兵：武器。②兵道：用兵作战的理由。

译：凡是府库里藏有武器的国家，都有用兵作战的理由。世上用兵作战的理由有三种：有的是为了夺取实利，有的是为了伸张正义，有的是为了发泄怨恨，施加报复。

兵之动也，必度益国家，①济苍生，②重威能。苟得不偿失即非善利者矣。行远保无虞乎？③出险保无害乎？疾趋保无蹶乎？④冲阵保无陷乎？战胜保无损乎？退而不失地，则退也；避而有所全，则避也。北有所诱，⑤降有所谋，委有所取，⑥弃有所收，则北也，降也，委弃也。行兵用智，须相其利。⑦

（清）揭暄：《兵经百篇·法篇·利》

注：①度：音“夺”，衡量，计算。②苍生：老百姓。③虞：忧患。④蹶：跌倒。⑤北：败北。⑥委：舍去。⑦相：审察。

译：发动战争，一定要衡量是否有益于国家、能不能救助老百姓、可不可振奋军威。假若得不偿失，就不是真正的胜利。长途行军能保证没有忧患吗？经过危险区域能保证不遭受损失吗？快速推进能保证不遇到挫折吗？冲击敌阵能保证不落入陷阱吗？取得胜利能保证不大伤元气吗？退却而不失地，就退却；避敌锋芒而有所保全，就避敌锋芒；失败能引诱敌人，诈降能实施计谋，放弃能有所收获，就失败、诈降、放弃。军事行动运用智慧，必须审察能否最终获利。

5. 兵之胜败皆在于政

兵之胜败皆在于政。政胜其民，下附其上，即兵强；民胜其政，下叛其上，即兵弱。仁义足以怀天下之民，事业足以当天下之急，选举足以得贤士之心，①谋虑足以决轻重之权；②此上义之道也。

《文子·上义》

注：①选举：选拔、推举。②决轻重之权：衡量事情的轻重缓急。

译：战争的胜败取决于政治。政治能够控驭民众，臣属亲附君主，兵力就强盛；政治不能够控驭民众，臣属背叛君主，兵力就衰弱。仁义足以使天下百姓归服，事业足以对付天下的危难，选举足以得到贤才的欢心，谋略足以决定事情的轻重缓急：这些就是合理的规则。

文王问太公曰："守土奈何？"

太公曰："无疏其亲，无怠其众，抚其左右，御其四旁。无借人国柄，①借人国柄，则失其权。无掘壑而附丘，无舍本而治末。日中必彗，②操刀必割，执斧必伐。日中不彗，是谓失时；操刀不割，失利之期；执斧不伐，贼人将来。涓涓不塞，将为江河；荧荧不救，③炎炎奈何；两叶不去，将用斧柯。是故人君必从事于富。不富无以为仁，不施无以合亲。疏其亲则害，失其众则败。无借人利器，借人利器，则为人所害，而不终其正也。"

《六韬·文韬·守土》

注：①借：委托。国柄：治国的权力。②彗：打扫。③荧：音"迎"，微弱的火光。

译：周文王问姜太公："怎样守卫国土？"

太公回答："不要疏远亲族，不要怠慢民众。安抚左右的臣属，控制四周的邻国。治国之权不可委托他人，委托他人，就会丧失威权。不要挖沟取土去堆土丘，不要舍弃根本去治理枝叶。日至中午，一定要打扫院落；手中握有快刀，一定要割肉；执有利斧，一定要砍伐敌人。日中不扫，这叫失时；握刀不割，这叫丧失良机；执斧不伐，强盗就会前来。涓涓细流不堵塞，就会汇成滔滔江河，星星之火不扑灭，就会燃成熊熊烈焰；初生的两片嫩叶不削去，就会长成参天大树，需用斧头砍伐。所以，君主一定要致力于国家富强，不富强就难以施行仁政，不施行仁政就难以团结亲族。疏远亲族定有危害，失去民众，一定失败。不可将锐利的武器借给别人，借给别人，必被人所害，不得善终。”

桓公曰：“轻重之数，①国准之分，吾已得而闻之矣。请问用兵奈何？”管子对曰：“五战而至于兵。”桓公曰：“此若言何谓也？”管子对曰：“谓战衡，②战准，③战流，④战权，⑤战势。⑥此所谓五战而至于兵者也。”桓公曰：“善。”

《管子·轻重甲》

注：①轻重之数：轻重缓急的尺度。②衡：平衡、控制物价。③准：经济制度。④流：商品、货币流通。⑤权：灵活变通。⑥势：自然条件。

译：齐桓公说：“轻重缓急的尺度，治国准则的区别，我已经听说了。请问如何用兵作战？”管子回答：“先在五个方面与敌较量之后，才谈得上出兵作战。”桓公问：“这是什么意思？”管子解释：“这就是说，先在控制物价方面较量，在经济制度方面较量，在商品、货币流通方面较量，在灵活采用经济政策方面较量，在利用自然形势方面较量。在完成这些以后，才谈得上出兵作战。”桓公说：“你说得好。”

凡民之所以守战至死而不德其上者，①有数以至焉。曰：大者亲戚坟墓之所在也，田宅富厚足居也。不然，则州县乡党与宗族足怀乐也；②不然，则上之教训习俗慈爱之于民也厚，无所往而得之；不然，则山林泽谷之利足生也；不然，则地形险阻，易守而难攻也；不然，则罚严而可畏也；不然，则赏明而足劝也；③不然，则有深怨于敌人也；不然，则有厚功于上也。此民之所以守战至死而不德于其上者也。

《管子·九变》

注：①不德其上：不要求君主有德行。②乡党：同乡。③劝：鼓励。

译：凡是民众拼死守卫而不管其君主是否有德行，是有以下这些原因的。这就是：从大处讲，他们守卫的是父母亲戚的坟墓所在地，这里的土地肥沃，房屋舒适，足以安居乐业；要不然，那就是同乡的友谊、宗族的感情足以使他们怀恋不舍；要不然，那就是君主对于民众的关怀、教导慈爱深厚，民众在别处无法得到；要不然，那就是山林泽谷，物产丰富，足以维持富裕的生活；要不然，那就是地形险阻，易守而难攻；要不然，那就是刑罚严厉，民众畏惧；要不然，那就是奖赏丰厚，足以使人受到鼓励；要不然，那就是民众对敌人有深仇大恨；要不然，那就是对君主有大功。这些，就是民众拼死守卫而不管其君主是否有德行的原因。

明一者皇，①察道者帝，通德者王，谋得兵胜者霸。故夫兵，虽非备道至德也，然而所以辅王成霸。今世之用兵者不然，不知兵权者也。②故举兵之日而境内贫，战不必胜，胜则多死，得地而国败。此四者，用兵之祸者也。四祸其国而无不危矣。

大度之书曰：③举兵之日而境内不贫，战而必胜，胜而不死，得地而国不败。为此四者若何？举兵之日而境内不贫者，计数得也。④战而必胜者，法度审也。胜而不死者，教器备利，而敌不敢校也。⑤得地而国不败者，因其民也。⑥因其民，则号制有发也。教器备利，则有制也。法度审，则有守也。计数得，则有明也。治众有器，为兵有数，胜敌有理。察数而知理，审器而识胜，明理而胜敌。定宗庙，遂男女，⑦官四分，⑧则可以定威行德；制法仪，出号令，然后可以一众治民。

《管子·兵法》

注：①一：根本。②权：秤砣，喻衡量事物的准则。③大度之书：古代兵书，一说即《汉书·艺文志》所载《大弢》六篇。④计数：谋划。得：得当。⑤校：较量。⑥因：顺从。⑦遂：生育。⑧四分：分管士、农、工、商四民。

译：明白万物本原的，可以称皇；体察事物规律的，可以称帝；通晓仁德的，可以称王；以计谋取得战争胜利的，可以称霸。战争本身虽不是完备的道义、最高的德行，但它可以辅助王业，成就霸业。现今用兵打仗者却不懂这些，不知道战争的准则。于是，发兵之日，国内贫困，作战没有必胜的把握，即使打了胜仗也死伤惨重，占领了土地也国力衰败。这四条，是用兵的祸患。四祸发生，国家就十分危险了。

古代兵书说：发兵之日，国内富足；作战必胜；获胜而没有惨重伤亡；占领土地而国势不衰。怎样做到这四条呢？发兵之日，国内富足，是因为谋划得当。战而必胜，是因为法令制度严明。获胜而没有惨重伤亡，是因为训练完善，武器锐利，敌人不敢抵抗。占领了土地而国势不衰，是因为顺应了民心。顺应民心，于是法令就有了依据。训练完善、武器锐利，于是就有了制服敌人的力量。法令制度严明，于是就有了遵循的条例。谋划得当，于是就有了高明的破敌之策。治理民众有办法，调动军队有规矩，战胜敌人有道理。考察治兵之规而知破敌之理，审察治民之法而知取胜之道，懂得破敌之理便能战而胜之。然后，安定宗庙，养育人口，委派官吏，就可以确立威信，实行仁德，制定礼仪，发布号令，最后统一天下，治理万民。

以正治国，以奇用兵，以无事取天下。①

《老子·五十七章》

注：①无事：清静寡欲，无所作为。

译：用堂堂正正的方式治理国家，用出其不意的方式用兵打仗，用清静无为的政治去取得天下。

子贡问政。①子曰："足食，足兵，民信之矣。②"

《论语·颜渊》

注：①政：治理国家。②信：信任。

译：子贡向孔子询问如何治理国家。孔子答："使粮食富足，使军备富足，使老百姓信任朝廷。"

孙子曰：兵者，国之大事，死生之地，存亡之道，不可不察也。故经之以五事，①校之以计而索其情：②一曰道，二曰天，三曰地，四曰将，五曰法。道者，令民与上同意，可与之死，可与之生，而不畏危也。天者，阴阳、寒暑、时制也。地者，远近、险易、广狭、死生也。将者，智、信、仁、勇、严也。法者，曲制、③官道、主用也。④凡此五者，将莫不闻，知之者胜，不知者不胜。故校之以计，而索其情，曰：主孰有道？⑤将孰有能？天地孰得？法令孰行？兵众孰强？士卒孰练？赏罚孰明？吾以此知胜负矣。

《孙子·计篇》

注：①经之以五事：以五事为纲领。②索其情：探索胜败的情势。③曲制：部曲、旌旗的制度。④主用：军事费用。⑤孰：哪一方。

译：孙子说：用兵作战是国家的大事。它关系到人民的生死，国家的存亡，不可不认真研究。所以，要以五件事情为纲，分析比较，探索胜败的情势。这五件事是：道义、天时、地利、将帅、法制。道义，就是指民众与君主同心同德，同生共死，而不避危险。天时，就是指昼夜、寒暑及四时变化。地利，就是指地形的险易、距离的远近、道路的广狭及战场的总体形势。将帅，就是指部队的统帅应该具备智慧、信用、仁义、勇敢、严肃的品格。法制，就是指军队编制、将领的职责、军需的补给等方面的健全制度。这五件事，将帅没有不知道的，但只有真正掌握了的才能取得胜利，而没有真正掌握的，不可能取胜。所以，要分析比较敌我双方的条件，探索胜败之道：哪一方的主将更有智谋？哪一方占有天时地利？哪一方的法令能严格执行？哪一方兵强马壮？哪一方的士卒训练有素？哪一方的赏罚分明？我根据这些情况，就可以预知战争的胜败了。

梁惠王曰："晋国，天下莫强焉，叟之所知也。及寡人之身①，东败于齐，长子死焉；西丧地于秦七百里；南辱于楚。寡人耻之，愿比死者壹洒之，②如之何则可？"

孟子对曰："地方百里而可以王。王如施仁政于民，省刑罚，薄税敛，深耕易耨。③壮者以暇日修其孝弟忠信，入以事其父兄，出以事其长上，可使制梃以挞秦、楚之坚甲利兵矣。④彼夺其民时，使不得耕耨以养其父母，父母冻饿，兄弟妻子离散。彼陷溺其民，⑤王往而征之，夫谁与王敌？故曰：'王者无敌'。王请勿疑！"

《孟子·梁惠王上》

注：①寡人：君主自称。②比：替，为。洒：报仇雪耻。③易：快速。耨：除草。④制梃：制作木棒。⑤陷溺：陷于土，溺于水，指处境危难。

译：梁惠王说："晋国是天下最强大的，这您已知道。可是，我在东边被齐国打败，大儿子战死；西边割让给秦国七百里土地；南边又惨败于楚国。我为此感到羞耻，希望为战死者报仇雪耻，怎么办才好呢？"

孟子回答道："土地方圆一百里就可以称王。您如果对民众施行仁政，减轻刑罚，削减赋税，鼓励民众辛勤耕作，使成年人在农闲之日学习孝敬父母、亲爱兄长、忠诚信义的品德，在家以此侍奉父兄，在外以此尊从长官，那么，就是制作木棒也可以打败秦国楚国武器精良的军队了。秦国、楚国的君主，剥夺民众耕作的时间，使他们不能从事耕作，养活父母。父母挨冻受饿，兄弟妻离子散。这是在坑害民众。您率军前往讨伐，谁还会与您为敌呢？所以说：‘实行仁政的君主，天下无敌’。请您不必疑虑！”

观国之强弱贫富有征验：上不隆礼则兵弱，①上不爱民则兵弱，已不诺信则兵弱，庆赏不渐则兵弱，②将率不能则兵弱。上好功则国贫，上好利则国贫，士大夫众则国贫，工商众则国贫，无制数度量则国贫。下贫则上贫，下富则上富。故田野县鄙者，③财之本也；垣窌仓廪者，④财之末也。百姓时和、事业得叙者，⑤货之源也；等赋府库者，货之流也。故明主必谨养其和，节其流，开其源，而时斟酌焉。

《荀子·富国》

注：①隆：推崇。②渐：影响。③鄙：偏远地区。④窌：音“叫”，地窖。⑤得叙：有条理。

译：考察国家的强弱、贫富，是有征兆可验证的：君主不推崇礼义，军队就衰弱；君主不爱护民众，军队就衰弱；不严守信诺，军队就衰弱；赏赐不能产生激励的影响，军队就衰弱；将帅没有才能，军队就衰弱。君主好大喜功，国家就贫困；君主贪图私利，国家就贫困；士大夫太多，国家就贫困；从事工商业的人太多，国家就贫困；没有度量制度，国家就贫困。民众贫困，君主就贫困；民众富裕，君主就富裕。所以，土地、乡村是财富的根本，仓库贮藏是财富的末叶。老百姓不违背农时，生产耕作，是财货的源泉；收取赋税，归藏府库，是财货的支流。所以，贤明的君主一定要谨慎从事，调节各方关系，开源节流，并经常思考这些问题。

国之所以强者，必死也；①所以必死者，义也；义之所以行者，威也。是故令之以文，齐之以武，是谓必取；威义并行，是谓必强。白刃交接，矢石若雨，②而士争先者，赏信而罚明也。上视下如子，下视上如父；上视下如弟，下事上如兄。上视下如子，必王四海；下事上如父，必正天下。……是故义君内修其政以积其德，外塞其邪以明其势。察其劳佚，[3]以知饥饱。战期有日，视死如归，恩之加也。

《文子·上义》

注：①必死：抱定必死的决心。②矢：箭。③佚：安逸。

译：国家之所以强大，是因为将士抱定必死的决心。之所以抱定必死的决心，是因为遵循仁义的原则。仁义之所以得到推行，是因为借助了威势的作用。所以，对将士应以文德来教导他们，以武威来训练他们，这样就一定胜利。威势与仁义并行，这样就一定强大。短兵相接，枪林弹雨，而将士个个奋勇争先，是因为君主赏罚严明。君上对待臣下如儿子，臣下就事奉君上如父亲；君上对待臣下如弟弟，臣下就事奉君上为兄长。君上视臣下如儿子，必定能统一四海；臣下事奉君上如父亲，必定能匡正天下。……所以，仁义的君主对内修明政治，积蓄恩泽，对外杜绝奸邪，显示威势。体察民众的劳逸，关心民众的温饱。一旦战争爆发，民众定会视死如归，这是因为他们身受君主的恩泽。

凡战法，必本于政胜，[1]则其民不争；不争则无以私意，以上为意。[2]故王者之政，使民怯于邑斗，[3]而勇于寇战。民习以力攻难，故轻死。[4]

《商君书·战法》

注：①本于：立足于。②以上为意：以君主的意志为意志。③邑斗：本乡本土人之间的争斗。④轻死：轻视死亡。

译：作战的方法，应该立足于政治清明的基础，政治清明，民众就不会争斗；不争斗，就不会强调个人的意志，而以君主的意志为意志。所以，成就王业的君主治理国家，使民众不敢发生内讧，自相残害，而勇于抵抗入侵的敌人。民众习惯于奋力搏杀，所以就不怕牺牲。

刑生力，力生强，强生威，威生德，①德生于刑。故刑多则赏重，赏少则刑重。民之有欲有恶也，欲有六淫，②恶有四难。③从六淫，国弱；行四难，兵强。故王者刑于九而赏出一。刑于九则六淫止，赏出一则四难行。六淫止则国无奸，四难行则兵无敌。民之所欲万，而利之所出一，民非一则无以致欲，④故作一。作一则力抟，⑤力抟则强，强而用，重强。⑥故能生力能杀力，⑦曰攻敌之国，必强。塞私道以穷其志，⑧启一门以致其欲，使民必先行其所恶，然后致其所欲，故力多。力多而不用则志穷，志穷则有私，有私则有弱。故能生力不能杀力，曰自攻之国，必削。

《商君书·说民》

注：①德：恩惠。②六淫：六种欲望，即美声、美色、美味、美气、舒适、快乐。③四难：四件艰难的事，即：务农、力战、出钱、告奸。④致欲：实现欲望。⑤抟：同“专”。⑥重强：强上加强。⑦杀力：使用、消耗力量。⑧私道：谋取私利的歪门邪道。

译：刑罚产生实力，实力产生强盛，强盛产生威名，威名产生恩德。所以，归根结底，恩德来源于刑罚。刑罚多，才显得赏赐丰厚，赏赐少，才显得刑罚威严。民众有欲求也有厌恶，欲求有六种淫邪，厌恶有四种艰难。放纵美声、美色等六种淫邪，国家就会衰弱；推行务农、力战等四种艰难，兵力就会强盛。所以，成就王业的君主，刑罚有九个方面，而赏赐仅一个方面。刑罚有九，六种淫邪就会制止，赏赐仅一，四种艰难就会推行。“六淫”制止，国家就没有奸邪之人，“四难”推行，军队就无敌于天下。民众的欲望数以万计，但求得实际利益的出路只有一条，不走这一条路，就无法实现欲望，所以他们就会专一于农战。专一于农战，力量就集中，力量集中就强大，运用强大的力量对外征战，就会强上加强。所以，能增强实力，能使用实力的国家，叫做攻敌之国，必然强盛。堵塞谋取私利的歪门邪道，制止邪念的膨胀，开启惟一的门径，使民众通过农战来满足自己的欲望。使民众一定得先做他们所厌恶的事，然后才能满足欲望，这样力量才会雄厚。力量雄厚而不使用，民众的欲望得不到实现，他们就会去寻求私利。寻求私利，国家就会削弱。所以，能增强力量而不能使用力量，就叫自我伤害，国力必然削弱。

今夫人众兵强，此帝王之大资也。①苟非明法以守之也，与危亡为邻。故明主察法，境内之民无辟淫之心，游处之士迫于战阵，②万民疾于耕战，有以知其然也。楚国之民，齐疾而均，③速若飘风；宛钜铁鉇，④利若蜂虿；⑤胁蛟犀兕，⑥坚若金石；江、汉以为池，汝、颍以为限；隐以邓林，⑦缘以方城。⑧秦师至，鄢、郢举，若振槁，⑨唐蔑死于垂涉；⑩庄跻发于内，⑪楚分为五。地非不大也，民非不众也，甲兵财用非不多也，战不胜，守不固，此无法之所生也，释权衡而操轻重者也。⑫

《商君书·弱民》

注：①大资：雄厚的资本。②游处之士：说客和隐士。③齐疾而均：行动迅速而协调。④钜：钢。鉇：音“蛇”，短矛。⑤虿：音“柴”，蝎类毒虫。⑥胁蛟犀兕（音“四”）：身披鲨鱼皮、犀牛皮制的铠甲。⑦邓林：楚国与邓国交界处的山林。⑧方城：楚国防御秦、魏等国的长城。⑨槁：枯树。⑩唐蔑：楚国将领。⑪庄跻（音“决”）：楚国农民起义首领。⑫释：放弃。权：秤铊。衡：秤杆。

译：人口众多，兵力强大，这是帝王雄厚的资本。但是，如果不能申明法制来保持它，那就离危亡不远了。所以，圣明的君主实行严明的法制，于是国内的民众没有邪僻纵欲的想法，说客、隐士也不得不从军作战，民众积极投身于农耕与作战，这都是因为圣明的君主懂得法制作用的重要。

楚国的民众，行动迅速而协调，就像飘忽的疾风；钢制的短矛，像蜂蝎一样锐利；皮制的铠甲，像金石一样坚固；长江、汉水当做护城河，汝河、颍河当做险阻；邓林当做屏障，方城当做工事。但是，秦军一来，鄢地、郢都就被攻占，好像摧枯拉朽，唐蔑战死于垂涉，庄跻又率众在国内起义，楚国四分五裂。楚国的土地不是不广大，人口不是不众多；军事装备、财货贮备不是不丰厚，但是进攻不能获胜，防守不能巩固，这就是没有法制带来的后果，就像放弃了秤砣、秤杆去衡量物件的轻重一样。

夫两尧不能相王，两桀不能相亡。亡、王之机，①必其治乱、其强弱相踦者也。②木之折也必通蠹，③墙之坏也必通隙，然木虽蠹，无疾风不折；墙虽隙，无大雨不坏。万乘之主，④有能服术行法以为亡征之君风雨者，其兼天下不难矣。

《韩非子·亡征》

注：①机：机要、关键。②踦：偏重。③蠹：音“杜”，蛀。④万乘：有万辆兵车的国家。

译：两个尧，不能相互称王，两个桀，不能相互灭亡。灭亡或者称王的关键，必定是这两个国家的治乱、强弱状况不平衡，一治一乱，一强一弱。树木的折断必定是由于虫蛀，墙壁的倒塌必定是由于有裂缝。但是，树木虽被蛀空，但没有狂风也不会折断；墙壁虽有裂缝，但没有大暴雨也不会倒塌。拥有万辆兵车的大国君主，如果能施行法术，形成对已有灭亡征兆国君的狂风暴雨，那么他兼并天下就不困难了。

治民者，禁奸于未萌；而用兵者，服战于民心。①禁先其本者治，兵战其心者胜。②圣人之治民也，先治者强，先战者胜。夫国事务先而民心专，举公而私不从，赏告而奸不生，明法而治不烦。能用四者强，不能用四者弱。

《韩非子·心度》

注：①服战：熟悉战争。②战其心：树立战争观念。

译：治理民众，应禁止奸邪于萌生之前；用兵打仗，应使民众事先熟悉战争。从根本上禁止奸邪的，国家就安定，在内心树立起战争观念的，作战就胜利。圣人治理民众，治理在前的，国家强大，率先树立战争观念的，克敌制胜。国家大事要步步争先，民众的思想才会专一，推崇公利而不放纵私欲，奖赏告发而不使奸邪产生，申明法制而使政治不烦乱。能做到这四条的，国家就强大；不能做到这四条的，国家就衰弱。

6. 天时不如地利，地利不如人和

孟子曰："天时不如地利，地利不如人和。三里之城，七里之郭，①环而攻之而不胜。夫环而攻之，必有得天时者矣；然而不胜者，是天时不如地利也。

城非不高也，池非不深也，兵革非不坚利也，米粟非不多也；委而去之。②是地利不如人和也。

故曰：域民不以封疆之界，③固国不以山谿之险，④威天下不以兵革之利。得道者多助，失道者寡助。寡助之至，亲戚畔之；⑤多助之至，天下顺之。以天下之所顺，攻亲戚之所畔：故君子有不战，战必胜矣！"

《孟子·公孙丑下》

注：①郭：外城。②委：放弃。③域：限制。④谿：同"溪"。⑤畔：同"叛"。

译：孟子说："天时比不上地利，地利比不上人和。内城每边长三里，外城每边长七里的小城，敌人四面围攻而不能取胜。团团包围，一定是顺应了天时，但是仍不能取胜，这就证明天时比不上地利。

城墙不是不高，护城河不是不深，兵器铠甲不是不锐利坚固，粮食不是不充足；但是面对进攻，却弃城而逃，这就证明地利比不上人和。

所以说：限制民众不必靠划分疆界，巩固国防不必靠山川险阻，威震天下不必靠锐利的武器。得到治国正道的，帮助的人就多；失去治国正道的，帮助的人就少。帮助的人少到极点，亲戚都会背叛，帮助的人多到极点，天下都会归顺。以天下所归顺的伟大力量，去攻击众叛亲离的孤家寡人：所以，君子要么不战，要战就必然胜利！”

吴子曰：“昔之图国家者，必先教百姓而亲万民。有四不和：①不和于国，不可以出军；不和于军，不可以出阵；不和于阵，不可以讲战；不和于战，不可以决胜。是以有道之主，②将用其民，先和而造大事。”

《吴子·图国》

注：①不和：不协调。②有道之主：贤明的君主。

译：吴起说：“从前图谋国家强大的君主，一定先教导百姓，亲近民众。避免四种不协调的情形：国内政治不协调，不可出兵作战；军队内部不协调，不可仓促上阵；阵形配置不协调，不可与敌交锋；战斗动作不协调，不可取得胜利。所以，贤明的君主在动用军力民力时，先协调各方，然后采取重大行动。”

名尊地广以至王者，何故？战胜者也。名卑地削以至于亡者，何故？战罢者也。①不胜而王、不败而亡者，自古及今未尝有也。民勇者，战胜；民不勇者，战败。能壹民于战者，②民勇；不能壹民于战者，民不勇。圣王见王之致于兵也，③故举国而责之于兵。入其国，观其治，民用者强。奚以知民之见用者也？④民之见战也，如饿狼之见肉，则民用矣。凡战者，民之所恶也。⑤能使民乐战者王。强国之民，父遗其子，⑥兄遗其弟，妻遗其夫，皆曰：“不得，无返。”又曰：“失法离令，若死，⑦我死。”

《商君书·画策》

注：①罢：音“皮”，败。②壹民：使民专心致志。③王之致于兵：成就王业必须注重军事。④奚：何，怎么。⑤恶：音“务”，厌恶。⑥遗：音“卫”，送。⑦若：你。

译：名号尊贵，土地广阔，以至于称王，是什么原因？因为打了胜仗。名号卑贱，土地割让，以至于亡国，是什么原因？因为打了败仗。不打胜仗而称王，不打败仗而亡国的，从古到今还没有过。民众勇敢，就打胜仗；民众不勇敢，就打败仗。能够使民众专心致志于战争，民众就勇敢；否则，民众就胆怯。圣明的君主看到成就王业必须注重军事，所以要求全国民众都致力于战争。进入一个国家，察看它的政治情况，民众肯为国效力的就强大。何以见得民众肯为国效力呢？如果民众对待战争，就像饿狼见到肉块一样，那么民众就肯定愿意为国效力了。大凡作战，总是民众所厌恶的。能够使民众乐于从军作战的君主，一定能够称王于天下。强国的民众，父亲送儿子，哥哥送弟弟，妻子送丈夫，出征伐敌，都说：“不斩获敌人的首级，就不要回来。”又说：“如果你违反了法令，不仅你得丧命，我也得受株连而死。”

国或重治，①或重乱。……兵或重强，②或重弱。民固欲战，又不得不战，是谓重强。民固不欲战，又得无战，是谓重弱。

《商君书·画策》

注：①重治：治上加治。②重强：强上加强。

译：国家或者是治上加治，或者是乱上加乱。……军队或者是强上加强，或者是弱上加弱。民众本来就愿意作战，又不得不作战，这就叫强上加强。民众本来就不愿意作战，又可以不作战，这就叫弱上加弱。

梁惠王问尉缭子曰：“黄帝‘刑德’，可以百战百胜，有之乎？”尉缭子对曰：“刑以伐之，德以守之，非所谓王官、时日、阴阳、向背也。黄帝者，人事而已矣。何者？今有城，东西攻不能取，南北攻不能取，四方岂不无顺时乘之者耶？① 然不能取者，城高池深，兵器备具，财谷多积，豪士一谋者也。若城下、② 池浅、守弱，则取之矣。由是观之，天官、时日不若人事也。”

《尉缭子·天官》

注：①乘：利用。②城下：城墙低矮。

译：梁惠王问尉缭子道：“依据黄帝的‘刑德’学说，可以百战百胜，有这回事吗？”

尉缭子回答说：“武力是用来攻伐敌人的，仁德是用来安定百姓的，不是讲天象时日、阴阳向背的。黄帝所重视的，不过是人的作用罢了。为什么呢？比如有一座城，从东西两面攻不下来，从南北两面也攻不下来，四个方向难道都没有可以利用的时辰、阴阳等条件吗？可见攻不下这座城的原因，在于城墙高、护城河深，守军兵器齐备，粮草充足，将士有勇有谋。假如城墙矮，护城河浅，守备力量薄弱，就可以攻下来。由此看来，相信天象、时日，不如重视人的作用。”

滕文公问曰：“滕，小国也，间于齐楚。① 事齐乎？② 事楚乎？”

孟子对曰：“是谋非吾所能及也。无已，③ 则有一焉：凿斯池也，筑斯城也，与民守之；效死而民弗去，则是可为也。”

《孟子·梁惠王下》

注：①间：音“见”，夹。②事：服事，投靠。③不已：不止。意为“一定要我讲”。

译：滕文公问孟子：“滕是个小国，夹在齐、楚两个大国之间。是投靠齐国呢？还是投靠楚国呢？”

孟子回答道：“这个问题不是我所能解决的。如果一定要我讲的话，就说一条：挖深这护城河，加固这城墙，与民众一起守卫它。如果民众宁愿战死也不离去，那就有办法了。”

临武君与孙卿子议兵于赵孝成王前。

王曰：“请问兵要。”①

临武君对曰：“上得天时，下得地利，观敌之变动，后之发，先之至。此用兵之要术也。”

孙卿子曰：②“不然。臣所闻古之道，凡用兵攻战之本在乎壹民。③弓矢不调，则羿不能以中微；④六马不和，则造父不能以致远。士民不亲附，则汤、武不能以必胜也。故善附民者，⑤是乃善用兵者也。故兵要在乎附民而已。”

《荀子·议兵》

注：①兵要：用兵的重要法则。②孙卿子：即荀子。③壹民：统一民心。④中：音“众”，射中。微：微小的目标。⑤附民：使民众亲附。

译：临武君和荀子在赵孝成王面前讨论军事问题。

赵孝成王说：“请问用兵的重要法则是什么？”

临武君回答：“上顺应天时，下取得地利，观察敌人的动向，后于敌人出发，先于敌人到达。这就是用兵的重要法则。”

荀子说：“不对。我听说古代的道理，凡用兵作战，最根本的在于统一民众的意志。弓箭不协调，那么羿那样的好射手也不能射中微小的目标；六马不和谐，那么造父那样的好车夫也不能驾车远行。民众不亲附君主，那么商汤、周武王也不一定能打胜仗。所以，善于使民众亲附的人，就是善于用兵的人。因此，用兵的重要法则不过在于使民众亲附而已。”

夫用兵之道，在于人和，人和则不劝而自战矣。若将吏相猜，①士卒不服，忠谋不用，群下谤议，②谗慝互生，③虽有汤、武之智，④而不能取胜于匹夫，况众人乎。

《诸葛亮集·将苑·和人》

注：①相猜：相互猜疑。②谤议：指责的言论。③谗：坏话：慝：音“特”，恶念。④汤：商汤王。武：周武王。

译：用兵之道，在于军队内部的团结。只要团结，那么不用鼓励，士卒自当奋勇作战。假若将领相互猜疑，士卒不服从命令，忠诚的谋士不被信用，部下的指责议论纷纷，坏话恶念层出不穷，那么虽有商汤王、周武王那样的智慧，而不能胜于匹夫，更何况我们这些凡夫俗子呢。

第二章　军　备　论

战争的不可避免，使军备问题成为古往今来政治家、谋略家们时时萦怀于心的重大课题。诸葛亮所论，代表了他们的共识："夫国之大务，莫先于戒备。若夫失之毫厘，则差若千里，覆军杀将，势不逾息，可不惧哉！〔1〕

战争是综合国力的较量，因此军备问题也就不可仅仅理解为武器的制造与粮食的储备，而应将其提到更全面的高度来认识："国富者兵强，兵强者战胜，战胜者地广"〔2〕。中国最古老的政书《尚书·洪范》提出"八政"，即食（粮农）、货（经贸）、祀（祀祭）、司空（工程）、司徒（徒役）、司寇（司法）、宾（外交）、师（军队），可以说样样与军备有关；而且，其排列顺序，也颇具深意：将粮农、经贸置于首，而将外交、军事置于末，这就更加逻辑鲜明地凸显了"国富者兵强"的卓越军备观。

〔1〕《诸葛亮集·将苑·戒备》。
〔2〕《管子·治国》。

常备军的设置，是颇令古今政治家头疼的问题。养兵千日，用兵一时的道理人人都懂。但是，养兵是耗资巨大的无底洞。养少了，用时捉襟见肘；养多了，平日不堪重负。贱养则士卒羸弱；贵养则将帅骄横。为了摆脱这种两难境况，中国兵家提出了“寓兵于民”（因为农民占中国人口的绝大多数，所以又可称“寓兵于农”）的思想。“隐兵于农，无事则耕，有事则战”〔1〕，马端临的《文献通考》更进一步归纳为“兵出于农，有常数而无常人”。这种做法，既保留了常备军的规模，又避免了养兵千日的巨额耗费。寓兵于农思想的重要体现，便是历代“屯田”的实行。在边境之地或荒僻之区，利用士兵、农民开垦种植，“平时而讲武，岁以劝农”〔2〕。这样，“安平之世，无禀给之费；征伐之际，得勤力之士”〔3〕，两全其美，何乐不为。

“兵马未动，粮草先行”是老百姓耳熟能详的俗语，而在军事家眼中，它的意义更为严峻：“军无辎重则亡，无粮食则亡，无委积则亡”〔4〕。战以兵为本，兵以粮为本，有石城千仞，汤池百步，带甲十万，而无粟弗能守也”〔5〕。着眼于此，“农者，胜之本也”〔6〕成为中国兵家的共识，而“师行粮从，军需最要”更是军事统帅的第一信条。粮食供给，依赖后方是根本，但在可能的前提下，“因粮于敌”也不失为明智的决策。取敌之粮，为我所用，起码有三条好处：一是削弱敌力，

---

〔1〕《宋朝事实》卷15。
〔2〕《白居易集》卷64。
〔3〕《宋朝事实》卷15。
〔4〕《孙子·军争篇》。
〔5〕《汉书·食货志》。
〔6〕《三国志·邓艾传》。

二是壮我军威，三是节省费用。所以，“凡军行，因粮于敌，最为急务”〔1〕。

战争双方的较量，最终表现为千军万马的直接搏杀。在此胜败存亡的关键时刻，“工欲善其事，必先利其器”的普遍原理，更具备了生死攸关的意义，因而得到中国兵家近乎宗教虔诚般的崇奉：“兵矢者，军之神灵也；甲胄者，人之司命也”〔2〕。在兵家眼中，“兵不完利，与无操者同实；甲不坚密，与俴者同实”〔3〕。因此，将帅必须对军械质量精益求精，“此是三军性命所系，国家地方安危所关”，绝对不可马虎草率，掉以轻心！

1. 国之大务，莫先于戒备

夫国之大务，莫先于戒备。若夫失之毫厘。则差若千里，覆军杀将，势不踰息，①可不惧哉！故有患难，君臣旰食而谋之，②择贤而任之。若乃居安而不思危，寇至不知惧，此谓燕巢于幕，③鱼游于鼎，亡不俟夕矣！《传》曰：“不备不虞，④不可以师。”又曰：“豫备无虞，古之善政。”又曰：“蜂虿尚有毒，⑤而况国乎？”无备，虽众不可恃也。故曰，有备无患。故三军之行，不可无备也。

《诸葛亮集·将苑·戒备》

注：①踰：超过。息：消失，灭亡。②旰食：忙到很晚才吃

〔1〕《梦溪笔谈》。
〔2〕《李觏集·强兵策》。
〔3〕《管子·参患》。

饭。③幕：帐篷。④不虞：没有意料到的事件。⑤虿：音“柴（四声）”，碣子一类的毒虫。

译：国家重大事务，没有比防卫戒备更要紧的了。这个问题失之毫厘，差以千里，军败将亡，绝逃不脱彻底灭亡的命运，难道不该引起高度警觉吗！所以国家有危难，君主与大臣废寝忘食地筹谋规划，选择贤明的将领担任卫国重任。假如居安而不思危，敌人打上门来而不知警戒，这就好比燕在帐篷里筑巢，鱼在 大锅内游动，死亡已迫在眉睫了！《易传》说：“不预防突发事件，不可以为军。”又说：“防备突发事件，是古代治国的好措施。”又说：“蜜蜂、蝎子尚且有毒刺用以自卫，更何况一个国家呢！”没有准备，虽然人多势众，也不可靠。所以说，有备无患。因此，三军的行动，不可没有准备。

寝兵之说胜，①则险阻不守。兼爱之说胜，②则士卒不战。全生之说胜，③则廉耻不立。私议自贵之说胜，则上令不行。

《管子·立政》

注：①寝兵：废除军备。此说为战国时宋钘等提倡。②兼爱：人们相互友爱。此说为墨家提倡。③全生：保全生命。此说为道家提倡。

译：废除军备的主张占优势，险阻之地就会弃而不守。人人相爱的主张占优势，士卒就不肯作战。保全生命的主张占优势，廉耻观念就无法树立。以个人私议为贵的主张占优势，那么国君的命令就无法推行。

人君唯毋听寝兵①，则群臣、宾客莫敢言兵。然则内之不知国之治乱，外之不知诸侯强弱。如是，则城郭毁坏，②莫之筑补，甲弊兵雕，③莫之修缮。如是，则守圉之备毁矣，辽远之地晦④，边境之士偷，⑤百姓无圉敌之心。⑥故曰，寝兵之说胜，则险阻不守。

《管子·立政九败解》

注： ①寝兵：废除军备。②郭：外城。③雕：破败。

④晦：丧失。⑤偷：懈怠。⑥圉：通"御"，防御。

译：君主如果听从了废除军备的主张，那么群臣、宾客就没有谁敢谈论军事。然而这样一来，对内不知道国家的治乱，对外不知道诸侯的强弱。于是，城墙坍塌，无人修筑；军械废弃，无人修缮。于是，守卫的设施毁坏，远方的领土丧失，边境的士卒懈怠，老百姓也没有抵御侵略的心思。所以说，废除军备的主张占优势，那么险阻之地就会弃而不守。

人君唯毋听兼爱之说，则视天下之民如其民，视国若吾国①。如是，则无并兼攘夺之心，无覆军败将之事。然则射御勇力之士不厚禄，覆军杀将之臣不贵爵。如是，则射御勇力之士出在外矣。我能毋攻人可也，不能令人毋攻我。彼求地而予之，非吾所欲也；不予，而与战，必不胜也。彼以教士，②我以敺众；③彼以良将，我以无能；其败，必覆军杀将。故曰：兼爱之说胜，则士卒不战。

《管子·立政九败解》

注：①兼爱：人人相互友爱。则：即。②教士：经过训练的士卒。③敺（音"区"）众：临时征集的乌合之众。

译：君主不要听从人人相互友爱的主张，即把天下的民众都看做自己的民众，把天下的国家都看成自己的国家。这样，就没有兼并别国、争夺利益的心思，没有消灭敌军、杀死敌将的事情。然而这样一来，精于骑射的勇武之士就不会享有丰厚的俸禄，杀敌破贼的将帅功臣就不会享有尊贵的官爵。这样，勇武之士就会外出他乡。我不去攻打别人，这是可以做到的，但是却做不到让别人不来攻打我。他谋取我的领土，我割让给他，不是我所愿意的；不给他，而与他战斗，又无法取胜。他率领精兵锐卒，而我却只有乌合之众；他手下良将如云，而我却只有无能之辈；这样作战，必然逃不脱覆灭的命运。所以说，听从了人人相爱的主张，士卒就失去了战斗力。

故用兵之法，无恃其不来。①恃吾有以待也；无恃其不攻，恃吾有所不可攻也。

《孙子·九变篇》

注：①恃：依赖、依靠。

译：用兵作战的法则，不可指望敌人不来打，而应依靠自己作好准备，严阵以待。不可指望敌人不进攻，而应依靠自己具备不可被战胜的实力。

仓无备粟，不可以待凶饥；①库无备兵，虽有义不能征无义。城郭不备全，不可以自守；心无备虑，不可以应卒。②是若庆忌无去之心，③不能轻出。夫桀无待汤之备，故放；纣无待武之备，故杀。桀、纣贵为天子，富有天下；然而皆灭亡于百里之君者，何也？有富贵而不为备也。故备者，国之重也；食者，国之宝也；兵者，国之爪也；城者，所以自守也。此三者，国之具也。

《墨子·七患》

注：①待：应付。②卒：仓卒发生的事变。③庆忌：春秋时吴王僚之子，因无戒备之心，被阖闾派出的刺客要离杀死。

译：仓库里没有贮备的粮食，就无法应付荒年的饥馑；府库里没有贮备的武器，即便是正义之师，也无法讨伐不义的敌人。城廓不完整，无法守卫；心中没有防备的谋略，无法应对仓卒发生的事变。这就正如庆忌放弃了戒备，所以轻易外出被杀。夏桀没有抵御商汤的准备，所以被放逐；商纣没有抵御周武王的准备，所以被杀。夏桀、商纣是至高无上的天子，拥有天下的财富，然而却被小小百里之国的诸侯所灭，这是什么原因呢？原因就是有地位、有财富却没有防备。所以，防备是国家的要务：粮食是国家的珍宝，军队是国家的爪牙，城廓是国家守卫的依据。这三样，是抗敌卫国的基本条件。

虎兕所以能执熊罴，[1]服群兽者，爪牙利而攫便也。秦所以超诸侯，[2]吞天下，并敌国者，[3]险阻固而势居然也。故鳖猬有介，[4]狐貉不能禽；[5]腹蛇有螫，[6]人忌而不轻。故有备则制人，无备则制于人。故仲山甫补衮职之阙，[7]蒙公筑长城之固，[8]所以备寇难而折冲万里之外也。[9]今不固其外，欲安其内，犹家人不坚垣墙，狗犬夜惊而闇昧妄行也。

（西汉）桑弘羊：《盐铁论·险固》

注：①兕：音“寺”，犀牛一类野兽。②超：超越，战胜。③并：兼并，吞并。④介：甲壳。⑤禽：同“擒”。⑥螫：音“折”，毒牙。⑦仲山甫：周宣王时的大臣。衮职：国君。阙：缺点，过失。⑧蒙公：蒙恬，秦国大将。⑨折冲：抵御。

译：老虎、犀牛之所以能抓获熊罴，降服群兽，是因为它的爪牙锐利，便于捕捉。秦国之所以战胜诸侯，吞并天下，是因为它的险阻坚固，形势有利。所以，鳖、猬有甲壳，狐、貉就无法抓住它；蝮蛇有毒牙，人们就害怕而不敢轻易去碰它。所以说，有防备就能制服人，没有防备就被人制服。于是，仲山甫弥补国君的缺失，蒙恬修筑长城，都是为了防备敌寇的袭击，抵御外患于万里之外。现今不加强外部的防御，而想使内部安定，就如同住家的人不修好院墙，半夜听到狗叫就吓得乱跑一样。

夫为国有三计：有万世之计，有一年之计，有不终月之计。古者，三年耕必有一年之蓄，以三十年之通，[1]则可以九年无饥也。岁之所入足用而有余，是以九年之蓄，常闲而无用，卒有水旱之变，盗贼之忧，则官可以自办而民不知。若此者，天不能使之灾，地不能使之贫，四夷、[2]盗贼不能使之用，此万世之计也。而其不能者，一岁之入才足以为一岁之出，天下之产仅足以供天下之用。其平居虽不至于虐取其民，而有急则不免于厚赋，故其国可静而不可动，可逸而不可劳，此一时之计也。至于最下而无谋者，量出以为入，用之不给则取之益多，天下晏然无大患难，③而尽用衰世苟且之法，不知有急，则将何以加之，此所谓不终月之计也。

（元）马端临：《文献通考·国用二》

注：①通：通盘计算。②四夷：即东夷、西戎、南蛮、北狄，统称四夷。是古代统治者对华夏族以外各族的蔑称。③晏然：平安的样子。

译：为国家安危考虑，有三种计谋：有可保万代平安的计谋，有可保一年平安的计谋，还有连一个月的平安都保不住的计谋。古时候，三年耕作必定有一年的积蓄，按三千年通盘计算，就可以有九年不致发生饥荒。每年的收入足够使用，而且还有剩余，所以九年的积蓄，常常闲置而不动用。突然发生水旱灾害、盗贼忧患，官府也可以自行处置，而不致于使民众受惊害。像这样，上天不能使之受灾祸，大地不能使之受贫穷，周边的外患、内地的盗贼也不能使之受困扰，这就是保万代平安的计谋。做不到这一点的，一年的收入仅仅够一年的支出，天下的物产仅仅够天下的用度。平时虽不至于搜括民众，但一旦发生紧急情况，就不免横征暴敛。所以这样的国家只可平静，不可发生动乱，老百姓可以使其安逸，不可以使其劳苦。这就是保一年平安的计谋。至于最低劣无谋的，根据支出来决定收入，财用不够了，就多多征收。天下本来平安，并无重大忧患，然而却采用衰败之时权且应付的方法，不知准备应急的策略，那么怎能懂得发展生产，增加积蓄。这就是连一个月的平安都保不住的计谋。

用兵之道，必先固其本，本固而战，多胜少败。何为本？内寔也。①内欲其寔，实者艰破。何为实？有备之谓也。后世不知务此，至有战胜之余，遂忘武备，往往致于取败。人孰不知：②曰天下平定之时，可以息兵偃武。③殊不知，治兵然后可以息兵；讲武而后可以偃武。若晋撤州郡之备，卒召五胡之扰；④唐撤中国之备，终致安史之乱，⑤此无备之验也。夫当天下无虞之时，⑥而常谨不虞之戒，然则武备其可一日而忘哉！

《明实录》卷 26

注：①寔：同“实”，充实。②孰：谁。③偃：停止。④卒：终。五胡：匈奴、鲜卑、羯、氐、羌五个少数民族。⑤安史之乱：唐代玄宗年间，安禄山、史思明发动的叛乱。虽被平定，但唐朝从此由盛而衰。⑥虞：忧患。

译：用兵的方法，必须先巩固根本。根本巩固了再去作战，胜多而败少。什么是根本？内部充实就是根本。内部充实，就难以被击败。什么是充实？有防备就叫充实。后世的人不知道在这方面下力，一到获胜之后，就忘记了武备的重要，往往因此而导致失败。谁都知道：天下平定之时，就可以休息军队，停止武备。却不知道，只有先训练军队，然后才可以休息军队；只有先整治武备，然后才可以停止武备。如晋朝撤销了州郡的武备，终于招致五胡的侵扰；唐朝撤销中原的武备，终于导致安史之乱的发生。这些都是没有武备的教训。当国家没有忧患之时，也要经常警惕战乱的发生，因而武备之事一天也不能忘！

2. 国富者兵强

凡为国之急者，必先禁末作文巧；①末作文巧禁，则民无所游食；②民无所游食，则必事农；民事农，则田垦；田垦，则粟多；粟多，则国富。国富者兵强，兵强者战胜，战胜者地广。是以先王知众民、强兵、广地、富国必生于粟也，故禁末作，止奇巧而利农事。

《管子·治国》

注：①末作：工商业。文巧：奇技淫巧。②游食：不务农而食。

译：治理国家的当务之急，一定要首先禁止务工经商、奇技淫巧。这些被禁止，民众就无法不耕而食；民众无法不耕而食，就只好从事农业耕作；民众从事农业耕作，土地就得以开垦；土地得以开垦，生产的粮食就多；粮食多，国家就富裕；国家富裕，军队就强大；军队强大，作战就会取得胜利；作战胜利，国土就广阔。所以，前代君王懂得增加人口，加强军队，扩大领土，富裕国家都须依赖于粮食的充足，所以他们禁止务工经商、奇技淫巧，以利于农业生产的发展。

千乘能以守者自存也，①万乘能以战者自完也，虽桀为主不肯诎半辞以下其敌；②外不能战，内不能守，虽尧为主不能以不臣谐谓所不若之国，③自此观之，国之所以重，主之所以尊者，力也。于此二者力本，而世主莫能致力者，④何也？使民之所苦者，无耕；⑤危者，无战。二者，孝子难以为其亲，忠臣难以为其君。今欲驱其众民，与之孝子忠臣之所难，臣以为非劫以刑而驱以赏莫可。⑥而今夫世俗治者，莫不释法度而任辩慧。⑦后功力而进仁义，民故不务耕战。彼民不归其力于耕，即食屈于内；⑧不归其节于战，则兵弱于外。入而食屈于内，出而兵弱于外，虽有地万里，带甲百万，与独立平原一贯也。

《商君书·慎法》

注：①千乘：一千辆兵车的国家。②诎：屈服。下：位于其下。③臣：臣服。④致：达到，实现。⑤无耕：无非是耕作。⑥劫：威胁。⑦释：放弃。任：听任。⑧屈：穷尽，短缺。

译：千辆兵车之国能以实力防守而求得生存，万辆兵车之国以实力进攻而求得巩固。在这种情况下，虽然是夏桀这样的人作国君，也不肯说半句示弱的言辞，甘居敌国之下。对外不能作战，对内不能防守，在这种情况下，虽然是唐尧这样的人作国君，也不能不屈服，向敌国求和。由此看来，国家之所以被重视，君主之所以受尊敬，原因都在于有实力。国家的地位、君主的威望，都要以实力为根本，但是各国君主都没能拥有实力，这是什么原因呢？使民众感到困苦的，无非是耕作，感到危险的，无非是战争。这两条，孝子难以对父亲做到，忠臣难以对君主做到。现在想驱使民众去做孝子与忠臣都很难做到的耕作、搏杀之事，我认为不用刑罚威逼，不用奖赏引诱，是不行的。但是，现今各国的君主，无不放弃法制，而听任诡辩之人妖言惑众，轻视战功、武力而推崇仁义道德，所以民众就不努力耕战。民众不辛勤耕作，国内粮食就紧缺；不英勇战斗，对外作战就软弱。粮食紧缺，军队软弱，虽然有万里土地，百万士卒，也和孤家寡人独立于原野一样。

夫秦之所患者，兴兵而伐则国家贫，安居而农则敌得休息，此王所不能两成也。①故四世战胜而天下不能令。以故秦民事敌，而使新民作本，②兵虽百宿于外，竟内不失须臾之时。③此富强两成之效也。臣之所谓兵者，非谓悉兴尽起也，论竟内所能给军卒、车骑。令故秦民事兵，新民给刍食。④天下有不服之国，则王以春围其农，夏食其食，秋取其刈，⑤冬陈其宝。以大武摇其本，以广文安其嗣。⑥王行此，十年之内，诸侯将无异民，而王何为爱爵而重复乎！⑦

《商君书·徕民》

注：①两成：两全其美。②作本：从事本业，务农。③竟：通“境”。不失须臾之时：一点儿也不耽误农时。④刍：音“除”，草料。⑤刈：音“义”。收割。⑥嗣：后代。⑦复：免除赋税徭役。

译：秦国所忧患的是，发兵讨伐敌人，国力就贫困；息兵从事耕作，敌人就得以休养生息，这是国君不能两全其美的。所以，虽然四代都打了胜仗，却无法号令天下。如果用秦国原有的民众去对敌作战，而用新招来的人口从事耕作，那么军队虽然长期在外作战，国家却一点儿也不耽误农时，这样就可收到既富且强两全其美的成效。我所说的用兵，不是讲将所有的军队全部出动，而是讲根据国内所能提供的给养，决定士卒、车骑的数量。命令秦国原有民众对敌作战，新招人口供给粮草。天下不肯归服的国家，春天派兵去阻扰它的耕种，夏天去消耗它的粮食，秋天去夺取它的收成，冬天去挖掘它的宝藏。以强大的武力动摇它的根本，用宽厚的仁德去安抚它的后代。国君若这样做，十年之内，诸侯国将没有不归顺的民众。既然如此，国君为什么还要吝惜爵位，把免除赋税徭役看得这么重呢？

凡世主之患，用兵者不量力，治草莱者不度地。①故有地狭而民众者，民胜其地；②地广而民少者，地胜其民。民胜其地者务开。地胜其民者事徕。③开、徕则行倍。民过地，则国功寡而兵力少；④地过民，则山泽财物不为用。……故为国分田数小，亩五百，足待一役，⑤此地不任也。方土百里，出战卒万人者，数小也。此其垦田足以食其民，都邑遂路足以处其民。⑥山林薮泽豀谷足以供其利，薮泽堤防足以畜其水。⑦故兵出粮给而财有余，兵休民作而畜长足，此所谓任地待役之律也。

《商君书·算地》

注：①治草莱：开荒。②胜：超过。③徕：招来。④国功：国家赋税。⑤待一役：供养一个士兵。⑥遂路：道路。⑦畜：同“蓄”。

译：君主的毛病，在于用兵作战不估量自己的实力，开垦荒地不测量田亩的面积。所以，有的国家田地狭窄而人口众多，人口超过了土地；有的国家田地广大而人口稀少，田地超过了人口。人口超过田地的，要努力开荒；田地超过人口的，要积极招引劳力。开垦荒地，招引劳力，生产就会成倍增长。人口超过田地，那么国家赋税少而兵力弱；田地超过人口，那么山川物产就得不到充分利用。……所以，如果国君分配给农民的田地是小亩，那么用五百亩的税收，来供养一个士兵，这就是土地没有得到充分利用。一百平方里的土地，供养一万个士兵，这还是个小的数目。这是因为，开垦的土地足以养活它的民众，城镇、道路足以容纳它的人口，山林、湖泊、溪谷足以提供需要的物产，河川堤坝足以积蓄充沛的水源。所以，军队出征，粮草充足，财力富余；军队休整，民众耕作，积蓄增长。这就是利用土地，供养军队的原则。

《洪范》八政，①以食为先。是以商鞅入秦，行垦草之令；夷吾霸齐，②富农功之术。夫地所以养人，城所以守地，战所以守城；务耕者其人不衰，务守者其地不危，务战者其城不围。四海之内六合之中，③有奚贵？④曰贵于土。奚贵于土？曰人之本。奚贵于人？曰国之本。是以兴兵伐叛而武爵任，武爵任则兵胜；按民务农则粟富，粟富则国强。人主恃农戈而尊，三时务农，⑤一时讲武。使士卒出无余力，入有余粮。所谓兴兵而胜敌，按兵而国富也。

（唐）李荃：《太白阴经·屯田篇》

注：①《洪范》八政：即《尚书·洪范》提到的八种政事：食、货、祀、司空、司徒、司寇、宾、师。②夷吾：即管仲，春秋时代齐国名相。③六合：天、地、东、南、西、北。④奚：何，什么。⑤三时：春、夏、秋三季。

译：《尚书·洪范》提到八种政事，将粮食放在第一条。所以商鞅到秦国，推行开垦荒原的命令；管仲使齐国称霸，实行发展农业的政策。土地是用来养育民众的，城堡是用来保卫土地的，战争是用来守卫城堡的。

注重农业的，人口不会减少；注重防卫的，土地不会有被掠夺的危险；注重战争的，城堡不会被围困。四海之内，天地四方之中，什么最宝贵？土地最宝贵。土地为什么宝贵？因为它是民众的根本。民众为什么宝贵？因为它是国家的根本。所以，动用军队讨伐叛逆就要任命武官，任命武官军队就强大；安抚民众从事农业粮食就富足，粮食富足国家就强盛。君主依仗农耕与军事而取得尊贵的地位，春、夏、秋三季务农，冬季练武。使士卒出征竭尽全力，归来有充裕的粮食。这就叫出兵能战胜敌人，息武而国家富强。

3. 寓兵于农

古者寓兵于农，有事则战，无事则耕，暇则讲武。① 今兵争之际，当因时制宜，所定郡县，民间岂无武勇之材？宜精加简拔，② 编辑为任，立民兵万户府领之。③ 俾农时则耕，闲时则习，有事则用之。事平有功者，一体陞擢，④ 无功者，令还为民。如此则民无坐食之弊，国无不练之兵，以战则胜，以守则固，庶几寓兵于农之意也。⑤

《明实录》卷6

注：①暇：空闲。②简拔：选拔。③民兵万户府：专管民兵的机构。④陞擢：按级提拔。⑤庶几：近似，差不多。

译：古代寓兵于农，有战事就打仗，无战事就种田，农闲时就练武。现今正当争战之时，应当因时制宜，已经占领的郡县，老百姓中间难道没有勇敢的人才吗？应当严格选拔，编成队伍，设立民兵万户府进行管理。使他们农忙时耕作，农闲时练武，一旦发生战争，就派遣上阵。战争结束后，对于有战功的，一律给予提升，没有战功的，让他们退伍为民。这样，老百姓没有坐吃闲饭的弊病，国家也没有未经训练的军队，用来作战则胜，守备则固。这差不多就是寓兵于农的意思。

夫为国之本，得天之时而为经，[①]得人之心而为纪，[②]法令为维纲，[③]吏为网罟，[④]什伍以为行列，赏诛为文武，缮农具当器械，耕农当攻战，推引铫耨以当剑戟，[⑤]被蓑以当铠襦，[⑥]菹笠以当盾橹。[⑦]故耕器具则战器备，农事习则功战巧矣。

《管子·禁藏》

注：①经：原则。②纪：法度。③维纲：纲领。④罟：音“古”，渔网。⑤铫：音“姚”，锄类农具。⑥被：同“披”。铠襦：铠甲、护身服。⑦菹：通“苴”，编。

译：立国的根本，应以顺应天时为原则，赢得民心为法度，完善法令为总纲，任命官吏为网络，编制户籍为阵列，奖赏与惩罚恩威并施，修整农具当做军械，农事耕作当做攻战，挥动铫耨当做剑戟，披上蓑衣当做铠甲，编织斗笠当做盾牌。所以，农具齐备也就是军械齐备，耕作熟练也就是战术熟练。

故为国者，边利尽归于兵，[①]市利尽归于农。[②]边利归于兵者强，市利归于农者富。故出战而强，入休而富者，王也。

《商君书·外内》

注：①边利：边境作战的缴获。②市利：市场交易的赢利。

译：治理国家的君主，应将边境作战的缴获全归于士兵，将市场交易的赢利全归于农民。缴获归于士兵，军队就强大，赢利归于农民，国家就富裕。因此，出兵作战就强大，班师休整就富裕，这样的国家，可以称王于天下。

夫欲分兵权，存戎备，助军食，则在乎复府兵、[①]置屯田而已。[②]昔高祖始受隋禅，太宗既定天下，以为兵不可去，农不可废。于是当要冲以开府，[③]因隙地以营田。府有常官，田有常业。俾平时而讲武，④岁以劝农，分上下之番，⑤递劳逸之序。故有虞则起为战卒，⑥无事则散为农夫。不待征发，而封域有备矣；不劳馈饷，而军食自充矣。……况今关畿之内，⑦镇垒相望，皆仰给予县官，且无用于战伐。若使反兵于旧府，⑧兴利于废田，张以薄书，颁其廪积。因其卒也，安之以田宅；因其将也，命之以府官。始复于关中，稍置于天下。则兵权渐分，而屯聚之敝日销矣；戎备渐修，而训习之利日兴矣；军食渐给，而飞挽之费日省矣。⑨一事作而三利立，唯陛下裁之。

《白居易集》卷 64

注：①府兵：府兵制，西魏创建，至唐代完善。府兵平时务农，农闲训练，应征时自带兵器粮食，轮番卫护京师，防守边境，是一种寓兵于农的军事制度。②屯田：汉代以后历代政府为取得军队给养或税粮，利用士兵和农民开垦荒废的田地，有军屯、民屯和商屯。③要冲：交通紧要之地。④俾：使。⑤番：轮流。⑥虞：忧患，战乱。⑦关畿：京城附近。⑧反：同“返”。⑨飞挽；迅速运输粮草。

译：要想分散兵权，加强备战，有助于军粮供给，就应该恢复府兵制度，实行屯田。过去高祖接受隋禅让的皇位之时，太宗已经平定了天下，认为军队不可以取消，农事不可以废置，于是在交通紧要之地开设府兵，利用空地经营田亩。府署内有常设的官员，土地上经常有人从事生产。使府兵平时操练武艺，年年鼓励他们努力生产，分上下两批轮换，建立劳逸相递的秩序。这样，发生战乱时，就组织成军队，平安无事时，就分散为农夫。不等征调部队，边境就有了防御；不须运输粮饷，军粮就已经充足。……况且现在京城附近，军镇、营垒相连，都依赖朝廷供给，而且对于作战没有什么用处。假如将他们返回旧府，开垦废置的田地，张贴文告，发给存粮。依靠这些士卒，给以田宅使其安心；依靠将吏，任命他们为府官。开始在关中恢复府兵，随后推广于全国。这样，兵权就渐渐分散，而屯兵驻防的弊病又一天天减少；军事戒备渐渐加强，而训练演习的效果一天天显著；军粮渐渐充足，而长途运送粮草的费用一天天节省。做一件事而收到三方面的成效，希望陛下对此作出决断。

当今之虑，若兴屯田之利以积谷于边，外足兵食，内免馈运，民以息肩，①国以省费。既安既饱，以时训练，来则奋击，去则勿追，以逸待劳，以老敌师，②此策之上也。

《李觏集·强兵策》

注：①息肩：免除肩挑肩托之劳。②老：疲惫。

译：当今应当考虑的是，假若实行屯田，积蓄粮食于边境地区，对外可供戍边将士充足的给养，对内又免除长途运输的劳苦，老百姓得以休养生息，国家也节省了大笔费用。既平安，又饱暖，按时训练，敌军来犯就奋勇还击，敌军退走也不要追赶。以逸待劳，使敌军疲惫不堪，这才是上策。

古者隐兵于农，①无事则耕，有事则战。安平之世，无廪给之费；征伐之际，得勤力之士，此儒者之所叹息而言也。

（宋）李攸：《宋朝事实》卷15

注：①隐兵于农：即藏兵于农，寓兵于农。

译：古代寓兵于农，没有战事就从事耕作，发生战争就冲锋陷阵。和平之时，没有粮饷的耗费；战争之时，又有勇猛的战士。这些都为儒生们所叹服。

三代之兵，①不待择而精，其故何也？兵出于农，有常数而无常人，国有事要，以一家而备一正卒，②如斯而已矣。③是故老者得以养，疾病者得以闲，民而役于官者，莫不皆其壮子弟，故其无事。而田猎则未尝发老弱之民，④师行而馈饷则未尝食无用之卒；⑤使之足轻险阻，而手易器械；聪明足以赴旗鼓之节；强锐足以犯死伤之地；干城之众，⑥人人足以自捍。故杀人少而成功多，费用省而兵卒强。

（元）马端临：《文献通考·强兵》

注：①三代：夏、商、周三代。②正卒：常备军士兵。③如斯：如此。④发：征调。⑤食：供养。⑥干：捍卫。

译：夏、商、周三代的士卒，不须挑选而个个精良，这是什么原因呢？是因为士卒出自农夫，军队有固定的编制而没有固定的人员。一旦国家有战事，每一家出一人为士卒，如此而已。于是，年老者得到奉养，生病者得以休息，老百姓服役于官府的，无不是强壮的子弟，所以国家的安全没有问题。而且，打猎也不征调老弱病残，军队的粮饷也不供应无用的士卒。这样，派遣身体强壮的士卒行动轻捷，跨越险阻；手持武器，运用自如；灵活机动，遵从指挥；勇猛锐利，足以出生入死；守卫城池的士卒，人自为战，胜任有余。所以，伤亡少而成功多，军费省而战斗力强。

4. 师行粮从，军需最要

师行粮从，①军需最要。

《明清史料·甲编·经略大学士洪承畴揭贴》

注：①从：跟随供应。

译：军队行动，粮草要跟随供应，这是军需工作中最重要的。

地之守在城，城之守在兵，兵之守在人，人之守在粟。故地不辟则城不固。……故上不好本事，①则末产不禁；②末产不禁，则民缓于时事而轻地利；轻地利而求田野之辟，仓廪之实，不可得也。

《管子·权修》

注：①本事：指农业。②末产：指工商业。

译：国土的守卫全靠城池，城池的守卫全靠军队，军队的守卫全靠士卒，士卒的守卫全靠粮食。所以，土地不开辟，城池就不坚固。……因此，君主不重视农业，工商业就不会禁止；工商业不禁止，老百姓就会放松农时，轻视地利；轻视地利而希望田野开辟，仓库充实，是不可能的。

军无辎重则亡，①无粮食则亡，无委积则亡。②

《孙子·军争篇》

注：①辎重：旅行者携带的物资，常指军用物资。②委积：储备。

译：军队没有作战物资就会灭亡，没有粮食就会灭亡，没有储备就会灭亡。

善用兵者，役不再籍，①粮不三载；取用于国，因粮于敌，②故军食可足也。国之贫于师者远输，远输则百姓贫。近师者贵卖，③贵卖则百姓财竭，财竭则急于丘役。④……故智将务食于敌，食敌一钟，⑤当吾二十钟；萁秆一石，⑥当吾二十石。

《孙子·作战篇》

注：①再籍：重复征集兵役。②因：依靠，取用。③近师：靠近驻军的地方。④丘役：赋税劳役。⑤钟：容量单位，一钟为640升。⑥萁秆：豆秸，用作饲料。石：重量单位，一石为120斤。

译：善于用兵的人，不重复征集兵役，不三番五次地运输粮草；军需武器由国内补给，粮草则从敌国就地取用，这样军中粮食就充足了。国家军费缺乏的原因是长途运输，长途运输会使百姓贫困。靠近军队驻扎的地方，物价必然上涨，物价上涨会使百姓钱财枯竭，钱财枯竭，国家就不得不增加赋税劳役。……所以，聪明的将帅谋求从敌国取得粮草，取敌一钟粮食，等于从国内运去二十钟；取敌一石草料，等于从国内运去二十石。

有石城十仞，①汤池百步，②带甲百万而无粟，③弗能守也。

（东汉）班固：《汉书·食货志》

注：①仞：古代长度单位。七尺或八尺为一仞。十仞，形容城墙高大。②汤池：盛满沸水的护城河。③带甲：士卒。

译：即使有七八丈高的城墙，一百步宽的护城河，一百万精锐士卒，但没有粮草供给，还是无法防守。

故军以粮食为本，兵以奇正为始，①器械为用，委积为备，②故国困于贵买，贫于远输，攻不可再，③战不可三，量力而用，用多则费。

《诸葛亮集·便宜十六策·治军第九》

注：①始：基础。②委积：储存。③再：重复。

译：军队以粮食为根本，用兵作战以奇正之术为基础，制造军械是为了使用，储存财物是为了备战备荒，所以国家的困窘是因为贵买，贫穷是因为长途运输。进攻不可重复进行，作战不可连续三次，一定要量力而行，过度使用就会损伤元气。

欲战必先算其费，务因粮于敌也。①

《曹操集·孙子注·作战篇》

注：①因：取用。

译：要发动战争，一定要先预算费用，一定要夺取敌人的粮食为我所用。

国以民为本，民以谷为命，故费一时之农，则失育命之本。[①]……方今之要，固在息省劳烦之役，损除他余之务，以为军戎之储。

（西晋）陈寿：《三国志·和洽传》

注：①育命：养育百姓。

译：国家以民众为根本，民众以粮食为生命。所以，损害了一时的农事，就失掉了养育民众的根本。……当今最重要的，肯定是停止或减少繁重的劳役，免除多余的杂务，节省人力、物力、财力，作为军事储备。

国之所急，惟农与战，[①]国富则兵强，兵强则战胜，然农者，胜之本也。[②]

（西晋）陈寿：《三国志·邓艾传》

注：①惟：只有。②本：根本。

译：国家最急迫的事情，只有农耕与作战。国家富足军队就强大，军队强大作战就胜利。而农事耕作，是胜利的根本。

夫定国之术，在于强兵足食，秦人以急农兼天下，[①]孝武以屯田定西域，[②]此先代之良式也。[③]

（西晋）陈寿：《三国志·魏志·武帝纪》

注：①急农：重视农业。②孝武：汉武帝刘彻。③式：榜样。

译：安定国家的方法，在于强兵足食。秦国因为重视农业，增强国力，统一了天下，汉武帝以屯田的方式开发边疆，平定了西域。这些都是前代的好榜样。

牛车之赋，课仗之宜，①攻守所资，军国之要。今因民所利，②导而率之。耕农之器，为府库之宝，田蚕之氓，③兼捍城之用。千家总倍旅之兵，④万户具全军之众。兵强而敌不戒，国富而民不劳。比于优复队伍，⑤坐食廉食者，不可同年而校矣。⑥

（南朝）沈约：《宋书·何承天传》

注：①课仗：军赋。②因：根据。③氓：民众。④倍旅：古代五百人为一旅，倍旅，即一千人的部队。⑤优复：给予免除赋税徭役的优厚待遇。⑥校：音“叫”，比较。

译：耕牛、车辆的税收，军赋的征集，是进攻、防守所必须依赖的，是治军治国的要务。现在，要根据民众的利益所在，引导他们。耕作所用的农具，是国家的宝贵财富；种田、养蚕的民众，同时还可担任捍卫城池的职责。一千家老百姓，可以征集一千人的部队；一方户老百姓，可以具备万人之军的实力。这样，兵力强大而不引起敌人的警觉，国家富裕而老百姓并不疲劳。这样组织起来的老百姓，与那种免除徭役、待遇优厚、坐吃国家俸禄的士卒，不可相提并论。

太宗曰：“兵贵为主，不贵为客；贵速，不贵久，何也？”靖曰：“兵不得已而用之，安在为客且久哉。《孙子》曰：‘远输则百姓贫。’此为客之弊也。又曰：‘役不再籍，①粮不三载。②’此不可久之验也。臣校量主客之势，则有变客为主，变主为客之术。”

太宗曰：“何谓也？”

靖曰："'因粮于敌'，③是变客为主也；'饱能饥之，佚能劳之'，是变主为客也。故兵不拘主客迟速，惟发必中节，④所以为宜。"

《唐太宗李卫公问对》卷中

注：①役：兵役。籍：征集。②载：运输。③因：凭借，利用。④中节：合乎法度。

译：唐太宗问："用兵作战贵为主，不贵为客；贵速决，不贵持久，这是为什么？"李靖答："作战是不得已而为之，怎么会像作客一样，且长久在外呢？《孙子兵法》说：'长途运输则百姓贫困。'这就是远征为客的弊病。又说：'兵役不可重复征集，军粮不可三次输送'，这是作战不可持久的验证。我分析了主客的形势，得出变客为主，变主为客的办法。"

太宗问："这怎么讲？"

李靖答："'军粮取之于敌'，这就是变客为主；'敌饱能使他饥饿，敌逸能使他疲劳'，这就是变主为客。所以，用兵打仗并不拘泥于主客、迟速，只要行动合乎法度，就是适宜的。"

窃以备边御戎，①国家之重事；理兵足食，备御之大经。②兵不理则无可用之师，食不足则无可固之地。理兵在制置得所，足食在敛导有方。③陛下幸听愚言，先务积谷。人无加赋，官不费财。坐致边储，数逾百万。诸镇收籴，④今已向终，⑤分停军城，用防艰急。纵有寇戎之患，必无乏绝之忧。

（唐）陆贽：《陆宣公文集》卷19

注：①戎：西部少数民族。②大经：不变的准则。③敛：征收粮食。④籴：音"敌"，买进粮食。⑤向终：接近结束。

译：我认为守备边境、防御敌人是国家的大事。治理军队，充实粮草是备战御敌不变的准则。军队不治理，就没有可用的武装力量，粮食不充足就没有可巩固的地盘。治理军队在于训练、部署得当，充实粮草在于征收、调集有方。陛下如能听从我的建议，就首先储存粮食。对老百姓不增加赋役负担，宫廷中不耗费财物。这样就可以毫不费力地使边防储粮之数超过百万。各边镇收购粮食的工作已接近完成，应将其分存各军镇，以应急需。这样，即使敌军来犯，也一定不会有缺粮之忧。

然兴洛、虎牢，①国家储积，我已先据，为日久矣。既得回洛，②又取黎阳，③天下之仓，尽非隋有，四方起义，足食足兵，无前无敌。

（后晋）张昭远等：《旧唐书·李密传》

注：①兴洛、虎牢：地名，在今河南境内，是隋朝著名的粮仓所在地。②回洛：回洛仓，隋朝粮仓，在今河南洛阳。③黎阳：黎阳仓，隋朝粮仓，在今河南浚县。

译：兴洛、虎牢，是国家储积粮食之地，我军已先占据，时间很长了。既得到回洛仓，又攻取黎阳仓，天下的粮仓，都不为隋朝所占有。四方的义军，粮食充足，兵力充足，就可以一往无前，所向无敌。

今兵众既多，粮无所出，若旷日持久，则人马困敝，大敌一临，死亡无日矣！未若直取荥阳，①休兵馆谷，待士勇马肥，然后与人争利。

（后晋）张昭远等：《旧唐书·李密传》

注：①荥阳：地名，在今河南境内，是隋朝著名的粮仓所在地。

译：现在兵马已经很多，但粮草却无从所得。如果旷日持久，一定会人困马乏。一旦敌军逼近，离死亡的日子就不远了！不如直取荥阳，获取粮草，休整部队，等到兵强马壮，然后再与人争夺胜利。

凡师行，因粮于敌，①最为急务，运粮不但多费，而势难行远。……故军中不容冗食。②一天冗食，二、三人饷之，③尚有不足。

（宋）沈括：《梦溪笔谈》

注：①因：取用。②冗食：白吃饭，不干事，③饷之：供应他。

译：凡出兵远征，取粮于敌，最为重要。从后方运输粮食，不但耗费巨大，而且势必难以保证供应。……所以，军队中不容许有白吃饭而不干事的人。一个人白吃饭，两、三个人来供应他，还不能满足。

夫收兵于民则民稀，①民稀则田旷，②田旷则赋役重，赋役重则民心离。寓兵于民则民稠，民稠则田辟，③田辟则赋役轻，赋役轻则民心固。与其离民之心以备契丹，④契丹未至而民力先已匮，孰若固民之心以备契丹，⑤契凡虽至而民力有余，国用有备。其利害若视黑白，若数一、二。

（元）马端临：《文献通考·兵四》

注：①收兵：征招士卒。②旷：荒芜。③辟：开辟，垦殖。④契丹：宋代北方游牧民族。⑤孰若：哪里比得上。

译：在民众中征招士卒，民众就减少；民众减少，田地就荒芜；田地荒芜，赋役就加重；赋役加重，民众就离心离德。寓兵于农、兵农合一，民众就稠密；民众稠密，田地就开垦；田地开垦赋役就减轻；赋役减轻民心就稳固。与其使民众离心离德以防备契丹的侵扰，侵扰未发生，民力先已衰竭；还不如稳固民众之心以防备契丹的侵扰，侵扰虽发生，民力仍富足有余，国家财用也有充分准备。这里面的利害关系就像辨别黑白一样清晰。数一与二那样明白。

5. 兵矢者，军之神灵也

兵矢者，①军之神灵也。甲胄者，②人之司命也。③故一夫奋剑，则千人披靡。④孟贲袒裼，⑤则童子关弓能杀之矣。然兵不利不若无兵之愈也⑥。无兵则慎所击，而远于败矣。甲不坚不若无甲之愈也。无甲则知所避，而免于死矣。有兵而不利，有甲而不坚，而假之以求胜，⑦恃之以求生，则误大事，取大祸，莫斯之甚也。⑧

《李觏集·强兵策》

注：①矢：箭。兵矢，此处泛指兵器。②甲胄：铠甲、头盔。③司命：掌管生命。④披靡：草木随风而倒，喻兵败之势。⑤孟贲：战国时的勇士。袒裼：音“坦西”，赤裸上身。⑥愈：胜过。⑦假：借。⑧莫斯之甚：没有比这更严重的了。

译：兵器，是军队的神灵。盔甲，是士卒的生命主宰。所以，一个勇士持剑奋战，一千人也望风而逃。孟贲虽然威武勇猛，但如果赤膊上阵，那么小孩子也能用弓箭将他射杀。所以说，兵器不锋利还不如没有兵器更好。没有兵器就会谨慎选择目标，而不会打败仗。盔甲不坚固还不如没有盔甲更好。没有盔甲就知道躲避，而免于死亡。有兵器而不锋利，有盔甲而不坚固，却借助它们去谋求胜利，依靠它们去求得生存，那么误大事，受大祸，没有比这更严重的了。

得众而不得其心，则与独行者同实；兵不完利，与无操者同实；甲不坚密，与傁者同实；①弩不可以及远，与短兵同实；射而不能中，与无矢者同实；②中而不能入，与无镞者同实，③将徒人与傁者同实，短兵待远矢与坐而待死者同实。故凡兵有大论，④必先论其器、论其士、论其将、论其主。故曰器恶不利者，以其士予人也；士不可用者，以其将予人也；将不知兵者，以其主予人也；主不积务于兵者，以其国予人也。故一器成，往夫具，⑤而天下无战心；二器成，惊夫具，⑥而天下无守城；三器成，游夫具，⑦而天下无聚众。所谓无战心者，知战必不胜，故曰无战心；所谓无守城者，知城必拔，故曰无守城；所谓无聚众者，知众必散，故曰无聚众。

《管子·参患》

注：①俴：音“见”，不穿铠甲。②矢：箭。③镞：箭头。④大论：最注重的。⑤往夫：勇往直前的人。⑥惊夫：敌人惊恐的人。⑦游夫：游说之士。

译：拥有军队但不得军心，就与只身独行实质相同；武器不锐利，就与赤手空拳实质相同；铠甲不坚固，就与未加防护实质相同；弓弩射不远，就与短兵器实质相同；射而不中，就与没有箭实质相同；射中而不能穿透，就与没有箭头实质相同；率领未经训练的民众，与率领不穿铠甲者实质相同；持短兵器对待远射而来的箭，与坐而待毙实质相同。所以，用兵打仗最注重的，一定是先考虑武器的因素、士卒的因素、将帅的因素、君主的因素。所以说，武器低劣，等于将士卒奉送给敌人；士卒不善作战，等于将将帅奉送给敌人；将帅不懂兵法，等于将君主奉送给敌人；君主不致力于军事，等于将国家奉送给敌人。因此，如果一种锐利的武器制成，又配备了勇往直前的士卒，天下诸侯就失去了抵抗的信心；两种锐利的武器制成，又配备了敌人惊恐的士卒，天下就再也没有可以防守的城池；三种锐利的武器制成，又配备了能言善辩的游说之士，天下就没有人敢于聚众抵抗。所谓失去抵抗信心，是知道抵抗必败无疑；所谓没有可守的城池，是知道城池必破无疑；所谓不聚众抵抗，是知道众人必作鸟兽散。

公曰：“吾闻之也，夫诛暴禁非而赦无罪者，必有战胜之器，攻取之数，①而后能诛暴禁非而赦无罪。”公曰：“请问战胜之器。”管子对曰：“选天下之豪杰，致天下之精材，[2]来天下之良工，[3]则有战胜之器矣。”公曰：“攻取之数何如？”管子对曰：“毁其备，散其积，夺之食，则无固城矣。”公曰：“然则取士若何？”管子对曰：“假而礼之，[4]厚而无欺，则天下之士至矣。”公曰：“致天下之精材若何？”管子对曰：“五而六之，[5]九而十之，不可为数。”公曰：“来工若何？”管子对曰：“三倍，不远千里。”

《管子·小问》

注：①数：方法。②致：罗致，搜集。③来：招收。④假：通“嘉”，友善。⑤五而六之：五块钱的材料，用六块钱去买，优价收购。

译：齐桓公说：“我听说，讨伐暴虐，禁绝罪恶，赦免无辜，一定要有致胜的武器，攻取的方法，而后才能做到。”他问道：“怎样才能获得致胜的武器？”管子回答说：“选取天下的豪杰，搜集天下的精美材料，招收天下的能工巧匠，这样就能获得致胜的武器。”又问：“攻取的方法又是怎样的呢？”管子回答：“破坏敌人的防备设施，消耗敌人的积蓄，夺取敌人的粮食，那就没有坚固难攻的城池了。”桓公再问：“那么选取贤士的方法又是怎样的呢？”管子回答：“友善地对待他们，给予优厚待遇而不欺诈，那么天下的豪杰之士都会前来。”桓公问：“怎样搜集天下的精美材料呢？”管子答：“值5块钱的，用6块钱去买；值9块钱的，用10块钱去买。得到的精美材料就不可数计。”桓公问：“怎样招收能工巧匠呢？”管子回答：“给予三倍的工钱，他们就会不远千里而来。”

备固，不能难敌之器用，[1]陵兵也。[2]器用不利，敌之备固，挫兵也。

《孙膑兵法·兵失》

注：①难：阻止。②陵：被欺凌。

译：防守的设施虽然牢固，但仍不能阻止敌人的武器发挥作用，这样军队就会被欺凌。军械不锐利，而敌人的守备牢固，这样进攻就会受挫折。

兵不杂则不利。①长兵以卫，短兵以守，太长则难犯，太短则不及。太轻则锐，②锐则易乱。太重则钝，钝则不济。③

《司马法·天子之义》

注：①杂：相互配合。②锐：细小。③济：有利，有用。

译：武器不相互配合使用，就不利于发挥威力。长兵器用来进攻，短兵器用来防守。太长就不便于使用，太短就够不着敌人。太轻就脆弱，容易折断；太重就不锋利，没有杀伤力。

凡战，既固勿重。重进勿尽，凡尽危。凡战，非阵之难，使人可阵难，①非使可阵难，使人可用难，②非知之难，行之难。人方有性，性州异，道化俗。凡众寡，既胜若否。兵不告利，③甲不告坚，车不告固，马不告良，众不告多，未获道。

《司马法·严位》

注：①可阵：熟悉阵法。②可用：灵活运用。③告：请求、要求、追求。

译：凡作战，阵形已经牢固了，就不要重复呆滞。重兵向前推进，不可将力量用尽，一旦用尽，十分危险。凡作战，不是布阵难，而是使士卒熟悉阵法难；不是使士卒熟悉阵法难，而是灵活运用难。总之，不是懂得难，而是运用难。各地的人性格不同，这个州与那个州不一样，但可以通过教化来统一性格、习俗。不论兵力大小，打了胜仗要与未打胜仗一样不骄不躁。武器不追求锐利，铠甲不追求坚韧，兵车不追求牢固，战马不追求优良，部队不追求强大，就是没有掌握致胜之道。

工欲善其事，必先利其器。器之于事，如影之随形，响之应声，其相须如左右手。①故曰："器械不精，不可言兵，五兵不利，不可举事。"上古庖牺氏之时剡木为兵；②神农氏之时以石为兵；黄帝之时以玉为兵；蚩尤之时铄金为兵，③割革为甲，始制五兵，建旗帜；树夔鼓，④以佐军威。

（唐）李荃：《太白阴经，器械篇》

注：①相须：相互配合。②剡：音"演"，削，砍伐。③铄：冶炼。④夔：音"葵"，古代传说中的怪兽。夔鼓即饰以夔形花纹的鼓。

译：工匠要想把活干好，一定首先要使器械精良。器械与工作的关系，如同影子跟随形体，回响呼应声音，相互配合，如同人的左右手。所以说："器械不精良，不可以谈论军事；五种兵器不锐利，不可以发动进攻。"上古伏羲氏时代，伐木制作兵器；神农氏时代，用石头制作兵器；黄帝时代，用玉制作兵器；蚩尤时代，冶炼金属制作兵器，割划皮革制作盔甲，开始发明矛、戟、弓、剑、戈，设立旗帜，架起军鼓，以助军威。

平时器技必须主将件件服习，①以兼诸卒之长。既习则能辨。又须件件亲诣，②亲手看试过方可付士卒。勿谓我有捷法，③百件之中抽其一、二试之。此是三军性命所系，国家地方安危所关；设有一件欠精，临事一人先失，大众被累。勿谓我有抽看之法，而造者不测，便不敢草草。勿要顾惜威重劳冗，④而试较不全。

（明）戚继光：《纪效新书·或问》

注：①服习：反复练习，熟练掌握。②亲诣：亲自核对。③捷法：简便的方法。④劳冗：劳务繁杂。

译：平时，对于器械装备，主将必须件件反复练习，熟练掌握，以同时具备各类士兵的长处。只有熟悉器械，才能辨别好坏优劣。又须件件亲自核对，试验以后，才可交付士卒使用。不要说什么我有简便的方法，一百件当中抽查一、两件就算完事。器械装备关系到三军将士的生命，关系到国家与地方的安全；假如有一件不精，临战时有一人失手，众人都会受到牵连伤害。不说我有抽查之法，而制造武器者不知此法，便不敢草率从事。主将不要顾念自己的威严庄重，不要厌恶劳务繁杂，而使器械装备的检验出现漏洞。

第三章 战 略 论

战略论，就是研究全局性的战争指导法则，探讨战争宏观决策的规律。在这方面，古代兵家留给我们丰厚的遗产。

战争决策，是一个庞大的系统工程。所谓“一着不慎，满盘皆输”，正是要求战略家视野开阔，全局在胸，综合规划，统筹安排，“先正其礼，次渊其谋，次择其人，然后详天地之利害，审人心之去就，行赏罚之公，慎喜怒之理，择进退之地，张攻伐之权，明成败之图，度主客之用”〔1〕，这样才能运筹帷幄，决胜千里。

战争决策的前提，是审时度势，对于敌我双方态势作出全面分析与准确把握，古代兵家把这称作“论敌察众”〔2〕。论敌察众的最高境界，便是“知彼知己，百战不殆”〔3〕。这一认识精华，早已超越军事领域，成为人们日

〔1〕《虎钤经·军谋》。
〔2〕《商君书·战法》。
〔3〕《孙子·谋攻篇》。

常生活的信条。

战略决策，当在军事行动实施之前就思考成熟，制定完善，这在中国古代军事术语中称作“庙算”。庙算，就是君主与朝臣在朝廷或祖庙之内，就战争的准备、发动、进行、结局，反复研讨，以求万全之策。“多算胜，少算不胜，而况于无算乎？”〔1〕所以，战略学上的一条铁定法则是：“计必先定于内，然后兵出乎境。”〔2〕

“计必先定于内”之“计”，仅仅是指总的战略指导思想，而绝非死板规定的具体实施方案。战场形势瞬息万变，一切应因时、因地而制宜，这是又一条战略法则，中国兵家把这称作“凡兵，贵因也”〔3〕，“用兵之术，惟因字最妙”〔4〕。

“因时”，讲的是如何在瞬息万变的战场上，及时准确地抓住战机：“威在于不变，惠在于因时，机在于应事”〔5〕。“机”，因此成为古代兵家着力探讨的重要范畴。“兵者，机事也”〔6〕，“因机而立胜”〔7〕。具体地讲，“势之维系处为机，事之转变处为机，物之紧切处为机，时之凑合处为机”〔8〕。

对于“机”，不可作僵化理解。此一时，“兵贵先”是“机”；彼一时，后发制人，也是“机”。“机”之不可测，从本质上讲，是因为“兵者，诡道也”〔9〕，“出没变化，敌不可

〔1〕《孙子·计篇》。
〔2〕《管子·七法》。
〔3〕《吕氏春秋·决胜》。
〔4〕《阵纪·因势》。
〔5〕《尉缭子·十二陵》。
〔6〕《草庐经略》卷4《尚秘》。
〔7〕《诸葛亮集·将苑·机形》
〔8〕《兵经百篇·智篇·机》。
〔9〕《孙子·计篇》。

测，此之谓兵机”〔1〕。兵机的千变万化，中国兵家习惯以“奇正”来概括：“凡战者，以正合，以奇胜”，“奇正相生，如循环之无端，孰能穷之？”〔2〕正因为如此，中国古代的战略家们，才能出神入化，在历史舞台上导演出那么多有声有色的战争壮剧，精彩纷呈，绝无重复。

战争的宏观决策，以夺取胜利为最后目标。在对胜利目标的判定方面，中国兵家充满睿智地提出：“百战百胜，非善之善者也；不战而屈人之兵，善之善者也。”〔3〕并据此将战略决策划分为四个层次：“上兵伐谋，其次伐交，其次伐兵，其下攻城”。这种“全胜不斗，大兵无创”〔4〕的完善境界的追求，是中国古代兵家战略思想的华彩乐章，也是对于人类军事理论宝库的卓越贡献。

1. 用兵之道，先正其礼，次渊其谋，次择其人

用兵之道，先正其礼，①次渊其谋，次择其人，然后详天地之利害，审人心之去就，行赏罚之公，慎喜怒之理，择进退之地，张攻伐之权，②明成败之图，度主客之用。能爱人之生者，可使人舍生而赴死；能亲人之身者，可使人捐身而犯难。是故先亲于人，俾人然后亲之；③先胜于敌，就敌然后胜之。故用兵必以粮储为本，谋略为器，强勇为用，锋刃为备，禄位为诱，斩杀为威；强弱相援，勇怯相间，前后相趋，④左右相

〔1〕《投肤笔谈·兵机》。
〔2〕《孙子·势篇》。
〔3〕《孙子·谋攻篇》。
〔4〕《六韬·武韬·发启》。

赴，远近相取，利钝相蔽，步骑相承，长短相用。敌欲坚阵，我则突其不意；敌欲直冲，我则备其所从。攻必先攻其所寡，击必先击其所动。薄者可突，长者可截，乱者可惑，疑者可胁。夫军之为政也，劳在乎役无度，怨在乎赏不均，弱在乎逼迫，穷在乎绝地，离在乎将失道，惧在乎将无勇，饥在乎远输，渴在乎穷井。军之为逸也，乐在乎安静，利在乎赏罚，当其死在乎军检正，成其功在乎战阵详。如此者，战阵之术也。军之即于战阵也，从生击死，从实击虚，从整击乱，从利击害，从逸击劳，从有余击穷困。山陵之战，不仰高，不逐深，不冲隘，不远追。水上之战，不违风，不逆流。林中之战，不连翼，不相驰。草上之战，不涉深。平陆之战，不远离。此战法之利也。军之禁也，不节语，言必泄；⑤不峻令，行必乱；不行赏，士必怠。行伍紊乱，由于昧暗，在明察以正之。晦夜惊怖，在镇静以严之。是以知阵之严肃，军之表也。军吏畏爱，将之里也。军之所亲，将之所存。非智贤，孰能与此乎？⑥

（宋）许洞：《虎钤经·军谋》

注：①礼：制度。②权：权变，灵活转换。③俾：音“比”，使。④趋：同“促”，催促。⑤泄：泄露机密。⑥孰能：怎能。

译：用兵之道，首先要建立制度，其次要制定谋略，再次要选拔人才，然后详细了解天时地利方面的利弊，审查人心的向背，公正地执行赏罚，谨慎地表达自己的喜怒感情，选择进攻与退却的地形，灵活掌握攻伐的变化，明了胜负的法则，争取主动，克敌制胜。能够爱护士卒的将领，可以使人舍生忘死地战斗，能够关心士卒的将领，可以使人奋不顾身地克服困难。所以，先爱护士卒，而后士卒就会亲近你，先准备胜利的条件，而后与敌交战，就会战而胜之。因此，用兵必须以粮草储备为基础，以谋略为利器，以士卒的英勇顽强为依凭，以锐利的兵器为准备，以爵禄名位为引诱，以严厉的军法为威慑，强弱相互支援，勇怯相间地编排，前后相互鼓舞，左右相互争先，远近相互照应，利钝相互掩护，步兵骑兵相互连接，长短兵器相互配合。敌军想建立牢固的阵地，我军就出其不意地攻击；敌军想直冲我军要害，我军就严阵以待。进攻一定要先攻其薄弱环节，突破一点，动摇全线。防守薄弱者，可以突击；队列冗长者，可以截击；阵形混乱者，可以迷惑；行动迟疑者，可以威胁。军队的指挥治理，疲劳在于使用过度，怨言在于赏赐不公，衰弱在于受到逼迫，困窘在于位处绝地，人心背离在于将领失去公道，恐惧在于将领没有勇气，饥饿在于运输遥远，干渴在于水源断绝。军队的安逸，快乐在于安静，利益在于赏罚，勇于献身在于纪律严明，取得成功在于战阵严密。像这样，就是作战之术。军队投入战斗，应当从生击死，从实击虚，从整击乱．从利击害，从逸击劳，从富余击穷困。山地作战，不仰攻高处敌军，不追入深谷，不硬冲关隘，不长途追击。水上作战，不违风向，不逆水流。林中作战，不连接部队的两翼，不驱骑奔袭。草原作战，不进入草丛茂密之地。平地作战，部队不要相互远离，失去联系。这是取得胜利的战法。军中的禁忌，不节制语言，必然泄密；不执行纪律，行动必然混乱；不实行赏赐，士卒必然懈怠。队列紊乱，是由于将领不了解情况，应通过明察来纠正，夜晚士卒惊恐，应以严明的纪律使其镇静。由此，可以知道，阵营的严肃是军队的外表，取得部属的敬畏与爱戴，则是对将领的根本要求。部属的亲近，是将领的立身之本。不是智贤之人，怎能做到这一点呢？

武王问太公曰：“凡用兵为天阵、地阵、人阵，奈何？”

太公曰：“日月、星辰、斗杓，①一左一右，一向一背，此谓天阵。丘陵水泉，亦有前后左右之利，此谓地阵。用车用马，用文用武，此谓人阵。”

《六韬·虎韬·三阵》

注：①斗杓：指北斗七星。其中天枢、天璇、天玑、天权四星组成“斗魁”，玉衡、开阳、摇光三星组成“斗柄”。

译：周武王问姜太公："用兵布阵有所谓天阵、地阵、人阵的说法，是怎么回事？"

太公说："根据日月星辰的左右、向背等天象位置来布阵，就是'天阵'。根据山川水泽的前后、左右等地形走向来布阵，就是'地阵'。根据战车军马、文臣武将等人事条件来布阵，就是'人阵'。"

凡有天下者，以情伐者帝，①以事伐者王，②以政伐者霸。而谋功者有五。一曰亲其所爱以分其威。一人两心，其内必衰；世臣不用，③其国可危。二曰视其阴所憎，厚其货赂，得情可深，身内情外，其国可知。三曰听其淫乐以广其心。④遗以竽瑟美人，⑤以塞其内；遗以谄臣文马，⑥以蔽其外；外内蔽塞，可以成败。四曰必深亲之，如与同生。阴内辩士使图其计，⑦内勇士使高其气。内人他国，使倍其约，⑧绝其使，拂其意，是必互斗。两国相敌，必承其弊。五曰深察其谋，谨其忠臣，揆其所使，⑨令内不信，使有离意。离气不能合，必内自贼，忠臣已死，故政可夺。此五者，谋功之道也。

《管子·禁藏》

注：①情：诚心。②事：见机行事。③世臣：世代有功于朝廷的旧臣。④广：同"旷"，荒废。⑤遗：音"卫"，赠送。⑥文马：毛色有文采的马。⑦内：同"纳"，收纳。⑧倍：同"背"，背叛。⑨揆：通"睽"，违背，不合。

译：凡是占有天下，用诚心攻伐的，可以称帝，见机而攻伐的，可以称王，以政教攻伐的，可以称霸。攻伐的计谋有五条。第一条是，亲近敌国君主所宠爱的人，以分散敌国的威势。一人而怀有二心，其势必衰；旧臣不用，其国必危。第二条是，对敌国君主所憎恶的人，给予丰厚的贿赂，联络感情，使他身在敌国，将情报送出，以便我掌握敌情。第三条是，助长敌国君主的骄奢淫逸之心，赠给他乐器、美女，使他内心蔽塞，赠给他谄臣、良马，使他外情蔽塞。内外蔽塞，一定会失败。第四条是，一定要装作与敌国君主十分亲密的样子，如同胞兄弟。暗中派善辩之士去探听他的计谋，派勇士去助长他的骄横之气。又派人打入第三国，使该国先与敌国结交，而后又背弃盟约，断绝邦交。于是它们必然相互争斗。两国相斗，我方乘隙而攻，定可获利。第五条是，深入了解敌国的谋略，恭敬地对待敌国的忠臣，却不让他完成使命，使其君主对他产生怀疑，他便想离去。君臣不和，必然自相残杀。忠臣已死，敌国的政权也就可以夺取了。这五条，就是攻伐的计谋。

桓公曰："吾已知战胜之器、攻取之数矣，请问行军袭邑举错而知先后、①不失地利若何？"管子对曰："用货察图。"②公曰："野战必胜若何？"管子对曰："以奇。"公曰："吾欲遍知天下若何？"管子对曰："小以吾不识，③则天下不足识也。"公曰："守、战、远见有患。夫民不必死，则不可与出乎守、战之难；不必信，则不可恃而外知。夫恃不死之民，而求以守、战；恃不信之人，而求以外知：此兵之三闇也。④使民必死、必信若何？"管子对曰："明三本。"⑤公曰："何谓三本？"管子对曰："三本者，一曰固，二曰尊，三曰质。"公曰："何谓也？"管子对曰："故国，父母、坟墓之所在，固也；田宅、爵禄，尊也；妻子，质也。⑥三者备，然后大其威，厉其意，则民必死而不我欺也。"

《管子·小问》

注：①举错：同"举措"。②用货：收买间谍。③小以吾不识：对微小的征兆无不认清。④闇：音"按"，昏暗，愚昧。⑤本：根本。⑥质：人质。

译：齐桓公说："我已知道致胜的武器、攻取的方法了。请问行军作战怎样才能时机适宜、不失地利条件呢？"管子回答："收买间谍、侦察敌情。”桓公问：“野外作战怎样才能保证胜利?”管子回答：“使用奇兵。”桓公问：“我怎样才能了解天下的情况呢?”管子回答：“对微小的征兆也不放过，那么天下就不足以认识了。”桓公问：“防守、攻战、了解外情，是很容易出祸患的。民众不抱定必死的决心，就不可与他们共同参加防守和进攻的战斗；不绝对可靠，就不可以依靠他们去了解外情。依靠不坚定的人去防守、进攻，依靠不可信赖的人去了解外情，这是用兵打仗的三条谬误。怎样才能使民众坚定、可靠呢?”管子回答：“要明确三条根本。”桓公问：“什么是三条根本?”管子说：“第一条叫‘固’，第二条叫‘尊’，第三条叫‘质’。”桓公又问：“这些是什么意思?”管子解释说：“故乡是父母及祖先坟墓所在之地，民众一定会拼死保卫，这就叫‘固’；对立有战功的人，赏给肥田美宅、高官厚禄，这就叫‘尊’；扣押士卒的妻儿作人质，使他们不得不奋力作战，这就叫‘质’。这三条具备了，然后壮大他们的声势，磨练他们的意志，那么民众就会抱定必死的决心而不会欺骗君主了。”

是故器成卒选，则士知胜矣。遍知天下，审御机数，①则独行而无敌矣。②所爱之国，而独利之；所恶之国，而独害之，则令行禁止。是以圣王贵之。胜一而服百则天下畏之矣，立少而观多则天下怀之矣，③罚有罪、赏有功则天下从之矣。故聚天下之精材，论百工之锐器；春秋角试以练，④精锐为右。⑤成器不课不用，⑥不试不藏。收天下之豪杰，有天下之骏雄。故举之如飞鸟，动之如雷电，发之如风雨，莫当其前，莫害其后，独出独入，莫敢禁圉。⑦成功立事，必顺于理义。故不理不胜天下，不义不胜人。故贤知之君，必立于胜地，故正天下而莫之敢御也。

《管子·七法》

注：①机数：时机、策略。②独行：如入无人之境：③怀：想念、盼望。④角试：较量。⑤为右：为上。⑥课：检验。⑦禁

圉：阻挡。

译： 所以，军械已制成，士卒已训练，将士就可以预知胜利的结局了。了解天下大势，慎重选择时机和策略，就可以横行天下，所向无敌了。对友好邻邦，给予支援，对敌对国家，严厉打击，这样就能做到令行禁止。因此圣明的君主很注重以上各条。战胜一国而威服一百国，那么天下人都会害怕了；扶助少数国家而让许多国家看到，那么天下人都会盼望归顺了，惩罚有罪之国，奖赏有功之国，那么天下就会顺从了。于是，聚集天下精良的材料，调动工匠制造锐利的武器，春秋两季训练部队，力求枭勇善战。制成的武器，不经检验不得使用，不经试用不得收藏。网罗天下的豪杰，吸引天下的英雄。所以，部队发动如飞鸟般轻捷，行军如雷电般威猛，进攻如风雨般强劲，无人敢阻挡，无人能伤害。独往独来，横行天下。建功立业，一定要遵循道义。不讲道德不可以征服天下，不合仁义不可以战胜敌人。所以，贤明的君主，一定会立于不败之地，匡正天下而无人敢于阻拦。

为兵之数：① 存乎聚财，② 而财无敌；存乎论工，而工无敌；存乎制器，而器无敌；存乎选士，而士无敌；存乎政教，而政教无敌；存乎服习，③ 而服习无敌；存乎遍知天下，而遍知天下无敌；存乎明于机数，④ 而明于机数无敌。故兵未出境，而无敌者八。

《管子·七法》

注： ①数：道理。②财：同“材”，材料。③服习：武艺娴熟。④机：时机。数：策略。

译： 用兵打仗的道理包括：注意积聚材料，使材料的充足天下无敌；注意武器制作技巧，使技巧的高超天下无敌；注意军械装备，使军械的精良天下无敌；注意选拔士卒，使士卒的精锐天下无敌；注意政治教化，使教化的深入天下无敌；注意军事训练，使武艺的娴熟天下无敌；注意了解各国情况，使情报的掌握天下无敌；注意把握时机与策略，使时机的准确和策略的精妙天下无敌。于是，军队还未出国境，已经在八个方面天下无敌了。

言是而不能立，言非而不能废，有功而不能赏，有罪而不能诛，若是而能治民者，①未之有也。是必立，非必废，有功必赏，有罪必诛，若是安治矣？未也。是何也？曰形势器械未具，犹之不治也。形势器械具，四者备，②治矣。不能治其民，而能强其兵者，未之有也。能治其民者，而不明于为兵之数，③犹之不可。不能强其兵，而能必胜敌国者，未之有也。能强其兵，而不明于胜敌国之理，犹之不胜也。兵不必胜敌国，而能正天下者，未之有也。兵必胜敌国矣，而不明正天下之分，④犹之不可。故曰：治民有器，为兵有数，胜敌国有理，正天下有分。

《管子·七法》

注：①若是：像这样。②四者：前文说到的“是必立，非必废，功必赏，罪必诛”四条。③为兵之数：用兵打仗的规律、方法。④正天下之分：匡正天下的名分秩序。

译：说得对的不能采用，说得不对的不能废除，有功的得不到奖赏，有罪的受不到惩罚，像这样而能治理民众的，从未有过。说得对就采用，说得不对就废除，有功就奖，有罪就罚，这样就能治理好民众吗？还不能。为什么呢？回答是：形势、军械方面的条件不具备，还是不能治理好。形势有利，军械精良，上述四条也都齐备，这就一定能治理好。不能治理好民众，而能使军队强大的，从未有过。能治理好民众，但是不懂得用兵打仗规律的，还是不能使军队强大。不能使军队强大，而一定能打败敌国的，从未有过。能使军队强大，但不明白战胜敌国的道理的，还是无法战胜敌国。军队没有必胜敌人的把握，而能匡正天下的，从未有过。军队有必胜敌人的把握，而不明白匡正天下名分秩序原则的，还是不行。所以说：治理民众有措施，训练军队有方法，战胜敌国有规律，匡正天下有原则。

必得文威武，①官习胜务。时因，胜之终；②无方，③胜之几；④行义，胜之理；名实，胜之急；等分，胜之事；察伐，胜之行；备具，胜之原；无象，⑤胜之本。定独威，胜；定计财，胜；定闻知，胜；定选士，胜；定制禄，胜；定方用，胜；定纶理，胜；定死生，胜；定成败，胜；定依奇，⑥胜；定实虚，胜；定盛衰，胜。举机诚要，则敌不量；用利至诚，则敌不校；⑦明名章实，则士死节；⑧奇举发不意，则士欢用；交物因方，⑨则械器备；因能利备，则求必得；执务明本，则士不偷；⑩备具无常，⑪无方应也。

《管子·七法》

注：①得：同“德”。②终：疑为“纪”，准则。③方：一定之规。④几：通“机”，关键。⑤无象：不露形迹，⑥依奇：即“偶奇”，正兵与奇兵。⑦校：校量，对抗。⑧死节：英勇战死以保持气节。⑨交：同“校”，检验。因：顺应。⑩偷：苟且，马虎。⑪无常：无尚，无人能超过。

译：君主一定要具备德、文、威武的品质，官吏一定要熟悉克敌制胜的要务。抓住时机，是获胜的准则；不拘成规，是获胜的关键；推行仁义，是获胜的道理；名实相符，是获胜的急务；身份威仪，是获胜的要事；判断攻伐，是获胜的行为；整备军械，是获胜的源泉；不露形迹，是获胜的根本。权威集中，可胜；财务精审，可胜；情报准确，可胜；士卒选练，可胜；爵禄有制，可胜；武器齐备，可胜；讲求伦理，可胜；舍生忘死，可胜；预见成败，可胜；正奇相生，可胜；明敌虚实，可胜；士气旺盛，可胜。发兵的时机的确精妙，敌人就不可预知；占有压倒的优势，敌人就不敢抵抗；切实鼓励杀敌立功，将士就勇于牺牲；突然袭击，出敌不意，将士就乐于服从命令；根据实战要求检验武器、配置武器，军械就齐备精良；量才录用，就会求得各种人才；把握关键，立足根本，将士就不会涣散懈怠；准备工作做得无懈可击，敌人就无法抵挡我军的进攻。

夫战胜攻取，而不修其功者凶，命曰“费留”。① 故曰：明主虑之，良将修之。非利不动，非得不用，非危不战。主不可以怒而兴师，将不可以愠而致战。② 合于利而动，不合于利而止。怒可以复喜，愠可以复悦，亡国不可以复存，死者不可以复生。故明君慎之，良将警之，此安国全军之道也。

《孙子·火攻》

注： ①费留：白白耗费兵力、财力。②愠：音“运”，怨恨。

译： 打了胜仗，攻占了敌人的城池，却不能巩固成果，实现战略目的，那就很危险，等于白白耗费了兵力、财力。所以，明智的君主应慎重考虑这个问题，好的将帅也应认真处理这个问题。不处有利的形势不行动，没有必胜的把握不用兵，不是迫不得已不交战。君主不可因为一时发怒而兴师动众，将帅也不可因为一时怨恨而发动战争。对国家有利才进攻，对国家不利就停止。愤怒可以恢复为欢喜，怨恨可以恢复为高兴，但亡国不可以复存，死人不可以再生。因此，明智的君主对此要慎重，优良的将帅对此要警惕，这是维护国家安全和保全军队的根本之道。

子墨子曰：国有七患，七患者何？城郭沟池不可守，而治宫室，一患也。边国至境，① 四邻莫救，二患也。先尽民力无用之功，赏赐无能之人，民力尽于无用，财宝虚于待客，三患也。仕者持禄，游者爱佼，② 君修法讨臣，臣慑而不敢拂，③ 四患也。君自以为圣智，而不问事，自以为安强，而无守备，四邻谋之不知戒，五患也。所信者不忠，所忠者不信，六患也。畜种菽粟不足以食之，大臣不足以事之，赏赐不能喜，诛罚不能威，七患也。以七患居国，必无社稷，以七患守城，敌至国倾。④七患之所当，国必有殃。

《墨子·七患》

注：①边国：敌国。②爱佼：喜好交友。③拂：违背。④倾：倾毁灭亡。

译：墨子说：国家有七种忧患。哪七种忧患呢？城墙、护城河年久失修而无法防守，另一方面，却大修宫殿、楼阁，这是第一种。敌国军队攻到边境，四方邻国都不来救援，这是第二种。耗费民力去做无用的劳作，奖赏无能的人，民力白白消耗，财富虚掷于吃吃喝喝，这是第三种。当官的白拿国家的俸禄，游历的人滥交朋友，君主制订种种法规约束臣属，臣属敢怒却不敢言，这是第四种。君主自以为聪明绝顶而不问政事，自以为国家安全、军力强大而不加戒备，四方邻国阴谋进犯而不加警惕，这是第五种。所信任的人不忠诚，忠诚的人却得不到信任，这是第六种。收获的粮食不足以食用，大臣不能办事效忠，得到赏赐不欢喜，受到惩罚不害怕，这是第七种。七种忧患在国内发生，必然丧失政权。七种忧患不消除，必然兵败国亡，殃及百姓。

四战之国贵守战，①负海之国贵攻战。②四战之国，好兴兵以距四邻者，国危。四邻之国一兴事，而已四兴军，故曰国危。四战之国不能以万室之邑舍巨万之军者，③其国危。故曰：四战之国务在守战。

《商君书·兵守》

注：①四战之国：四面受敌的国家。②负海之国：背后靠海的国家。③舍：驻扎。

译：四面受敌的国家应注重防卫性作战，而背后靠海的国家应注重进攻性作战。四面受敌的国家，如果喜好主动挑起战争，侵扰四邻，国家就危险。因为四邻只要有一国发兵，自己就得四面抵抗，所以说国家就危险。四面受敌之国如果不能在万户人家的城镇驻扎数以万计的军队，国家就危险。所以说：四面受敌的国家应注重防卫性战争。

夫将之所以战者，民也；民之所以战者，气也。气实则斗，气夺则走。①刑未加、兵未接，②而所以夺敌者五：一曰庙胜之论，③二曰受命之论，三曰逾垠之论，④四曰深沟高垒之论，五曰举陈加刑之论。⑤此五者，先料敌而后动，是以击虚夺之也。

《尉缭子·战威》

注：①夺：丧失。②接：两军交战。③庙胜：出兵前，在朝廷商议取胜的策略。④逾垠：越过天涯，比喻长途行军。⑤陈；同“阵”。

译：将帅作战所依赖的，是士卒；士卒作战所依靠的，是士气。士气旺盛就可以战斗，士气丧失就只会溃散。刑罚尚未执行，部队尚未交锋，就已经使敌军斗志丧失的原因有五条：一是朝廷的正确决策，二是任命了合适将帅，三是占据了有利的战场，四是构筑了坚固的阵地，五是执行严肃的战场纪律。这五条，都是先分析敌情而后行动，是用以实击虚的方法使敌军丧失了斗志。

凡兵，有以道胜，有以威胜，有以力胜。讲武料敌，使敌之气失而师散，虽形全而不为之用，此道胜也。审法制，①明赏罚，便器用，使民有必战之心，此威胜也。破军杀将，乘阇发机，②溃众夺地，成功乃返，此力胜也。王侯知此，所以三胜者毕矣。

《尉缭子·战威》

注：①审：健全。②阇：通“堙”，战争中堆筑的土山，土山紧靠敌城墙，便利部队攻城。

译：凡战争，有的是靠智谋取胜，有的是靠威势取胜，有的是靠武力取胜。整顿武备，分析敌情，使敌方士气低落而部队涣散，虽然有军队的组织形式却无法作战，这是靠智谋取胜。健全法制，申明赏罚，改善武器装备，使人们有必战的决心，这是靠威势取胜。破敌之军，杀敌之将，堆土攻城，歼敌夺地，胜利而归，这是靠武力取胜。君主王侯懂得这些，就能完全掌握三种克敌制胜的方法。

凡战，定爵位，著功罪，收游士，申教诏，询厥众，①求厥技，②方虑极物，变嫌推疑，养力索巧，因心之动。

凡战，固众，相利，治乱，进止，服正，成耻，约法，省罚，小罪乃杀，小罪胜，大罪因。

顺天、阜财、怿众、③利地、右兵，④是谓五虑。顺天，奉时；阜财，因敌；怿众，勉若；利地，守隘险阻；右兵，弓矢御、殳矛守、⑤戈戟助。凡五兵五当，长以卫短，短以救长。迭战则久，皆战则强。见物与侔，⑥是谓两之。主固勉若，视敌而举。

《司马法·定爵》

注：①厥众：大众，众人。②厥技：专门技术人才。③怿：音“意”，喜悦。④右：重视。⑤殳：音“书”，一种有棱无刃的兵器。⑥侔：音“谋”，相同，相等。

译：凡作战，先应确定军中官职，宣布赏罚章程，收罗各方谋士，颁布有关命令，征询众人建议，吸纳专门人才，多方谋划，排难决疑，积蓄力量，寻求妙计，根据民心向背来采取行动。

凡作战，应巩固部队，分析利害，整顿纪律，进退适宜，奉行道义，激发廉耻，简约法令，少施刑罚，小错就要制止，小错不制止，大罪就会随之而来。

顺应天时，积累财富，悦服人心，利用地形，重视武器的配备。顺应天时，应适时行动；积累财富，应取资于敌；悦服人心，应积极鼓励；利用地形，应扼守关隘；重视武器配备，应以弓箭抵御，殳矛防守，戈戟辅助。不同的兵器有不同的用途，长以卫短，短以救长。轮番出战就可以持久，全体出动就可以形成强大攻势。发现敌人的新式武器，应及时仿造，以保持力量的平衡。将帅要鼓励士兵勇猛作战，根据敌情的变化，相机采取行动。

凡兵势险阻，欲其便也；兵甲器械，欲其利也；选练角材，①欲其精也；统率士民，欲其教也。此四者，义兵之助也。时变之应也，不可为而不足专恃，②此胜之一策也。

《吕氏春秋·简选》

注：①角材：将材。②专恃：惟一依靠。

译：凡用兵取势，依据山川险阻，希望攻守便利；武器装备，希望锐利坚固；选拔将领，希望勇武精干；统率士卒，希望训练有素。这四条，是正义之师的辅助条件。至于顺应时机，不是人力所能控制，更不可作为惟一的依靠，这仅仅是取胜策略之一。

夫用兵之道，先定其谋，然后乃施其事。审天地之道，察众人之心，习兵革之器，明赏罚之理，观敌众之谋，视道路之险，别安危之处，占主客之情，①知进退之宜，顺机会之时，设守御之备，强征伐之势，扬士卒之能，图成败之计，虑生死之事，然后乃可出军任将，张擒敌之势，②此为军之大略也。

《诸葛亮集·便宜十六策·治军》

注：①占：预测。主客之情：主动与被动的态势。②张：扩张。

译：指挥军队作战，应当先定下计谋，然后再采取行动。审查天时地利条件，掌握军官士兵的思想，熟悉军械性能，明定赏罚条例，分析敌军的谋略，勘查道路的险易，区别安全与危险的区域，预测主动与被动的态势，明了前进后退的规则，把握转瞬即逝的战机，建立巩固的防线，增强进攻的声势，发扬士卒的优长，制订取胜的规划，安排救死扶伤的事务，然后才可以出任全军主将，扩张破敌的阵势。这就是治军的大概职责。

夫行兵之势有三焉：一曰天，二曰地，三曰人。天势者，日月清明，五星合度，彗孛不殃，①风气调和。地势者，城峻重崖，洪波千里，石门幽洞，羊肠曲沃。人势者，主圣将贤，三军由礼，士卒用命，②粮甲坚备。善将者，因天之时，就地之势，依人之利，则所向者无敌，所击者万全矣。

《诸葛亮集·将苑·兵势》

注：①孛：音“背”，彗星出现时光芒四射的现象。古人称彗星为“扫帚星”，认为其出现是不吉利的征兆。②用命：服从命令。

译：行军作战所依据的条件有三：一是天势，二是地势，三是人势。天势，是指日月光明，金、木、水、火、土五星合规律地运转，彗星虽出现，但未造成灾祸，风调雨顺，气候温和；地势，是指城墙险峻，重峦叠嶂，洪波千里，岩洞幽深，小道迴肠。人势，是指君主圣明，主将贤能，三军遵循礼仪，士卒服从命令，粮草充足，器械精良。善于领兵作战者，顺应天时，利用地势，发挥人力，于是所向无敌，大获全胜。

若乃图难于易，为大于细，先动后用，刑于无刑，①此用兵之智也。师徒已列，戎马交驰，强弩绕临，②短兵又接，乘威布信，敌人告急，此用兵之能也。身冲矢石，③争胜一时，成败未分，我伤彼死，此用兵之下也。

《诸葛亮集·将苑·后应》

注：①刑：刑罚，军纪。②纔：同“才”。③矢：箭。

译：至于从容易处着手解决难题，从小处着手成就大业，首先振奋将士的斗志而后用兵，用严厉的刑罚制约士卒使之不违反军纪，这是用兵的智谋。将士排列成阵，战马驰骋，强劲的弓箭刚刚发射，士卒便短兵相接。乘军威鼓舞胜利的信心，令敌方频频告急，这是用兵的才能。冒着响箭飞石，鲁莽争胜于一时，成败未决，死伤惨重，这是用兵的下策。

太宗曰：“《孙子》所言治力①何如？”

靖曰：“‘以近待远，以佚待劳，②以饱待饥’，此略言其概耳。善用兵者，推此三义，而有六焉：以诱待来，以静待躁，以重待轻，以严待懈，以治待乱，以守待攻。反是则力有弗逮。③非治力之术，安能临兵哉？”

太宗曰：“今人习《孙子》者，但诵空文，鲜克推广其义。④治力之法，宜遍告诸将。”

《唐太宗李卫公问对》卷中

注：①治力：保持战斗力。②佚：安逸。③弗逮：达不到。④鲜：少。克：能够。

译：唐太宗问：“《孙子兵法》所说的保持战斗力，是什么意思？”

李靖答：“‘以近待远，以逸待劳，以饱待饥’，这是讲的大概的意思。善于用兵者，从这三条推广开去，得到六点启示：以诱饵等待来犯之敌，以冷静对待急躁之敌，以稳重对待轻率之敌，以严谨对待懈怠之敌，以整肃对待混乱之敌，以防守对待进攻之敌。否则，部队的战斗力就达不到胜利的要求。不懂得保持战斗力，怎么能对敌作战呢？”

太宗说：“现在学习《孙子兵法》的人，只会背诵空文，很少有人能够举一反三，推广其实质含义。保持战斗力的方法，应该告诉各位将领。”

用兵之要，先谋为本。是以欲谋行师，先谋安民。欲谋攻敌，先谋通粮。欲谋疏阵，①先谋地利。欲谋胜败，先谋人和。欲谋守据，先谋储蓄。欲谋强兵，先谋正其赏罚。欲谋取远，先谋不失其迩。②苟有反是而用兵者，未有不为损利而趋害者也。

（宋）许洞：《虎钤经·先谋》

注：①疏：分布，陈列。疏阵，布阵。②迩：近。

译：用兵的关键，在于首先以制定总体计划为根本。所以，准备发动战争，先要考虑安定民众。准备进攻敌军，先要考虑疏通粮道。准备布置阵势，先要占据有利地形。夺取战争胜利，先要搞好内部团结。准备坚守据点，先要储备粮草军火。增强部队的战斗力，先要做到赏罚分明。准备远征，先要结交近邻。如果有人违反这些法则，没有不损兵折将，归于失败的。

高筑墙，①广积粮，缓称王。②

（清）张廷玉等：《明史·朱升传》

注：①高筑墙：指巩固自己的根据地。②缓称王：暂缓称帝称王，缩小目标，以图长远。这三句话是朱升对朱元璋提出的夺取天下的策略。

译：建筑高高的城墙，积蓄充足的粮食，推迟称王的时间。

胡林翼语：先安排以待敌之求战，然后起而应之，乃必胜之道。盖敌求战，而我以静制动、以逸待劳、以整御散，必胜之道也。此意不可拘执，①未必全无可采。

（近现代）蔡锷：《曾胡治兵语录·兵机》

注：①拘执：拘泥于一端而不知变通。

译：胡林翼说：先安排停当，等待敌人前来求战，然后起兵迎敌，这是必胜之道。敌军远道前来求战，我军以静制动，以逸待劳，以整御散，必然取得胜利。这一法则当然不可拘泥死板不知变通，但也不是全然没有可取之处。

胡林翼语：一年不得一城，只要大局无碍，并不为过。一月而得数城，敌来城不能战，则不可为功。

（近现代）蔡锷：《曾胡治兵语录·兵机》

译：胡林翼说：一年之内不攻占一城，只要对大局没有妨碍，并不为过错。一月之内连占几城，但敌人前来进攻而城市守卫不住，也不可视为成功。

2. 论敌察众

兵起而程敌，①政不若者勿与战，食不若者勿与久，敌众勿为客。②敌尽不如，击之勿疑。故曰：兵大律在谨。论敌察众，则胜负可先知也。

《商君书·战法》

注：①程：分析。②客：发动进攻的一方。

译：起兵之时，就要分析敌情，政治上我方不如敌，不可与敌交战；粮食不如敌方充足，不可与敌长期对垒；敌军人多势众，不可主动发起进攻。如果敌方在各方面都不如我，那就毫不迟疑地对敌攻击。所以说：用兵作战的重要原则是谨慎。研究敌方的情况，分析我方的力量，那么战争的胜负就可预先知道了。

夫国小大有谋，强弱有形。服近而强远，①王国之形也；合小以攻大，敌国之形也；以负海攻负海，②中国之形也；折节事强以避罪，③小国之形也。自古以至今，未尝有能先作难，违时易形，以立功名者；无有常先作难，违时易形，而不败者也。夫欲臣伐君，正四海者，④不可以兵独攻而取也。必先定谋虑，便地形，利权称，⑤亲与国，⑥视时而动，王者之术也。夫先王之伐也，举之必义，用之必暴，⑦相形而知可，量力而知攻，攻得而知时。是故先王之伐也，必先战而后攻，先攻而后取也。故善攻者，料众以攻众，料食以攻食，料备以攻备。以众攻众，众存不攻；以食攻食，食存不攻；以备攻备，备存不攻。释实而攻虚，⑧释坚而攻脆，释难而攻易。

《管子·霸言》

注：①服：亲服，友善。强：用强，威镇。②负海：近海。③折节：有损气节。事：侍奉。④正：同“征”，征服。⑤权称：权衡。⑥与国：盟国。⑦暴：迅猛。⑧释：避开。

译：国家无论大小，都有一定的谋略；无论强弱，都有一定的形势。亲服近邻而威镇远邦，是成就王业国家的形势；联合小国以进攻大国，是实力相当国家的形势；挑动近海之国与近海之国争斗，是中原国家的形势；降低身份去侍奉强国，是弱小国家的形势。从古到今，从来没有率先挑起战争，违背天时地利，而能建立功名的；也从来没有率先挑起战争，违背天时地利，而不失败的。臣属想讨伐君主，征服四海，绝不能单凭武力，独自攻取。一定要先定谋略，占据有利地形，衡量形势，联合同盟国，看准时机行动，这才是王者的策略。前代君王出兵攻伐，一定遵从道义，行动迅猛，分析形势看是否可以出兵，衡量实力看是否可以进攻，判断得失看是否应当把握战机。所以，前代君王的攻伐，一定是先谋划而后进攻，先进攻而后取胜。善于进攻者，料定我方人多势众，从而攻击弱小的敌人；料定我方粮草充足，从而攻击缺粮的敌人；料定我方军械齐备，从而攻击军械匮乏的敌人。当敌人力量强大、粮草充足、军械齐备之时，就不要发起进攻。总之，应避实击虚，避坚攻脆，避难攻易。

霸王之形：①德义胜之，智谋胜之，兵战胜之，地形胜之，动作胜之，故王之。夫善用国者，因大国之重，以其势小之；因强国之权，以其势弱之；因重国之形，以其势轻之。强国众，合强以攻弱，以图霸；强国少，合小以攻大，以图王。强国众，而言王势者，愚人之智也；强国少，而施霸道者，败事之谋也。夫神圣，视天下之形，知动静之时；视先后之称，②知祸福之门。强国众，先举者危，后举者利；强国少，先举者王，后举者亡。战国众，③后举可以霸；战国少，先举可以王。

《管子·霸言》

注：①形：形势。②称：合适。③战国：势均力敌之国。

译：成就霸王地位的形势是：仁义占据优势，智谋占据优势，作战占据优势，地形占据优势，行动占据优势，所以才能统一天下。善于使用国力的人，利用大国的实力，以其势缩小别国；利用强国的权威，以其势削弱别国；利用重国的地位，以其势降低别国。强国多，就联合强国进攻弱国，以谋图霸业；强国少，就联合小国进攻大国，以谋图王业。强国多，却想谋图王业，是愚蠢的想法；强国少，却想谋图霸业，是失败的策略。神圣的君主，观察天下的形势，了解行动的时机，决定合适的行动步骤，掌握避祸得福的诀窍。强国多，先行动的危险，后行动的有利；强国少，先行动的称王，后行动的灭亡。势均力敌的国家多，后发制人可以称霸；势均力敌的国家少，先发制人可以称王。

逆节萌生，①天地未刑，②先之为政，其事乃不成，缪受其刑。天因人，③圣人因天。天时不作，勿为客；人事不起，勿为始。纂和其众，④以修天地之从。人先生之，⑤天地刑之，圣人成之，则与天地同极。⑥正静不争，动作不贷，⑦素质不留，与地同极。未得天极，则隐于德；已得天极，则致其力；既成其功，则守其从，⑧人不能代。成功之道，嬴缩为宝。⑨毋亡天极，⑩究数而止。事若未成，毋改其刑，毋失其始；静民观时，待令而起。故曰：修阴阳之从而道天地之常：⑪嬴嬴缩缩，因而为当；死死生生，因天地之形。天地形之，圣人成之，小取者小利，大取者大利，尽行之者有天下。

《管子·势》

注：①节：节制。②刑：同“形”，形势。③因：依照。④纂：整齐。⑤生之：挑起战争。⑥极：法则。⑦贷：音“特”，同“忒”，差错。⑧从：顺从。⑨嬴缩：进退、屈伸。⑩亡：同“忘”。⑪道：遵从。

译：违背节制的情况萌生，天时地利的有利形势尚未出现，就抢先发动进攻，一定不会成功，反会因错误而受害。上天依照人的善恶表现自己的意志，圣人则依照上天的意志行事。天时不利，不要去进攻敌人；人事不顺，不要开始行动。团结、调动民众，等待天时地利条件的出现。敌人先挑起战争，天时地利均对我有利，圣人出兵应战，获得胜利，这是因为他们行事的法则与天地一致。沉着冷静不与人争斗，行动不发生差错，国家和军队的元气就不会受到伤害，这就是与大地的法则一致。天时还未到来，就安守道义；天时已经到来，就尽力去争取成功。取得成功以后，就顺从天意，保持下去，使别人不能取而代之。成功的规律，就在于掌握了适时进退这个法宝。不要忘记上天的准则，达到了一定的程度，就应适可而止。事情若没有成功，也不要改变形势，不要放弃开始的准备工作，使民众安静地等待时机，适时而动。所以说：遵循阴阳转换与天地运行的规律，这样才能进退得当，生死应命。天时地利的条件具备，圣人顺从天地而取得成功，小顺从小胜，大顺从大胜，完全顺从就可以占有天下。

四机不明，①不过九日而游兵惊军；②障塞不审，不过八日而外贼得间；③申守不慎，不过七日而内有谗谋；诡禁不修，不过六日而窃盗者起；死士不食，④不过四日而军财在敌。

《管子·七法》

注：①四机：对敌政、敌情、敌将、敌士的了解。②游兵：游击部队。③间：空隙。④死士：敢死之士。食：供养。

译：对敌情不了解，不过九天，敌人的游击部队就会来袭击我军；不谨慎防卫边境要塞，不过八天，敌军就会乘隙而入；防范不严密，不过七天，内部就会谣言、阴谋不断；查禁不得力，不过六天，偷盗事件就会发生；不供养敢死之士，不过四天，军中财物就会归敌所有。

夫争强之国，必先争谋，争形，争权。①令人主一喜一怒者，谋也；令国一轻一重者，形也；令兵一进一退者，权也。故精于谋则人主之愿可得，②而令可行也；精于形，则大国之地可夺，强国之兵可围也；精于权，则天下之兵可齐，③诸侯之君可朝也。④夫神圣视天下之形，知世之所谋，知兵之所攻，知地之所归，知令之所加矣。夫兵攻所憎而利之，此邻国之所不亲也。权动所恶而实寡归者，强；擅破一国，⑤强在后世者，王；擅破一国，强在邻国者，亡。

《管子·霸言》

注：①权：灵活、权变。②人主：君王。③齐：消灭。④朝：朝拜。⑤擅：专。

译：争强的国家，一定要先争谋略、争形势、争权变。使别国君主喜怒无常的，是谋略；使别国地位忽轻忽重的，是形势；使别国军队进退失据的，是权变。精于谋略，那么君主的愿望就可以实现，命令就可以推行；精于形势，那么大国的土地可以夺取，强国的军队可以围困；精于权变，那么各国的军队都可以消灭，各国诸侯都会来朝拜称臣。神圣的君王分析天下的形势，知道世人在谋划什么，知道军队攻击的目标，知道土地的归属，知道法令所制约的对象。出兵攻打所怨恨的国家，从中得利，这是邻国与自己交恶的原因。攻打怨恨之国，而很少夺取实利的，国家就会强大；专打一国，使自己的后代强大的，可以称王；专打一国，但实利被邻国攫取而强大的，就会灭亡。

故为兵之事，在顺详敌之意，①并敌一向，千里杀将，此谓巧能成事。是故政举之日，夷关折符，②无通其使，厉于廊庙之上，③以诛其事。④敌人开阖，⑤必亟入之。⑥先其所爱，微与之期。⑦践墨随敌，⑧以决战事。是故始如处女，敌人开户，后如脱兔，敌不及拒。

《孙子·九地篇》

注：①顺：谨慎。详：审查。②夷关：封闭关口。折符：销毁通行证件。③廊庙：君臣商议政事之地。④诛：阐述，议论。⑤阖：音“何”，门扇。⑥亟：急速。⑦微：不要。与之期：与敌人约定交战的时间。⑧践：实行。墨：木工的绳墨，比喻作战的法则。

译：用兵作战，应谨慎地分析判断敌军的意图，集中兵力，向一个方向进攻，千里奔袭杀敌统帅，这就是巧妙地取得成功。所以，发兵之日，要封锁关口，销毁通行证件，不与敌方互通使节；君臣在朝廷内认真研究作战要务。当敌军阵地露出一点破绽，应迅速乘隙而入。抢先占领敌军的要害之地，不要与敌人约定交战的日期。根据敌情的变化，灵活地实行作战法则，以夺取胜利。所以说，开始时要像处女那样安静，使敌人不防备而洞开门户，然后像飞奔的兔子一样敏捷，打得敌人措手不及。

故知胜有五：知可以与战不可以与战者胜，识众寡之用者胜，上下同欲者胜，[1]以虞待不虞者胜，[2]将能而君不御者胜。[3]此五者，知胜之道也。故曰：知彼知己，百战不殆；[4]不知彼而知己，一胜一负；不知彼，不知己，每战必败。

《孙子·谋攻篇》

注：①同欲：想法一致，同心同德。②虞：预料、准备。③御：控制、牵制。④殆：音“代”，危险。

译：从以下五个方面可以预知战争的胜负：懂得在什么情况下能打、什么情况下不能打的，可以获胜；懂得根据兵力多少采取不同作战方法的，可以获胜；官兵同心同德的，可以获胜；有准备去对付无准备的，可以获胜；将帅精明能干而君主又不在后方牵制、遥控的，可以获胜。从这五个方面，可以预料战争的结局。所以说：知彼知己，百战不败；不知彼而知己，胜负相当；不知彼又不知己，每战必败。

兵法：“一曰度，[1]二曰量，[2]三曰数，[3]四曰称，[4]五曰胜。地生度，度生量，量生数，数生称，称生胜。”故胜兵若以镒称铢，[5]败兵若以铢称镒。胜者之战，若决积水于千仞之溪者，[6]形也。

《孙子·形篇》

注：①度：国土大小。②量：力量强弱。③数：兵员多少。④称：总体实力的比较。⑤镒、铢：重量单位，一镒为二十四两，一两为二十四铢。一镒为一铢的576倍。称：比较。⑥仞：长度单位，七尺或八尺为一仞。

译：兵法说：“度、量、数、称、胜五条是取得战争胜利的基础。敌我双方国土面积不同，面积大小决定力量强弱，力量强弱决定兵员多少，兵员多少决定总体实力，总体实力决定战争胜负。”所以，获胜的军队就像以镒比铢，占有压倒优势，而失败的军队就像以铢比镒，居于绝对劣势。

胜利的一方作战，就像从几百丈的高处决开积水一样，其势不可阻挡。

故善战者，求之于势，不责于人，故能择人而任势。①任势者，其战人也，②如转木石。木石之性，安则静，危则动，方则止，圆则行。故善战人之势，如转圆石于千仞之山者，势也。

《孙子·势篇》

注：①任势：利用有利的形势。②战人：指挥士兵作战。

译：善于作战的人，谋求有利的形势，而不苛责部属，因此能选拔人才，充分利用有利形势。所谓利用有利形势，是说指挥士兵作战，就像滚动木、石一样。木、石的本性是，放在平坦的地方就静止，放在倾斜的地方就滚动；制成方形就静止，制成圆形就滚动。所以善于作战的人造成有利的形势，就像在千仞的高山上向下滚动圆石，势不可挡。

吴子曰："凡料敌有不卜而与之战者八：①一曰疾风大寒，早兴寤迁，②刊木济水，③不惮艰难；二曰盛夏炎热，晏兴无间，④行驱饥渴，务于取远；三曰师既淹久，⑤粮食无有，百姓怨怒，妖祥数起，上不能止；四曰军资既竭，薪刍既寡，⑥天多阴雨，欲掠无所；五曰徒众不多，水地不利，人马疾疫，四邻不至；六曰道远日暮，士众劳惧，倦而未食，解甲而息；七曰将薄吏轻，⑦士卒不固，三军数惊，师徒无助；八曰阵而未定，舍而未毕，行坂涉险，半隐半出。诸如此者，击之无疑。"

《吴子·料敌》

注：①料敌：分析敌情。卜：占卜吉凶。②寤：睡醒。③刊木：伐木。济水：渡河。④晏：安定，休息。兴：劳作。无间：

没有间隔，即劳逸安排不当。⑤淹久：长期滞留。⑥薪：柴禾。芻：音“除”，草料。⑦将薄吏轻：将领没有威望。

译： 吴起说：“通常判断敌情，不必占卜吉凶便可与敌作战的，有八种情况：一是敌军在天寒地冻、狂风大作之时，长途跋涉，日夜兼程，伐木渡河，不顾劳累；二是盛夏炎热之时，劳逸安排不当，驱使部队在又饥又渴中行军，奔袭遥远的目标；三是军队长期滞留于外，粮食紧缺，百姓怨恨，谣言四起，将帅无法制止；四是军用物资已枯竭，柴草即将用完，天又多阴雨，无从抢掠补充；五是兵力弱小，水土不服，疾病流行，救兵不到；六是长途行军，天气已晚，士卒疲惫，未及用饭，解甲休息；七是将领没有威望，军心动摇，惊恐万状，且无救援；八是列阵未定，安营未成，翻山越险正处半途之中。遇到如上几种情况，应该毫不迟疑地发起攻击。”

有不占而避之者六：一曰土地广大，人民富众；二曰上爱其下，惠施流布；三曰赏信刑察，发必得时；四曰陈功居列，①任贤使能；五曰师徒之众，兵甲之精；六曰四邻之助，大国之援。凡此不如敌人，避之勿疑。所谓见可而进，知难而退也。

《吴子·料敌》

注： ①陈功居列：根据功劳大小排列官爵地位。

译： 不必占卜吉凶就应避免与敌交战的，有六种情况：一是敌方土地广大，民众富裕；二是国君将帅爱护百姓士卒，广施恩惠；三是赏罚公平、及时；四是按功劳大小授予爵位，任用贤才；五是军力强大，武器精良；六是有四周邻国帮助，大国支援。凡是在这几个方面不如敌方，避免交战是毫无疑问的。这就叫见可而进，知难而退。

孙子曰：“恒胜有五：得主专制，胜。知道，胜。得众，胜。左右和，胜。量敌计险，胜。”孙子曰：“恒不胜有五：御将，[1]不胜。不知道，不胜。乖将，[2]不胜。不用间，[3]不胜。不得众，不胜。”

《孙膑兵法·篡卒》

注：①御：控制。②乖：不配合，不协调。③间：间谍。

译：孙膑说：“常胜的条件有五：将帅得到君主信任、有指挥全权的，可胜。懂得用兵之道的，可胜。得到士卒拥戴的，可胜。将帅齐心合力的，可胜。分析敌情、排除险阻的，可胜。”孙膑说：“常败的因素有五：将帅受君主掣肘、无指挥全权的，不可胜。不懂用兵之道的，不可胜。将帅互不配合的，不可胜。不使用间谍的，不可胜。得不到士卒拥戴的，不可胜。”

庞子问鹖冠子曰：“用兵之法，天之，地之，人之，赏以劝战，罚以必众。五者已图，然九夷用之而胜不必者，[1]其故何也？”

鹖冠子曰：“物有生，故金木水火，未用而相制[2]……九夷用之而胜不必者，其不达物生者也。若达物生者，五尚一也耳。[3]”

庞子曰：“以五为一，奈何？”

鹖冠子曰：“天不能以早为晚，地不能以高为下，人不能以男为女，赏不能劝不胜任，罚不能必不可。”

庞子曰：“取功奈何？”

鹖冠子曰：“天不能使人，人不能使天，因物之然，而穷达存焉。[4]之二者，在权在势。[5]在权，故生财有过富；在势，故用兵有过胜。财之生也，力之于地，顺之于天；兵之胜也，顺之于道，合之于人。其弗知者，以逆为顺，以患为利。以逆为顺，故其财贫；以患为利，故其兵擒。

《鹖冠子·兵政》

注：①九夷：东方的夷人，分为九支。②相制：相互制约。③五：即上文所及天、地、人、赏、罚五条。尚：犹如，还是。④穷：困顿，失败。达：通达，成功。⑤权：权变。势：形势。

译：庞子问鹖冠子道："用兵的法则，就是顺天时，应地利，通人事，用赏赐鼓励作战，用刑罚统一行动这五条已载入兵书，但是东夷之人运用这五条法则却不一定能夺取胜利，这是什么原因？"

鹖冠子回答："万物各有本性，所以金、木、水、火，不须验证，就可知道它们相生相克的关系……东夷之人运用五条法则而不一定获胜，是因为他们不了解事物的本性。假若了解事物的本性，五条法则不过是一条原理而已。"

庞子又问："将五条法则归结为一条原理，是怎么回事？"

鹖冠子答："天不能把早晨变成晚上，地不能把高山变成低洼，人不能把男子变成女子，奖赏不能鼓励那些本不胜任的人，惩罚也不能制约那些本不遵守法令的人。"

庞子再问："怎样才能取得成功？"

鹖冠子答："天不能驱使人，人不能驱使天，遵循事物的本性，成功与否的因素就在其中了。成功或者失败，就看如何掌握权变与形势。灵活变通，就能聚财成富；把握大势，就能战无不胜。财富的生成，要努力耕耘，顺应天时；作战的胜利，要遵循规律，协调人力。不懂得这个道理的人，以逆为顺，以患为利。以逆为顺，所以他财富贫乏；以患为利，所以他兵败被擒。"

昔善战者举兵相从，阵以五行，①战以五音。②指天之极，与神同方。类类生成，[3]用一不穷。明者为法，微道是行。[4]齐过进退，参之天地。出实触虚，擒将破军。发如镞矢，动如雷霆。暴疾捣虚，殷若坏墙。[5]执急节短，[6]用不缦缦。[7]避我所死，就吾所生。趋吾所时，援吾所胜。故士不折北，[8]兵不困穷。得此道者，驱用市人，乘流以逝，与道翱翔。

《鹖冠子·世兵》

注：①五行：金、木、水、火、土。②五音：宫、商、角、徵（音“指”）、羽。③类类生成：同类的事物相互促成。④微道：微妙的道理。⑤殷：音“引”，形容打雷的声音。⑥执：当作“势”。⑦缦缦：迟缓。⑧折北：败逃。

译：从前，善于用兵的人率军出征，按照五行的原理排列阵势，按照五音的节律部署战斗。依据天道的法则，与神明契合。同类的事物相互促成，遵循基本法则，就会无往而不胜。贤明的人遵循这种法则，哪怕十分隐晦，也毫不背离。伸缩进退，都参照天地运行的规律。避实击虚，擒将破敌。冲锋像飞箭一样锐利，行动像雷霆一样猛烈。迅猛地直捣敌巢，使敌阵如同朽墙轰然坍塌。形势急迫，动作应短促有力，不可拖延迟缓。避开不利于我的死亡之境，靠近有利于我生存的地形。直扑目标，夺取胜利。这样才能使士卒不败逃，部队不困穷。懂得这个道理的人，即使指挥未经训练的老百姓，也会如顺流而下那么便利。这样，就能与天道一起自由翱翔。

古之善用天下者，必量天下之权。[1]……何谓量权？曰：度于大小；谋于众寡；称货财之有无；料人民之多少饶乏，[2]有余不足几何。

《鬼谷子·揣篇》

注：①量：衡量。权：利害轻重。②饶乏：富饶贫困。

译：古代善于支配天下的人，一定要衡量天下大势的利害轻重。……什么叫衡量利害轻重？即：衡量国家的大小、人口的多少、货财的有无、民众的贫富、剩余与不足的数量。

古之善斗者，必先探敌情而后图之。凡师老粮绝，①百姓愁怨，军令小习，②器械不修，计不先设，外救不至，将吏刻剥，赏罚轻懈；营伍失次，③战胜而骄，可以攻之。若用贤授能，粮食羡余，甲兵坚利，四邻和睦，大国应援，敌有此者，引而计之。④

《诸葛亮集·将苑·击势》

注：①老：疲劳。②小：同“少”。习：熟悉。③失次：纪律混乱。④引：退避。

译：古代善于作战的人，一定先探清敌情而后才制订破敌策略。凡是军队疲惫，粮食断绝，老百姓愁苦怨恨，军队的条令不熟悉，器械不精良，计划不预先制订，外边的救兵不来，将领盘剥士卒，赏罚不严明不及时，营区纪律混乱，打了胜仗就骄傲，对这样的敌人，可以进攻。假若敌军任用贤才能人，粮食充足有余，军械坚实锐利，四邻友好，大国支援，敌军具备这些条件，就应该避开它，另作打算。

夫地势者，兵之助也，不知战地而求胜者，未之有也。山林土陵，丘阜大川，①此步兵之地。土高山狭，蔓衍相属，②此车骑之地。依山附涧，高林深谷，此弓弩之地。草浅土平，可前可后，此长戟之地。芦苇相参，③竹树交映，此枪矛之地也。

《诸葛亮集·将苑·地势》

注：①阜：土山。川：江河。②相属：相互连接。③相参：参杂，形容芦苇茂密。

译： 地域形势，是用兵的重要相关因素。不知晓战场地势而取得战争胜利的，从未有过。山林土陵，丘阜江河，这是利于步兵作战之地。山路狭窄，草场相连，这是利于战车骑兵作战之地。依傍山势，临近涧流，密林深谷，这是利于弓弩作战之地。草浅地平，运动自如，这是利于长戟作战之地。芦苇茂密，竹树繁盛，这是利于枪矛作战之地。

瑜曰："……请与将军筹之：今使北土已安，操无内忧，能旷日持久，来争疆埸，又能与我较胜负于船楫间乎？今北土既未平安，加马超、韩遂尚在关西，① 为操后患。且舍鞍马，仗舟楫，与吴越争衡，② 本非中国所长。③ 又今盛寒，马无藁草，驱中国士众远涉江湖之间，不习水土，必生疾病。此数四者，用兵之患也，而操皆冒行之。将军擒操，宜在今日。"

（西晋）陈寿：《三国志·吴书·周瑜传》

注： ①关西：函谷关或潼关以西地区。②争衡：在角逐中较量胜负。③中国：中原。

译： 周瑜说："……请与将军（孙权）筹划如下：现在假若北方已经安宁，曹操没有内忧，能够旷日持久地进行战争，又能与我军以水战争胜负吗？现今北方并未平安，加上马超、韩遂尚在关西地区，为曹操后患。而且舍弃鞍马，利用舟楫，与吴国水战争胜负，本不是中原军队的优势。现今天寒地冻，马无草料，驱使中原士卒远涉江湖，不服水土，必生疾病。这四条，是用兵的大患，而曹操却贸然发兵。将军生擒曹操，正在今天。"

经曰：昔之善战者如转木石。木石之性，圆则行，方则止。行者非能行，而势不得不行；止者非能止，而势不得不止。

夫战人者，自斗于其地则散，① 投之于死地则战。散者非能散，势不得不散；战者非能战，势不得不战。行止不在于木石，而制在于人，散战不在于人，而制在于势，此因势而战人也。

（唐）李筌：《太白阴经·人谋下·作战》

注：①散：溃散。

译：兵书上说：从前善于作战者如转动树木、石块。树木、石块的性质，圆形则滚动，方形则静止。滚动的不是自己能滚动，而是形势使它不得不滚动；静止的不是自己能静止，而是形势使它不得不静止。

作战之人，自己陷入死亡之地，则四处溃散，别人将他安排在死亡之地，则拼死作战，以求一生。溃散者不是自己要逃跑，而是形势使他不得不逃跑；死战者不是自己特别善于战斗，而是形势使他不得不战斗。树木、石块的滚动、静止，不由自己决定，而由人将它制作成什么形状来决定；士兵溃散还是顽强战斗，也不是由他们自己决定，而是由形势来决定。这就叫做因势利导，调动士兵的积极性。

势利者，兵之便，山水平陆者，战之地。夫善用兵者，以便胜，以地强，以谋取，此势之战人也，如建瓴水于高宇之上，①砉然而无滞留，②如破竹数节之后，迎刃而解，无复著手。

（唐）李筌：《太白阴经·人谋下·作战》

注：①瓴：装水的瓶子。建：倾倒。高宇：高大的房屋。②砉：音“虚”。砉然：大水冲下的声音。

译：形势有利，是作战的方便条件。山势平缓，原野广阔，是合适的战场。善于用兵者，以方便条件而胜，以有利地形而强，以奇谋妙计而取得成功，这就是形势对作战的重要意义，正如从高高的屋顶上倾倒水瓶，水势一泻而下不可阻挡；又如以刀破竹，数节之后，迎刃而解，不需要再用力劈砍。

用兵之术，战胜不可专，①专胜有必败之理，战败不可不专，专败有反胜之道。②战胜而败者有五：急难定谋，狐疑不决，一败也；机巧万端，失于迟后，二败也；机事不密，三败也；似勇非勇，似怯非怯，四败也；主将不一，五败也。此五者，皆战胜而反败也。战胜而欲必胜者，定谋贵决，机巧贵速，机事贵密，进退贵审，兵权贵一也。势败而反胜者有四：吏士饥，割所爱啗之，③众有饱之用矣；吏士恐惧，奋身先之，众有勇之用矣；期应不到，杀其所昵，④众有惧之用矣；人有疑惑，阴为鬼诈，众有天之用矣。如是者，以败为胜也。胜败之术，非勇决神智安能行之耶？

（宋）许洞：《虎钤经·胜败》

注：①专：专断。②反胜：反败为胜。③割：杀。所爱：所钟爱的马匹。④所昵：所亲近的人。

译：用兵之术，战胜之时不可专断，如专断，胜了也必然失败。战败之时不可不专断，如专断，失败了也会反败为胜。先胜后败有五种情况：危急关头制定计划狐疑不决，一败；计策极其巧妙，但实行迟缓，二败；核心机密被泄露，三败；进又不敢进，退又不愿退，四败；主要将领的意见不统一，五败。这五种情况，都是先胜而后败。已占优势而想最后取胜的话，制定谋略一定要果断，设想的妙计一定要尽快实施，军事机密一定不可泄露，进退与否一定要慎重决定，军事指挥权一定要高度集中。已呈劣势而反败为胜有四种情况：部属饥饿，主将杀死钟爱的马匹让他们吃饱，他们自然精力倍增；部属畏缩不前，主将身先士卒，他们自然奋勇作战；约定的日期不按时到达，既便是主将亲近的人，也格杀勿论，部属自然畏惧军法的威严；部属疑惑，主将干脆装神弄鬼，他们自然会以为有上天在保祐。像这样，就会反败为胜。克敌制胜之术，不是勇敢果断智慧超人之辈，怎能完全掌握呢？

兵之胜败，非人之勇怯也。勇者不可必胜，怯者不可必败，率由势焉耳。①势之任者有五：②一曰乘势，二曰气势，三曰假势，四曰随势，五曰地势。势之败者有三焉：一曰挫势，二曰支势，三曰轻势。凡新破大敌，将士乐战，威名隆震，闻者骇惧，迴其势而击人者，此之谓乘势者也。将有威德，部伍严整，士有余勇，名誉所加，慑如雷霆，此之谓气势者也。士卒寡少，盛其鼓张其旗为疑兵，使敌人震惧，此之谓假势者也。因敌疲倦懈怠袭击之，此之谓随势者也。合战之地，便其干戈，利其步骑，左右前后无有陷隐，此之谓地势者也。用兵者乘此五势，未有不能追亡逐北以建大功也。③又若累战累北，吏士畏于战敌，此之谓挫势者也。将无威德谋虑，赏罚不当，吏士之心率多离散，此之谓支势者也。吏士諠哗，不循禁令，部伍不肃，此之谓轻势者也。凡用兵有此三者，未有不败军杀将者焉。

（宋）许洞：《虎钤经·任势》

注：①率：大致，一般。②势之任：形势的作用。③北：败北。

译：军队的胜败，并不完全由士兵的勇敢与否决定。勇敢的不见得必胜，胆怯者不见得必败。胜败一般由形势来决定。胜利的形势有五种情况：一是乘势，二是气势，三是假势，四是随势，五是地势。失败的形势有三种情况：一是挫势，二是支势，三是轻势。凡是刚刚击败大股敌军，将士求战必切，威名远震，闻者胆战心惊，慌忙躲避，此时出击，叫做乘势。主将威严，队伍严整，士兵鼓足勇气，名声所至，敌军闻如雷霆，这叫做气势。我军人数较少，于是大张旗鼓以为疑兵，使敌人惊恐不安，这叫做假势。趁敌军疲倦懈怠之时发起攻击，这叫做随势。作战之地，便于我军步兵骑兵纵横驰骋，前后左右均无陷阱，这叫做地势。指挥作战乘此五势，没有不穷追败寇，大建功劳的。假若屡战屡败，士卒害怕作战，这叫做挫势。主将既无威德，又无谋略，赏罚不当，部属大多离心离德，这叫做支势。士卒喧哗，不遵守禁令，队伍涣散，这叫做轻势。凡作战有此三势，没有不兵败将亡的。

战有必胜之形者五：得天之时者胜，得地之利者胜，得敌之情者胜，得士之心者胜，得事之机者胜。此五胜者，虚实之势也。将之用其形者，得其一，胜之基；得其二，胜可期；得其三，胜可必；①得其四，民乃归，②得其五，天下无敌。

（明）西湖逸士：《投肤笔谈·战形》

注：①必：一定，必然。②归：归附。

译：作战必胜的条件有五：适应天时的可胜，占据地利的可胜，掌握敌情的可胜，赢得士卒拥戴的可胜，把握战机的可胜。能否占有这五种条件，是形成力量虚实对比的关键。将领利用这些条件，取得其中之一的，胜利就有了基础，取得其中之二的，胜利就有了希望，取得其中之三的，胜利就是必然的，取得其中之四的，老百姓就会归附，五种条件全都具备，就能天下无敌。

战有必败之形五：谋人而使人知者败，诈人而使人识者败，间人而使人反者败，①乘人而使人觉者败，攻人而使人袭者败。此五败者，向背之机，②用其形者之失也。五者之中，若有其一，敌无人焉，犹或庶几；③敌如有人，败复何疑。

（明）西湖逸士：《投肤笔谈·战形》

注：①间人：对敌使用间谍。②向背：顺应还是违反。③庶几：也许可以。

译：作战必败的条件有五：谋算敌人而被敌人知道的会失败，欺骗敌人而被识破的会失败，使用间谍反中了敌人反间计的会失败，乘敌之隙进攻而被发觉的会失败，进攻敌人反被敌人偷袭的会失败。这五种情况，本来想顺应用兵的规则结果反而违背了它，是谋划不当造成的。五种情况中，只要出现一种，假若敌方没有高明的统帅，也许还可以避免失败；否则，则必败无疑。

曾国藩语：师行所至之处，必须多问多思。思之于己，问之于人，皆好谋之实迹也。

（近现代）蔡锷：《曾胡治兵语录·战守》

译：曾国藩说：军队所到之处，必须多多询问，多多思考。自己勤思考，遇人勤访求，这些都是多谋善断的实际表现。

3. 计必先定于内，然后兵出乎境

若夫曲制时举，①不失天时，毋圹地利。②其数多少，其要必出于计。故凡攻伐之为道也，计必先定于内，然后兵出乎境。计未定于内而兵出乎境，是则战之自败，攻之自毁也。是故张军而不能战，③围邑而不能攻，得地而不能守，三者见一焉，④则可破毁也。故不明于敌人之政，不能加也；⑤不明于敌人之情，不可约也；⑥不明于敌人之将，不先军也；不明于敌人之士，不先阵也。是故以众击寡，以治击乱，以富击贫，以能击不能，以教卒、练士击驱众、⑦白徒，⑧故十战十胜，百战百胜。

《管子·七法》

注：①曲制：部队的编制。②圹：废置、抛弃。③张军：部署军队。④见：出现。⑤加：施加打击。⑥约：约定会战的日期。⑦驱众：被驱赶上阵的民众。⑧白徒：没有武艺的人。

译：至于部队发动进攻的时机，应当不违背天时，不废弃地利。投入兵力的多少，一定要精心地谋划、算计。所以进攻的原则，一定要先制定作战方略于国内，然后才出兵敌境。方略未定而仓促出兵，是自取其败，自毁其军。这样，列成阵势而不能作战，包围城池而攻不下来，占领土地而无法守卫，这三种情况出现一种，就一定会失败。所以，不了解敌方的政治，不能发动进攻；不了解敌方的军情，不能约定决战的日期；不了解敌方的主将，不首先采取行动；不了解敌方的士卒，不首先排列阵形。这样，以多击少，以治击乱，以富击贫，以能击不能，以精兵强将击乌合之众，肯定十战十胜，百战百胜。

文王问太公曰："文伐之法奈何？"[①]

太公曰："凡文伐有十二节：

一曰，因其所喜，以顺其志，彼将生骄，必有奸事，苟能因之，[②]必能去之。

二曰，亲其所爱，以分其威。一人两心，其中必衰。廷无忠臣，社稷必危。

三曰，阴赂左右，得情甚深，身内情外，国将生害。

四曰，辅其淫乐，以广其志，厚赂珠玉，娱以美人。卑辞委听，顺命而合。彼将不争，奸节乃定。

五曰，严其忠臣，[③]而薄其赂。稽留其使，勿听其事。亟为置代，[④]遗以诚事，亲而信之。其君将复合之，苟能严之，国乃可谋。

六曰，收其内，间其外，才臣外相，敌国内侵，国鲜不亡。[⑤]

七曰，欲锢其心，必厚赂之；收其左右忠爱，阴示以利；令之轻业，而蓄积空虚。

八曰，赂以重宝，因与之谋，谋而利之，利之必信，是谓重亲；重亲之积，必为我用，有国而外，其地大败。

九曰，尊之以名，无难其身；示以大势，从之必信；致其大尊，先为之荣，微饰圣人，国乃大偷。⑥

十曰，下之必信，⑦以得其情；承意应事，如与同生；既以得之，乃微收之；时及将至，若天丧之。

十一曰，塞之以道。人臣无不重贵与富，恶危与咎。⑧阴示大尊，而微输重宝，收其豪杰。内积甚厚，而外为乏。阴纳智士，使图其计；纳勇士，使高其气。富贵甚足，而常有繁滋。徒党已具，是谓塞之。有国而塞，安能有国？

十二曰，养其乱臣以迷之，进美女淫声以惑之，遗良犬马以劳之，时与大势以诱之，上察而与天下图之。

十二节备，乃成武事。所谓上察天，下察地，征已见，乃伐之。"

《六韬·武韬·文伐》

注：①文伐：以谋略取胜。②苟：能。因：利用。③严：尊重。④亟：极力。⑤鲜：少。⑥偷：马虎，懈怠。⑦下：表示谦卑。⑧恶：音"务"，厌恶。

译：周文王问姜太公："以谋略取胜的方法是怎样的？"

太公回答："以谋略取胜，有以下十二种办法：

第一，根据敌人的喜好，顺从他的愿望，使他滋长骄气，去干奸邪的勾当。如能利用他的这个毛病，一定能消灭他。

第二，拉拢敌国君主所宠爱的人，分化敌人。一旦怀有二心，对君主的忠诚就会减弱。朝廷内没有忠臣，国家就十分危险。

第三，暗中贿赂敌国君主的左臣右相，与他们加深感情，使其身在国内而心向国外，从而使敌国遭受危害。

第四，助长敌国君主的骄奢淫乐，刺激他的享受欲望，赠他珠宝，送他美女。用自卑的言辞去讨好他，顺从他的旨意。这样，他就不会担心我方的威胁，继续寻欢作乐。

第五，对敌国的忠臣表示尊重，送给少量的礼物。对敌国使节，滞留拖延，不予会谈。极力促使敌国改派使节，同时又告诉他一些真实情况，表示对他的好感。这样，敌国君主就会不信任他而予以撤换。如能做到这些，我方就可以谋取敌国了。

第六，收买敌国内臣，离间敌国外将，使其贤才里通外国，造成其内部倾轧，这样的国家很少有不灭亡的。

第七，要想禁锢敌国君主的智谋之心，一定要厚施贿赂，收买其亲近的忠臣，暗中给他们好处，使他们轻视产业，造成国库空虚。

第八，用重金贿赂敌国君主，与他共同谋划，使他认为这样对他确实有利，是亲上加亲。这样，他就一定会被我所利用。虽拥有国家，但却被外国利用，一定会大败。

第九，用荣誉声名去尊崇敌国君主，不去为难他，给他权倾天下的感觉，服从他的意志，取得他的信任，使其妄自尊大，再恭维他有如圣贤，这样，他沾沾自喜，一定会懈怠国政。

第十，以卑微的言辞取得敌国君主的信任，赢得他的好感，答应他的要求，与他亲密得如同兄弟，然后再巧妙地控制他，一旦时机成熟，就以天意为名，将他消灭。

第十一，使敌国君主闭目塞听。做臣属的无不贪图富贵，厌恶危难。可对他们暗中表示尊崇，用重金收买其中的豪杰之士。我方本有充足储备，却故意装出困乏的假相。结纳智谋之士，共谋大计，网罗勇猛之士，激发志气。力量已很充足了，而且不断增长。将敌国豪杰、智士、勇士统统收买，形成党羽，敌国君主的耳目，就被完全堵塞了。君主闭目塞听，哪里还能保有国家呢？

第十二，扶植敌国的叛乱之臣，扰乱敌国的形势，送其美女淫乐，迷乱敌国君主的意志，送其良犬骏马，引诱他耽于游乐，疲惫不堪。经常用所谓有利的形势去迷惑他，使他昏昏噩噩。这时，再观察时机，与天下人一起来讨伐他。

以上十二种方法都使用了，就可以采取军事行动。上察天时，下观地利，又与自己的计划相验证，就可以出兵征伐了。”

听于钞，①故能闻未极；视于新，故能见未形；思于浚，②故能知未始；发于惊，③故能至无量；动于昌，④故能得其宝；立于谋，故能守不可敌也。器成教守，则不远道里；号审教施，则不险山河；抟一纯固，⑤则独行而无敌；慎号审章，则其攻不待权与。⑥明必胜则慈者用，器无方则愚者智，攻不守则拙者巧，数也。⑦

《管子·幼官》

注：①钞：当做"眇"，细微。②浚：深。③惊：同"警"，机警。④昌：当作"早"。⑤抟：同"专"。⑥权与：同盟者。⑦数：规律。

译：注意倾听细微之声，就能察觉事情的苗头；注意察看新情况，就能看出尚未显露的问题；深入思考，就能预知尚未开端的事变；保持机警，就能使敌人无法预测我方的行动；及早行动，就能占据有利的形势；精心谋划，就能牢固地防守。配备武器，服从命令，就不怕路途遥远；号令精确，措施得力，就不怕山川险阻；行动统一，意志坚定，就能所向披靡，天下无敌；旗帜鲜明，纪律严明，就能攻城掠地而不须盟国的援助。掌握了必胜的条件，仁慈的人变得勇猛；手段不拘一格，愚蠢的人也会变得聪明；攻击敌人无法固守的阵地，笨拙的人也变得灵巧。这些都是必然的规律。

夫未战而庙算胜者，①得算多也；未战而庙算不胜者，得算少也。多算胜，少算不胜，而况于无算乎？吾以此观之，胜负见矣。②

《孙子·计篇》

注：①庙算：古代用兵前在祖庙内讨论作战计划。②见：预见。

译：作战之前，在祖庙举行的会议上预计可以取胜的，是因为有利条件多；预计不可以取胜的，是因为有利条件少。有利条件多则胜，有利条件少则不胜，何况毫无有利条件呢？我从这些方面来考察，就可以预见战争的胜负了。

孙子曰：昔之善战者，先为不可胜，①以待敌之可胜。②不可胜在己，可胜在敌。故善战者，能为不可胜，不能使敌之可胜。故曰：胜可知，而不可为。

《孙子·形篇》

注：①不可胜：不可能被敌人战胜。②可胜：可以被我所战胜。

译：孙子说：从前善于作战的人，总是先弥补自己的弱点，使敌无懈可击，从而立于不败之地，以此来等待敌人犯错误，抓住机会，战而胜之。弥补自己的弱点使敌无法胜我，这方面的主动权在我手中，至于敌人是否犯错误而为我所利用，这方面的主动权在敌人方面。所以善于作战的人，能够使自己立于不败之地，却不能使敌人肯定犯错误而被我战胜。所以说：胜利的机会可以预知，但不可强求。

凡用兵，胜有三等：①若兵未起则错法，②错法而俗成，俗成而用具。此三者必行于境内，而后兵可出也。行三者有二势：一曰辅法而法行，二曰举必得而法立。③故恃其众者谓之葺，④恃其备饰者谓之巧，恃誉目者谓之诈。⑤此三者恃一，因其兵可擒也。故曰：强者必刚斗其意，斗则力尽，力尽则备，是故无敌于海内。

《商君书·立本》

注：①等：次序，步骤。②错：同“措”。③得：得当，适宜。④葺：音“气”，用茅草盖房。⑤誉目：好名声。

译： 用兵作战，取胜有三个步骤：发兵之前要建立法律制度；通过法制形成重视战争的社会风气；在重战的风气下，作好战争的准备。这三个步骤在国内完成后，才可以出兵敌境。实行这三个步骤要有两个条件：一是支持法制，使法制得以实行；二是执法要得当，法制才能确立。所以，仅仅依仗人多的，好比用茅草盖房，大而不坚；仅仅依仗外观好看的，是投机取巧；仅仅依仗虚假的好名声的，是欺诈蒙骗。这三条中只要有一条，抓住它的毛病就可俘虏它的士兵。所以说：强大的军队一定要使士兵斗志顽强，斗志顽强才能充分发挥战斗力，充分发挥战斗力，就能万事具备，天下无敌。

庙战者帝，①神化者王。②庙战者法天道，神化者明四时。修政于境内，而远方怀德；制胜于未战，而诸侯宾服也。古之得道者，静而法天地，动而顺日月，喜怒合四时，号令比雷霆。音气不戾八风，③诎申不违五度。④因民之欲，⑤乘民之力，为之去残除害。夫同利者相死，同情者相成，同行者相助。……故善用兵者，用其自为用；不能用兵者，用其为己用。用其自为用，天下莫不可用；用其为己用，无一人之可用也。

《文子·自然》

注： ①庙战：在朝廷谋划作战方略。②神化：用仁德来感化。③戾：音："丽"，违背。④诎申：屈申。⑤因：顺应。

译： 在朝廷谋划作战方略的，可以称帝，用仁德来感化民众的，可以称王。制定作战方略，要顺应自然规律；仁德感化民众，要明察四季变化。在国内推行仁政，远方的民众就会思慕恩德；开战之前就稳操胜算，诸侯各国就会归服。古代有道德的人，静止时效法天地的规律，行动时顺应日月的运转，喜怒变化如四季更替，发号施令如风暴雷霆。声音气息不违背八面来风，进退屈伸不违反五行循环。顺从民众的愿望，借助民众的力量，为他们铲除祸害。利益相同的人以死相助，处境相同的人相互成全，行动相同的人相互支援。……所以，善于用兵的人，使士兵为自身的利益去战斗，不会用兵的人，迫使士兵为自己卖命。为了自身的利益，天下没有人不可以使用；为君主卖命，天下没有一个人会听从调遣。

老子曰：地广民众，不足以为强；甲坚兵利，不足以恃胜；城高池深，不足以为固；严刑峻罚，不足以为威。为存政者，虽小必存焉；为亡政者，虽大必亡焉。故善守者无与御，善战者无与斗。乘时势，因民欲，① 而天下服。故善为政者积其德，善用兵者畜其怒。② 德积而民可用也，怒畜而威可立也。故文之所加者深，③ 则权之所服者大；德之所施者博，则威之所制者广。广即我强而敌弱。善用兵者，先弱敌而后战，故费不半而功十倍。故千乘之国，④ 行文德者王；万乘之国，好用兵者亡。王兵先胜而后战；败兵先战而后求胜，此不明于兵道也！

《文子·下德》

注：①因：顺应。②畜：同“蓄”。③文：仁德。④千乘：千辆兵车。

译：老子说：土地广大，人口众多，还不足以为强大；铠甲坚固，武器锐利，还不足以夺取胜利；城墙高大，护城河深，还不足以为牢固；严厉的刑罚，还不足以树立威势。实行仁政的，国家虽小也必然生存；实行暴政的，国家虽大也必然灭亡。所以，善于防守的，没有人能与他对抗；善于作战的，没有人能与他搏斗。利用有利时机，顺应民众愿望，天下就会归服。因此，善于治国的人积累仁德，善于用兵的人积累愤怒。积累仁德，民众就会效命；积累愤怒，军威就可树立。所以，仁德所施的程度愈深，效力于君主的人就愈多；仁德所施的范围愈广，威势所能制服的敌人就愈多。这样就能形成我强而敌弱的态势。善于用兵的人，先削弱敌人，而后作战，这样才能收到事不过半而功收十倍的效果。所以说，千辆兵车的小国，施行仁政的必然称王；万辆兵车的大国，穷兵黩武的必然灭亡。

称王的军队胜算在握才开战；失败的军队先开战再谋求胜机，这是不懂得用兵的原则啊！

汤能以七十里放桀，武王以百里伐纣。知一不烦。①千方万曲，所杂齐同。②胜道不一，知者计全。明将不倍时而弃利，③勇士不怯死而灭名。欲逾至德之美者，其虑不与俗同；欲验九天之高者，行不径请。④是以忠臣不先其身而后其君。寒心孤立，悬命将军，⑤野战则国弊民罢，⑥城守则食人灼骸。计失，其国削主困，为天下笑，持国计者可以无详乎？

《鹖冠子·世兵》

注：①一：根本原则。②杂：聚集。③倍：通“背”，背离。④径：经由。⑤悬命：冒险。将：率领。⑥罢：音“匹”，疲惫。

译：商汤能凭借七十里的国土赶走了夏桀，周武王凭借一百里的国土诛杀了商纣。掌握了基本原则，处理事务就简明而有条理。世上的事物千差万别，但趋势却基本一致。取胜的手段多种多样，聪明的人计谋周全。贤明的将帅不违背时机，放弃胜利，勇敢的战士不畏惧死亡，泯灭自己的英名。希望在品德方面达到最高境界的，他考虑问题的方式与凡人不同；希望验证上天的高远的，他的行动不须向人请教。所以忠臣不先顾及自己，然后才想到君主。在孤立无援的情况下，冒险率兵出征，野外作战就会国力衰竭，民众疲惫；守卫城池就会以人为食，以骨为柴。计谋失算，国力削弱，君主困顿，被天下人耻笑，主持国家大政的君主难道能不审慎地对待这个问题吗？

夫计谋欲密，攻敌欲疾，获若鹰击，战如河决；则兵未劳而敌自散，此用兵之势也。

《诸葛亮集·便宜十六策·治军》

译： 制定计谋要秘密，攻击敌人要迅速，抓获俘虏好像雄鹰捕鸟，对敌进攻好像江河决口；这样，士兵未感疲劳而敌人已自行溃散，这是用兵的正确方法。

夫竭三军气，夺一将心，疲万人力，断千里粮，不在武。夫行阵之势而在智士权算之中，弱兮柔兮，卷之不盈杯袖；①沉兮密兮，舒之可经寰海。②五寸之键，能制阖阚；③方寸之心，能易成败。智周万物而不殆，曲成万物而不遗，④顺天信人，察始知终，则谋何虑乎不从哉！

（唐）李荃：《太白阴经·人谋下·沉谋》

注： ①不盈杯袖：不满酒杯、袖筒，形容体积很小。②经：治理。寰海：四海之内。③键：门闩。阖阚：大门。④曲成：多方设法使有成就。

译： 衰竭敌方三军的士气，打掉敌军统帅的信心，疲劳敌军千军万马的力量，断绝敌军千里运粮的通道，都不全靠武力。行军布阵的形势，尽在智谋之士的策划之中。要说它微弱柔软，卷起来塞不满酒杯、衣袖；要说它沉重密实，展开来可以治理、经营五湖四海。五寸长的门闩，能够控制高大的门扇；方寸之心，可以改变胜败的结局。周全地考虑万事万物而不会遭遇危险，千方百计谋取成功而不留下遗患，顺应天时，取信于民，洞察战争的全过程，那么，还有什么计谋不成功呢？

夫上兵伐谋，①其次伐交，其次伐兵。伐谋者，攻敌之心，使不能谋也；伐交者，绝敌之援，使不能合也；伐兵者，合刃于力士之场，②不得已而用之也。然则善制战者，必先审於己。一得地利，二卒习服，三器用利。然后审彼之形势，不明敌人之政者不加兵，不明敌人之情者不誓约，不明敌人之将者不先军，不明敌人之士者不先阵。知彼知此，则始定计于内，出兵于境。

（宋）曾公亮等：《武经总要·前集·叙战》

注：①上兵：高明的军事策略。②合刃：兵锋相交。

译：高明的军事策略是与敌方斗智，其次是在外交上孤立敌方，最后才是诉诸武力，解决战斗。斗智，就是对敌方开展攻心战，使其自乱方寸；孤立敌方，就是断绝他的外援，使其不能与我作战；诉诸武力，就是短兵相接，战场解决问题，这是迫不得已才采用的办法。然而善于制定战略者，必然首先审查自己的力量，一看是否占有地利，二看士卒是否训练有素，三看武器是否锐利。然后分析敌方的形势，不清楚敌方政治之时不发兵，不清楚敌方军情之时不誓师，不了解敌方将领之时不抢先进攻，不了解敌方士卒之时不先敌列阵。知此知彼，这才开始制订计划，出境攻击。

凡用兵之道，以计为首。未战之时，先料将之贤愚，敌之强弱，兵之众寡，地之险易，粮之虚实。计料已审，①然后出兵，无有不胜。法曰：料敌制胜，险阨远近，上将之道。

（明）刘基：《百战奇略·计战》

注：①审：详细，周密。

译：作战的原则，要把谋划放在首位。开战之前，先要分析敌军将领的智能高下，战斗力强弱，人数多少，地形险易，粮草充足与否。分析详细、周密，然后出兵，没有不打胜仗的。所以，《孙子兵法》说：分析敌情，制定计划，研究地形地势，是高明将领的用兵之道。

4. 因机而立胜

夫以愚克智，逆也；以智克愚，顺也。以智克智，机也。①其道有三，一曰事，二曰势，三曰情。事机作而不能应，[②]非智也；势机动而不能制，非贤也；情机发而不能行，非勇也。善将者，必因机而立胜。[③]

《诸葛亮集·将苑·机形》

注：①机：时机，关键。②应：反应。③因机：顺应机会，抓住机会。

译：以愚蠢战胜智慧，是违反常理的；以智慧战胜愚蠢，是符合常理的。以智慧战胜智慧，必须抓住机会，把握关键。其规律有三：一是事机，二是势机，三是情机。事机已启动而不能作出及时反应，是不智慧的；势机已运转而不能有效控制，是不贤明的；情机已发生而不能立即行动，是不勇敢的。善于带兵者，必定抓住机会而迅速夺取胜利。

武王问太公曰："予欲立功，[①]有三疑：恐力不能攻强、离亲、散众，为之奈何？"

太公曰："因之，[②]慎谋，用财。夫攻强，必养之使强，益之使张。[③]太强必折，太张必缺。攻强以强，离亲以亲，散众以众。"

《六韬·武韬·三疑》

注：①予：我。②因之：因势利导。③张：嚣张。

译：周武王问姜太公："我想破敌立功，但有三条疑虑：担心我方力量不能击败强大的敌人，不能离间敌国的君臣将帅，不能瓦解敌方的军队，这该怎么办？"

太公回答："因势利导，谨慎谋划，不吝惜钱财。攻击强敌，一定要助长它的骄横，使它更加狂妄嚣张。过于强大必然折损，过于嚣张必然衰败。所以，攻击强敌，必先助长它的强暴，离间敌人，必先收买它的亲信；瓦解敌军，必先赢得敌国民众的支持。"

夫权者,①神圣之所资也。独明者,天下之利器也;独断者,微密之营垒也。……圣人能辅时,不能违时。知者善谋,不如当时。②精时者,日少而功多。夫谋无主则困,事无备则废。是以圣王务具其备,而慎守其战。以备待时,以时兴事,时至而举兵。绝坚而攻固,③破大而制地,大本而小标,地近而攻远。以大牵小,以强使弱,以众致寡;德利百姓,威振天下;令行诸侯而不拂,④近无不服,远无不听。夫明王为天下正,理也。

《管子·霸言》

注:①权:权谋。②当时:正当其时。③绝坚:攻破坚固的防线。④拂:违反。

译:权谋,是神圣的君主所凭借的东西。独到的见解,是天下最锐利的武器;独到的判断,是一座奥妙的营垒。……圣人能够顺应时机,而不错过时机。智者善于谋划,但不如正确地把握时机。精于把握时机,费时少而成效大。谋事没有主见,就会陷入困境;做事没有准备,就会最终失败。所以,圣明的君主务求作好准备,而谨慎地等待时机的到来。作好准备,等待时机;时机一到,发动进攻。突破敌人坚固的防线,占领敌国的土地,实力雄厚,强干弱枝,联合近邻去进攻远方的敌国。以大国牵制小国,以强国役使弱国,以大众招来少数百姓;恩德施于百姓,威振天下;命令一出,各国诸侯谁也不敢违抗,近的无不服从,远的无不听命。圣明的君主统一天下,是理所当然的。

古之善用兵者,能使敌人前后不相及,①众寡不相恃,②贵贱不相救,上下不相收,③卒离而不集,兵合而不齐。合于利而动,不合于利而止。敢问:"敌众整而将来,待之若何?"曰:"先夺其所爱,则听矣。"兵之情主速,乘人之不及,由不虞之道,④攻其所不戒也。

《孙子·九地篇》

注：①相及：相互联系。②相恃：相互依靠。③相收：相互保护。④不虞：没有预料。

译：古代善于用兵的人，能使敌人前后不能互相联系，大小部队不能互相依靠，官兵不能互相救援，上下级不能互相保护，队伍溃散无法集中，集中了也不能统一行动。有利之时就行动，无利之时就停止。请问："敌军人多势众，队列严整，将要向我进攻，该如何对付？"回答是："先夺取其要害，敌军就会听从摆布了。"兵贵神速，要乘敌人措手不及之时，从他预料不到的途径，进攻他没有防备的阵地。

凡挟义而战者，贵从我起；争私结怨，应不得已。怨结虽起，待之贵后。故争必当待之，息必当备之。兵有胜于朝廷，有胜于原野，有胜于市井。斗则得，服则失，幸以不败，①此不意彼惊惧而曲胜之也。②曲胜，言非全也。非全胜者无权名。故明主战攻日，合鼓合角，③节以兵刃，不求胜而胜也。兵有去备撤威而胜者，以其有法故也，有器用之早定也，其应敌也周，其总率也极。④故五人而伍，十人而什，百人而卒，千人而率，万人而将，已周已极。其朝死则朝代，暮死则暮代。权敌审将，而后举兵。

《尉缭子·攻权》

注：①幸：侥幸。②曲胜：局部的胜利。③角：号角。④总率：统率部队。极：高水平。

译：凡正义的战争，最好由我发动；争私结怨之战，只是不得已才进行。为积怨而战，最好是后发制人。所以，作战要等待时机，战争结束后仍要加强戒备。军事上的胜利，有的取决于朝廷的谋划，有的取决于原野上的搏斗，有的取决于城市的攻取。勇猛战斗就胜利，畏惧屈服就失败。即使侥幸不败，也是由于敌方意外地自相惊扰而得到局部的胜利。局部的胜利，就是说不是全胜。不获全胜，将帅就没有权威声名。所以，明智的将帅发动进攻之日，以整齐的号令统一全军的行动，虽不强求胜利，而可自然获胜。作战有时故显松懈也可得胜，这是因为战法得当，准备充分，计划周全，指挥灵活。部队编制，五人设一伍长，十人设一什长，百人设一卒长，千人设一率长，万人设一将军，这样才组织严密。将领早上战死，早上就有人代理；晚上战死，晚上就有人代理。分析敌情，选拔将领，然后才发动进攻。

兵法曰：千人而成权，①万人而成武。权先加于人，敌不力交；武先加于人，敌无威接，故兵贵先。胜于此，则胜彼矣；弗胜于此，则弗胜彼矣。

凡我往则彼来，彼来则我往，相为胜败，此战之理然也。夫精诚在乎神明，战权在乎道之所极。有者无之，无者有之，安所信之？……故知道者，必先图不知止之败，②恶在乎必往有功？轻进而求战，敌复图止，我往而敌制胜矣。

《尉缭子·战权》

注：①成权：以权谋而获得成功。②止：适可而止。

译：兵法说：兵力少就应以权谋取胜，兵力多就应以武力取胜。抢在敌人之先运用权谋，敌人有力量也无法抵御；抢在敌人之先运用武力，敌人有威风也无法施展。所以，用兵贵在先发制人。在这一点上占据优势，就可以战胜敌人；在这一点上不占优势，就无法战胜敌人。

我军进攻，敌人反击，敌人进攻，我军反击，双方互有胜败，这是战争的规律。精明的将领就应出神入化，灵活机动是最高的法则。有则显示无，无则显示有，敌人怎能摸清我军的真实意图呢？……所以，懂得战争规律的人，一定要事先预防不知适可而止而造成的失败，何必一定要急于求成呢？我军轻敌冒进，敌军却知道适可而止，结果必然是我军进攻，敌军获胜。

威在于不变，惠在于因时，[①]机在于应事，战在于治气，[②]攻在于意表，[③]守在于外饰，无过在于度数，[④]无困在于豫备，慎在于畏小，智在于治大，除害在于敢断，得众在于下人。[⑤]

《尉缭子·十二陵》

注：①惠：给人恩惠。②治气：激励士气。③意表：出人意料。④度数：计划周全。⑤下人：礼贤下士。

译：树立权威在不轻易改变决定，给人恩惠在于选择适当的时机，机谋在于因事制宜，作战在于激励士气，进攻在于出乎敌人的意料，防守在于给敌人以假象，不犯错误在于计划周全，不陷入困境在于先作准备，谨慎在于防微杜渐，智慧在于统筹全局，清除祸害在于敢下决断，得到拥戴在于礼贤下士。

凡兵，贵其因也。[①]因也者，因敌之险以为己固，因敌之谋以为己事。能审因而加胜，则不可穷矣。[②]胜不可穷之谓神，神则能不可胜也。

夫兵，贵不可胜。不可胜在己，可胜在彼。圣人必在己者，不必在彼者，故执不可胜之术以遇不胜之敌，[③]若此则兵无失矣。凡兵之胜，敌之失也。胜失之兵，必隐必微，必积必抟。[④]隐则胜阐矣，[⑤]微则胜显矣，积则胜散矣，抟则胜离矣。诸搏攫柢噬之兽，[⑥]其用齿角爪牙也，必托于卑微隐蔽，此所以成胜。

《吕氏春秋·决胜》

注：①因：根据实际情况，采取相应对策。②穷：陷入困境。③不胜：此处当作“可胜”。④抟：通“专”，专一，统一。⑤阐：明白。⑥柢：用角抵触。噬：撕咬。

译：用兵作战，可贵的是因时、因势而制宜。因时因势，就是根据敌方的险阻来加强自己的防卫，根据敌方的计谋来制定自己的作战方针。能够因时因势而制宜，并付诸实战，取得胜利，这样就不会陷入困境。胜利而不陷入困境叫作用兵如神，而用兵如神者是不可被战胜的。

用兵作战，贵在不可被战胜。不可被战胜的根据在自己方面，而敌人可被我战胜的根据在敌人方面。圣人用兵，一定要讲究加强自己方面不可被战胜的条件，而不一定去讲究如何抓住敌人方面可被战胜的机会。所以，用不可被战胜的方法去对付可以战胜的敌人，像这样用兵就不会失败了。凡作战获胜，都是由于敌方的失误。要战胜失误的敌军，一定要隐蔽、机密，一定要集中力量，统一意志。隐蔽，就能战胜敌军的公开；机密，就能战胜敌军的显露；集中力量，就能战胜敌军的涣散；统一意志，就能战胜敌军的离心离德。各种搏杀、攫取、抵撞、撕咬小动物的凶禽猛兽，在使用它们的牙齿、犄角和爪子的时候，总要收缩身体，隐蔽起来，伺机攻击，这是取得胜利的原因。

敌动伺之，敌近备之，敌强下之，①敌佚去之，②敌陵侍之，③敌暴绥之，④敌悖义之，⑤敌睦携之，⑥顺举挫之，因势破之，放言过之，⑦四网罗之。

《黄石公三略·上略》

注：①下：故作示弱姿态。②佚：以逸待劳。③陵：侵陵。④绥：安抚。⑤悖：音“被”，背逆无道。⑥携：离异，有二心。⑦过：过错。

译：敌人行动时要掌握其动向，敌人接近时要加强防备，敌人强盛时要故意示弱以使其松懈斗志，敌人以逸待劳时要避开它，敌人来侵犯要坚决抵抗，敌人暴虐时我更应安抚百姓以争取民心，敌人背逆无道时应予以正义声讨，敌人团结时要分化离间，顺应情况以挫败敌人的进攻，根据形势制订破敌之策，制造假情报诱使敌人犯错误，然后四面包围，一举全歼。

夫未见利而战，虽众必败；见利而战，虽寡必胜。利者，彼之所短，我之所长也。见利而起，无利则止，见利乘时，帝王之资。故曰：时之至，间不容息，①先之则太过，后之则不及。见利不失，遭时不疑；失利后时，反受其害。疾雷不及掩耳，卒电不及瞑目，②赴之若惊，用之若狂，此因利之战人也。

（唐）李荃：《太白阴经·人谋下·作战》

注：①间不容息：一下都不能耽误。②卒电：突然闪电。瞑目：闭上眼睛。

译：没有发现有利战机而战，人再多也必然失败；发现有利战机而战，人虽少也必然胜利。有利战机，是敌人的短处，我军的长处。抓住战机发起进攻，没有战机停止行动，见机而行，乘时而动，是帝王成就霸业的凭借。所以说：时机已到，一分一秒都不能耽误。早于时机是操之过急，迟于时机就悔之晚矣。紧紧抓住有利时机不放，毫不迟疑地发起攻击；错过时机，行动迟缓，反受其害。迅雷不及掩耳，闪电不及闭眼，冲锋如惊雷，攻击如狂飚，这就是抓住战机的军队。

《易》曰：见机而作，不俟终日。①故用兵之术，知变为大。军虽气锐时胜而行列散溃，旌旗紊乱，金鼓不节，②击之可也。或曰：彼得天时，讵可破乎？③许洞曰：④天之所祐，正也。怙天时而戾军政，⑤与天违也。天人相违，不凶何俟。⑥故兵利以顺应顺也，顺而逆应之，必凶之兆也。或曰：军乘天时，诗有地利，将吏骄怠，谋画不精，军阵散乱，如之何？洞曰：可击也。曰：彼获天地之利，如何击之？曰：人者天地之心也，苟心不正，⑦虽有其表，将焉用乎？或曰：军违天时，逆地利，大将深谋沉毅，部伍清肃，进退有节，如之何？许洞曰：未可击也。曰：不获天地之利，奚谓未可击乎？⑧曰：正则可以率天地之用，草寇可为王矣。或曰：彼如是也，我之动将如之何？许洞曰：先以人，次以地，次以天，然后攻之，必克敌也。曰：先后如之何？曰：利为主。何谓主？曰：动为客，静为主，观敌之动何如，乃应之。先胜而后举，神明之道也。

（宋）许洞：《虎钤经·三才应变》

注：①俟：音“四”，等待。②金：锣。不节：混乱不合节拍。③讵：音“巨”，岂，怎么。④许洞：北宋江苏吴县人，自幼习武，撰兵书《虎钤经》。⑤怙：音“户”，依仗。戾：违反，违背。⑥凶：即“凶”。⑦苟：如果。⑧奚：为什么。

译：《易》说：见机而行，不要终日等待。所以用兵之术，知晓变化为最重要。敌军虽然士气高涨，占有天时之利，但是队列散漫，旌旗紊乱，锣鼓不合节拍，这时可以对其发动进攻。有人会说：敌人占有天时之利，岂可进攻？许洞说：天所保祐的，是正当的行为。依仗天时而违反军政的基本要求，这是违反天意的。天人相违，肯定是凶兆，我军不进攻，还等什么呢？所以军事上应当以顺应顺，顺而逆应之，肯定是凶险的征兆。有人又问：敌军既占天时，又有地利，但将领骄傲懈怠，谋略粗疏，阵营散乱，这时该怎么办？许洞说：可以对其发动进攻。又问：敌方已获天地之利，怎么还可进攻呢？回答：人是天地之心，假若心不正，虽有天地的外表，又有什么用呢？有人再问：敌军违背天时，不占地利，但统帅深谋远虑，沉着果敢，队伍整肃，进退有节，这时该怎么办？许洞说：不可对其进攻。问：敌人不获天地之利，为什么不可进攻？回答：行为正当就可以得到天地的帮助，草寇也可以称王。有人问：敌方是这种情况，我军该如何行动呢？许洞说：首先考虑人的因素，其次考虑地的因素，最后考虑天的因素，然后发起进攻，一定可以战胜敌人。问：怎样理解先后关系？答：以利为主。问：什么是主？答：动为客，静为主。先静观敌人如何动作，然后作出相应的部署。先制定取胜的策略，后采取行动，这是克敌制胜的法宝。

盖机之为物，不可以期待，不能以巧致者也。① 卒然而会，[2]迅而眇微，[3]及其去之，疾不容瞬。先机而起，于机为妄赴；后机而发，于机为失应。是以御天下之事于一己而权不移，[4]制天下之变于无穷而智不诎。[5]夫机有待之百年而不至者，有居之一日而数至者。待之百年而无可乘之机，则吾未尝迟之而求于先发；居之一日而机数至，则吾未尝厌之而怠于必应。呜呼，人能如此，然后可与济天下之大业矣。[6]

（宋）何去非：《何博士备论·宋武帝论》

注：①致：达到、取得。②卒然：突然。③眇：高远。微：微小。④御：控制。权：机动灵活。⑤诎：音“区”，短缺。⑥济：成就。

译：机会这个东西，不可能指望它什么时候到来，也不能以灵巧来取得。机会总是突然降临，又迅速远去，由来到去，只是一眨眼之间。先于机会而发动，是白白的忙活；后于机会而发动，是错失良机。所以说，一身控制天下之事而不失机动灵活，才能把握天下无穷的变化而不感智慧短缺。机会有等待百年而不来的，也有一天之中几次到来的。等待百年而无可乘之机，那么我就不曾感到迟缓而急于抢先行动；一天之内机会几次降临，那么我也不会厌烦而懒得去见机而行。啊，人能如此，然后才可以成就天下的大业！

事物之理，可以情通，而不可以迹系。[1]通之以情，则有以适变而应乎圣人所与之权；[2]系之以迹，是无以制宜而入乎圣人所疾之固。[3]是以天下事攻之成，常出于权，而其不济，[4]常主于固。

（宋）何去非：《何博士备论·邓艾论》

注：①迹：具体事实。系：拘泥于。②权：灵活。与：赞许。③疾：厌恶。固：呆板。④济：成功。

译：万事万物的道理，均可以情相通，而不可拘泥于具体的细节是否一致。以情相通，就具有应变能力而符合圣人所赞许的灵活机动；拘泥于细节，就没有因时因地制宜的办法而陷入圣人所厌恶的僵化呆板。所以，天下战争的胜利，往往是由于机动灵活，随机应变；而战争的失败，常常是由于僵化呆板，不知变通。

凡兵家之法，要在应变，好在知兵，举动必先料敌，敌无变动，则待之；乘其有变，随而应之，乃利。法曰：能因敌变化而取胜者，谓之神。

（明）刘基：《百战奇略·变战》

译：凡作战的法则，重要的是知此知彼，随机应变。行动之前，一定要先分析敌人的动态，敌情没有变化，就等待战机；如果有所变化，就应随之采取相应布署，这样才能对己有利。所以，兵法说：能够因敌变化而变化，取得胜利的，称得上是用兵如神。

得机略者，不逼人之穷，①不攻人之锐，不启人之未及。②必因其盛而致之弛，击其虚而待其疲，取其无备而疾袭其迟。是以用兵之术，惟因字最妙。③或因敌之险以为己固，或因敌之谋以为己计，或因其因而复变用其因，或审其因而急乘其所因。则用因而致胜者，不可言穷矣。敌虽有智，吾必知其不能逃我之所因也。

（明）何良臣：《阵纪·因势》

注：①穷：穷困之境，走投无路。②未及：未曾想到。③因：根据，依照。

译：掌握了谋划策略的人，不将敌人逼到走投无路的境地，不攻击敌人的精锐部队，不启发敌人去考虑本未考虑的情况。一定要利用敌人的强盛而导致其麻痹松懈，攻击敌人虚弱之处而等待其疲惫不堪，乘敌人没有防备而迅速出击使其措手不及。所以，用兵之术，最高妙的就是因人、因地、因事而制宜。或者鹊巢鸠据，夺敌堡垒以为己用，或者将计就计，使敌弄巧成拙，或者根据敌人的谋划思路而制定自已更高明的破敌之策，或者审察敌人的作战依据而快速行动，钻敌人的空子。这么说来，因事制宜，夺取胜利的办法，真是不计其数啊！敌人虽然聪明，我料定他绝不能逃出我的手心。

兵者，机事也。机不深藏使士卒得窥其际，①敌人闻之而预备矣。故兵之所加，②兵不先知，且示安暇，③侦敌无备，然后速进，此进师之秘也。

（明）无名氏：《草庐经略》卷4《尚秘》

注：①际：里边。②加：施加。③暇：空闲。

译：用兵作战是机密的事情。机密没有深深地隐藏而被士卒知道了内容，敌人得知后就会预先作好防备。所以，部队的行动，不可让士卒事先知道，而且，还应向他们表示安闲无事。侦察到敌人没有防备时，再迅速出兵，这就是进攻的秘诀。

凡兵定有一势，惟因其势而利导之者为得算。盖敌势万变不齐，善战者惟随势以应，而我无定局，是谓胜于易胜也。敌欺我则骄之，敌畏我则恐之。敌勇而愚则诱之，敌轻而躁则劳之，敌过盛而葸则疑之，①敌上下猜嫌则间之②，敌好袭人则佯为无备，敌好侵掠则委利以饵，敌务于进则设伏以致之，敌志在退则开险以击之。凡如此例，难容悉数，皆因敌情以导之耳。敌既入我阱中，乘势出奇，选锋突击，覆之犹反手耳。

《草庐经略》卷4《因势》

注：①葸：音“洗”，胆怯。②间：挑拨离间。

译：凡是军队，必定居于某种态势，只有因其势而利导者，才能稳握胜算。敌军态势千变万化，善于作战者只有随其变化而变化，作出相应决策，而我军并不恪守一定之规，这才是最简易的取胜之道。敌人欺负我，我就使他骄傲，敌人害怕我，我就使他更畏惧。敌人胆大而愚蠢，就引诱他；敌人轻率而浮躁，就使他更疲劳；敌人畏缩不前，就进一步地迷惑他；敌人上下相互猜疑，就挑拨离间；敌人喜好偷袭，我就装作没有防备；敌人喜好抢掠，我就抛弃战利品作为诱饵；敌人一心进攻，我就设伏兵等候他，敌人决定撤退，我就离开据守的阵地攻击他。凡此种种，难以一一列举，都是因敌情而利导之。敌人既已落入我军陷阱，我出奇兵，选良将，狠狠打击，歼灭敌人就好像翻翻手掌那么简单。

兵者，机以行之者也。攻其无备，出其不意，批亢捣虚①能使敌人前后不相及，众寡不相持，贵贱不相救，上下不相收者，②非迅速不可。故微乎微乎，至于无形；神乎神乎，至于无声。若从天降，若从地出，若飞电闪烁，令人仓皇四顾，不可方物。③大要料敌欲审，见机欲决，原非履险蹈危，倖功于万一者也。④倘虚实有未知，地利有未熟，敌情有未谙，⑤我势有未审，徒慕迅雷不及掩耳之名，而以我之轻易，当敌之有备，用率孤军，深入重地，欲进不能，欲退不敢；攻城不得，掳掠无获，粮道既绝，救援不通，虽韩、白不能善其后。⑥亦有先缓而后速者，缓者令其弛备，速者乘彼不虞。⑦彼既弛备，而不虞我之至，则往无不克，发无不中也。

《草庐经略》卷4《迅速》

注：①亢：咽喉，喻要害。②收：聚集。③方物：辨别名分。④悻功：侥幸取得成功。⑤谙：音“安”，熟悉。⑥韩：韩信，西汉名将。白：白起，战国时秦国名将。⑦虞：预料。

译： 用兵作战，应该见机而行。攻其不备，出其不意，乘虚而进，打击要害，使敌人前后不相联系，众寡不相支援，贵贱不相救助，上下不相聚集，非迅速不可。所以，无影无踪，真是微妙啊！无声无息，真是神奇啊！好像从天而降，好像从地下冒出，好像电光闪烁，令敌人仓皇四散，辨不清东南西北。关键是分析敌情要审慎，发现战机要果断，绝不能冒险而行，侥幸成功。假如力量对比不明，地形不熟，敌情不清，准备不足，仅仅羡慕迅雷不及掩耳的名声，而以我军的轻率行动，去对付有准备的敌人，率领孤军，深入敌后，欲进不能，欲退不敢，攻城不得，俘虏无获，粮草断绝，救援不通，到那时，虽然有韩信、白起那样的才华，也无力回天了。也有先缓慢而后迅速的，缓慢行动，令敌松懈戒备，迅速攻击，出敌不意。敌军既已戒备松懈，没有预料到我军的突然打击，那么我军就会攻无不克、战无不胜了。

事不可以径成者必以巧，①况行师乎？②善破敌之所长，使敌攻守失恃，逃散不能，是谓因制之巧；示弱使忽，交纳使慢，习处使安，屡常使玩，③时出使耗，虚警使防，挑骂使怒，是谓愚侮之巧；所设法，非古有法，可一不可再，独造而独智，是谓臆空之巧；一径一折，忽深忽浅，使敌迷而受制，是谓曲入之巧；以活行危而不危，翻安为危而复安，舍生趋死，向死得生以成事，是谓反出之巧。

（清）揭暄：《兵经百篇·智篇·巧》

注： ①径成：径直取得成功。②行师：作战之事。③玩：习以为常，掉以轻心。

译： 大凡事情不可以直接取得成功的，都必须使用巧计，更何况作战之事呢？善于破除敌人的长处，使敌军攻守失去依靠，又无法逃命求生，这叫做因人制宜之巧；假装暴露自己的弱点使敌人疏忽大意，行使贿赂，拉拢关系，使敌人懈怠，长期平静相处使敌人麻痹，掉以轻心，时常出击，消耗其力量，制造虚假警报，使其紧张，挑衅辱骂，使其发怒，这些叫做欺愚侮弱之巧；设计的战法，非古已有之，只可使用一次，属于独特创造，这叫做独出心裁之巧；一直一曲，忽深忽浅，使敌人迷惑不解，从而受制于我，这叫做曲径通幽之巧；以灵活的战法履险如夷，转危为安，舍生赴死，置之死地而后生，最终赢得胜利，这叫做活用兵书之巧。

势之维系处为机，①事之转变处为机，物之紧切处为机，时之凑合处为机。有目前即是机，转瞬即非机者；有乘之即为机，失之即无机者。谋之宜深，藏之宜密。定于识，利于决。②

（清）揭暄：《兵经百篇·智篇·机》

注：①机：关键时刻。②决：决断。

译：形势维系之处是关键时机，事件转变之处是关键时机，物体紧切之处是关键时机，时间聚合之处是关键时机。有目前是关键时机，转瞬而逝就不是的；有抓住它就是关键时机，而放过它就不是的。谋划应仔细思考，秘密应严格保守。既定的方针，应果断地实施。

兵有先天，①有先机，②有先手，③有先声。④师之所动而使敌谋沮抑，能先声也；居人已之所并争，而每早占一筹，⑤能先手也；不倚薄击决利，而预布其胜谋，能先机也；于无争止争，以不战阻战，当未然而浸消之，是云先天。先为最，先天之用尤为最，能用先者，能运全经矣。

（清）揭暄：《兵经百篇·智篇·先》

注：①先天：先于天时而行动。②先机：先于战时而制定谋胜之策。③先手：率先行动，争得战争主动权。④先声：用兵之先，大张声威。⑤筹：计谋。

译：军事争斗讲究先天、先机、先手、先声。部队一开始行动，便使敌军士气沮丧，就可先声夺人；夺取敌军已占之地，而能先敌决策，就可先下手为强；不依赖脆弱的攻击夺取胜利，而在行动之前精密筹划战术，就可先机而胜；以不争来制止争夺，以不战来阻止战斗，当战争爆发之前，就设法化解矛盾，避免流血，这就叫做先天而动。军事斗争以争先为最重要，其中又以争取先天而动尤为重要。能事事、处处争先者，可以掌握军事艺术的全部奥妙。

敌之害大，就势取利；刚决柔也。①

《三十六计·趁火打劫》

注：①决：攻克，制服。

译：敌军出现严重危机之时，趁机进攻。这是以刚克柔的方法。

兵之未起，其说甚长，不必详也。已起矣，贵进取，贵疾速。进取则势张，疾速则机得。呼吸间耳，①成败判焉。此不可不知所向也。而所向又以敌之强弱为准。敌弱或可直冲其腹，敌强断宜旁翦其支，②此定理也。

（清）王余佑：《乾坤大略》卷一

注：①呼吸间耳：一呼一吸之间，形容时间极短。②翦：削除。

译：军队未行动之时，应该考虑的事务很多，不必详细讨论。一旦行动开始，就应该积极进取，快速前进。进取才能扩张声势，快速才能抓住战机。战争胜负的决定。常常就在一呼一吸的瞬息之间。因此，不可不明白攻击的方向；而攻击的方向又以敌军力量的强弱而定。敌军力量弱，可直接冲击其腹心阵地；敌军力量强，则应当首先削除其旁支，这是攻击的定理。

曾国藩语：凡出队，有宜速者，有宜迟者。宜速者，我去寻敌，先发制人也；宜迟者，敌来寻我，以主待客也。主气常静，客气常动。客气先盛而后衰，主气先微而后壮。故善用兵者，每喜为主，不喜作客。

（近现代）蔡锷：《曾胡治兵语录·战守》

译：曾国藩说：凡是出动军队，有时适宜于快速，有时则适宜于迟缓。适宜于快速，是我去攻击敌人，应争取先发制人；适宜于迟缓，是敌人前来攻我，我应以主待客。为主的一方，气常静，而为客的一方，气常动。客气往往先强盛而后衰弱，而主气却常常先微弱而后壮大。所以，善于用兵者，总是喜欢居主之位，而不喜欢居客之位。

5. 兵者，诡道也

兵者，诡道也。①故能而示之不能，用而示之不用，②近而示之远，远而示之近。利而诱之，乱而取之，实而备之，强而避之，怒而挠之，卑而骄之，佚而劳之，③亲而离之。攻其不备，出其不意。此兵家之胜，④不可先传也。

《孙子·计篇》

注：①诡：奇异诡谲，变幻莫测。②示：假装。③佚：安逸。④胜：奥妙。

译：用兵作战，是奇异诡谲的行动。所以，能打却假装不能打，出兵却假装不出兵，要攻击近处却假装要攻击远处，要攻击远处却假装要攻击近处，用小利去引诱敌人，迫使敌人混乱而后攻取它，敌人力量充实就要防备它，敌人力量强大就要避开它，敌人暴怒就故意刺激它，故意摆出卑微的姿态使敌人骄傲麻痹，敌人安逸要使它疲劳，敌人团结要从中挑拨离间。攻其不备，出其不意。这是军事家取胜的奥妙所在，只能随机应变，不可预先定死。

将欲歙之，① 必固张之。② 将欲弱之，必固强之。将欲废之，必固与之。将欲夺之，必固予之。是谓微明，③ 柔弱胜刚强。鱼不可脱于渊，国之利器不可以示人。④

《老子·三十六章》

注：①歙：音“西”，收敛，缩小。②张：扩张。③微明：微妙而又明显。④国之利器：治理国家、控制臣属、对付敌人的手段。

译：想要缩小它，必先扩张它。想要削弱它。必先增强它。想要废除它，必先兴起它。想要夺取它，必先给予它。这就是微妙而又明显的道理，柔弱胜过刚强。鱼不可脱离深潭，治理国家、控制臣属、对付敌人的手段，不能显示于人。

凡战者，以正合，① 以奇胜。故善出奇者，无穷如天地，不竭如江河。终而复始，日月是也。死而复生。四时是也。声不过五，五声之变，不可胜听也。色不过五，五色之变，不可胜观也。味不过五，五味之变，不可胜尝也。战势不过奇正，奇正之变，不可胜穷也。奇正相生，如循环之无端，孰能穷之？②

《孙子·势篇》

注：①合：两军交战。②孰：谁。

译：凡用兵作战，总是以正兵迎敌，以奇兵取胜。所以，善于出奇制胜的将帅，战法就像天地那样变化无穷，像江河那样奔流不歇。终而复始，像日月运转；死而复生，像四季更替。音阶不过五级，但谱成的乐曲听不胜听；颜色不过五种，但变化的色彩看不胜看；味道不过五样，但调出的佳肴尝不胜尝。作战的基本形式不过奇、正两种，但奇与正的转换变化却无穷无尽。奇正相互转化，就像圆环一样，无始无终，谁能穷尽它呢？

出其所不趋，①趋其所不意。②行千里而不劳者，行于无人之地也。攻而必取者，攻其所不守也。守而必固者，守其所不攻也。故善攻者，敌不知其所守；善守者，敌不知其所攻。

《孙子·虚实篇》

注：①不趋：来不及救援。②趋：快速开进。

译：攻击敌人来不及救援的阵地，快速进据敌人意料不到的地方。行军千里而不受疲劳挫折，是因为沿途无敌阻拦。进攻必然取胜，是因为攻的是敌人没有防守或不易防守的阵地。防守必然牢固，是因为守的是敌人没有进攻或不易进攻的阵地。所以，善于进攻的，敌人不知如何防守；善于防守的，敌人不知如何进攻。

夫兵形象水，水之形避高而趋下，兵之形避实而击虚。水因地而制流，兵因敌而制胜。故兵无常势，水无常形，能因敌变化而取胜者谓之神。故五行无常胜，①四时无常位，②日有短长，月有死生。

《孙子·虚实篇》

注：①五行：金、木、水、火、土，相互促成，相互制约。②四时：春、夏、秋、冬四季。

译：用兵作战的方式与水相似，水流的规律是避高而向低，作战的规律是避实而击虚。水流根据地势来决定流动的方向，作战根据敌情来决定取胜的方针。所以，作战没有固定不变的方式，就像流水没有固定不变的形态，能够根据敌情变化而取胜的，叫做用兵如神。所以金、木、水、火、土五行，没有哪一行能长盛不衰，春、夏、秋、冬四季，没有哪一季能长驻不移。正如日有短长，月有圆缺，总在运动变化之中。

故不知诸侯之谋者，不能豫交；[①]不知山林、险阻、沮泽之形者，不能行军；不用乡导者，[②]不能得地利。故兵以诈立，以利动，以分合为变者也。故其疾如风，其徐如林，侵掠如火，不动如山，难知如阴，动如雷霆，掠乡分众，廓地分利，[③]悬权而动。[④]先知迂直之计者胜，此军争之法也。

《孙子·军争篇》

注：①豫交：与之结交。②乡导：向导。③廓地：扩张领土。④悬权：权衡利弊。

译：如果不知道各国的政治意图，就不能制定正确的外交方针；不知道山林、险阻、水网沼泽等地形情况，就不能行军；不使用向导，就无法利用有利的地势。所以用兵作战要奇术多端，根据有利的原则采取行动，兵力或分散或集中，变幻莫测。行动该快时要像疾风一样迅速，该慢时要像树林一样舒缓，进攻要像熊熊烈火，守卫要像巍巍山岳，隐蔽要像阴云密布，冲击要像雷霆万钧。掳掠敌方，分配缴获，扩张领土，都要权衡利弊，然后采取行动。预先懂得以迂为直的计谋的将帅定能取胜，这就是军事争斗的法则。

夫善攻者敌不知其所守，善守者敌不知其所攻。故善攻者不以兵革，[①]善守者不以城廓。是以高城深池，不足以为固，坚甲锐兵，不足以为强。敌欲固守，攻其无备；敌欲兴阵，出其不意；我往敌来，谨设所居；我起敌止，攻其左右；量其合敌，先击其实。

《诸葛亮集·便宜十六策·治军》

注：①革：用皮革制作的甲胄。兵革合称，指军械装备。

译：善于进攻者，敌人不知道该防守何处，善于防守者，敌人不知道该进攻何处。所以，善攻者不仅仅依赖精锐武器，善守者不仅仅依赖牢固的城墙。因此，高墙深池，不足以为牢固的防线，坚甲利兵，不足以为强大的攻击力量。敌人想固守阵地，我军应攻其不备；敌人想排列阵势，我军应出其不意；敌我相互进攻，应该谨慎小心地防守营寨；我攻敌守，应该左右夹击；分析敌军的组成，先打击它的有生力量。

经曰：善用兵者，非信义不立，非阴阳不胜，非奇正不列，①非诡谲不战。谋藏于心，事见于迹。心与迹同者败，心与迹异者胜。

兵者，诡道也。能而示之不能，用而示之不用，心谋大，迹示小，心谋取，迹示与。惑其真，疑其诈，真诈不决，则强弱不分。湛然若玄元之无象，②渊然若沧海之不测。③如此，则阴阳不能算，鬼神不能知，术数不能穷，④卜筮不能占，⑤而况于将乎？夫善战者，胜败生于两阵之间，其谋也，策不足验；其胜也，形不足观。

（唐）李荃：《太白阴经·人谋下·沉谋》

注：①奇正：奇兵与正兵。②湛然：深邃饱满的样子。玄元：道。③渊然：深不可测的样子。④穷：穷尽。⑤占：预测。

译：兵书上说：善于用兵者，不讲信义不立权威，不算阴阳不握胜机，不分奇正不列阵式，不用奇谋妙计不攻击敌人。计谋深藏于内心，行动显露在外表。内心与外表相同的必然失败，内心与外表相异的必然胜利。

用兵打仗，是运用奇谋诡计的行当。有能力故意显示出没有能力，有行动故意显示出没有行动。谋划大的战役，故意显示出小打小闹的样子，谋划攻取目标，故意显示出准备撤出该地。这样，敌人对我军的真实意图迷惑不解，对我军的欺诈之术怀疑不定。真假不分，则不知战场之上力量强弱的对比。行使计谋，应当像道那样深邃饱满，无形无象，像大海那样深不可测。这样，就阴阳无法推算，鬼神无法知晓，术数无法穷尽，卜筮无法预测，更何况敌军的将领呢？善于作战者，胜败决定于两军对阵之时，他的奇谋妙计，敌人无法推验，他的胜利，从外表上也看不出来。

太宗曰："凡兵却皆谓之奇乎？"①靖曰："不然。夫兵却，旗参差而不齐，鼓大小而不应，令喧嚣而不一，此真败者也，非奇也。若旗齐鼓应，号令如一，纷纷纭纭，虽退走，非败也，必有奇也。法曰：'佯北勿追。'②又曰：'能而示之不能。'皆奇之谓也。

《唐太宗李卫公问对·卷上》

注：①却：退却。②佯北：佯装败逃。

译：唐太宗问："凡是军队撤退，都叫做奇兵吗？"李靖答："不是的。军队退却，旗帜参差不齐，鼓声高低而不应和，号令喧嚣而不统一，这是真正的溃败，不是奇兵。假如旗帜规整，鼓声应和，号令统一，行动有序，虽然后退，并不是溃败，其中必定有奇计安排。兵法说：'敌军假装败退，不可追击。'又说：'能打而假装作出不能打的样子。'这些都是讲的奇兵之计。"

太宗曰："奇、正素分之欤，①临时制之欤？"

靖曰："案《曹公新书》曰：'己二而敌一，则一术为正，一术为奇；己五而敌一，则三术为正，二术为奇。'此言大略尔。唯孙武云：'战势不过奇正，奇正之变，不可胜穷；奇正相生，如循环之无端，孰能穷之？'斯得之矣，安有素分之邪？若士卒未习吾法，偏俾②未熟吾令，则必为之二术。教战时，各认旗鼓，迭相分合，故曰：分合为变，此教战之术耳。教阅既成，众知吾法，然后如驱群羊，由将所指，孰分奇正之别哉？孙武所谓'形人而我无形'，此乃奇正之极致。是以素分者，教阅也，临时制变者，不可胜穷也。"

《唐太宗李卫公问对·卷上》

注：①素：平素、平时。欤：句末语气词，表示疑问。②偏俾：偏将、俾将，下级军官。

译：唐太宗问："奇兵与正兵是平时就区分开的，还是根据情况临时决定的呢？"

李靖答："按照《曹公新书》上讲：'我为二而敌为一时，就以一部为正兵，一部为奇兵；我为五而敌为一时，就以三部为正兵，两部为奇兵。'这不过是大略的说法。只有孙武说：'作战的态势，不过奇与正而矣。但奇正变化是没有穷尽的；奇与正相互转化，如循环没有端点，谁能穷尽其奥妙呢？'懂得这个道理，哪有平时就区分奇正的呢？如果士卒没有学习战法，部将没有熟悉号令，就必须用奇、正两种战术来训练他们。训练时，让他们分别认清旗号、鼓音，排列组合变换阵形。所以说，组合变换阵形，这是训练部队的方法。训练完成，将士们都熟知了作战的方法，然后指挥他们就如同驱赶羊群，令行禁止，谁还能区别奇兵与正兵呢？孙武所说的'用假象来蒙骗敌人而实际上战无定形'，这才是运用奇正之战术的最高境界。所以，平时形成定制的，是训练的方法，而作战之时，奇正随机应变，则是没有穷尽的。"

太宗曰："分合为变者，奇正安在？"

靖曰："善用兵者，无不正，无不奇，使敌莫测，故正亦胜，奇亦胜。三军之士，止知其胜，莫知其所以胜。非变而能通，①安能至是哉？②分合所出，惟孙武能之，吴起而下莫可及焉。"

《唐太宗李卫公问对·卷上》

注：①通：通晓其中的奥妙。②安：怎么。

译：唐太宗问："部队阵形分合变化之时，奇正表现在哪里？"

李靖答："善于用兵的将领，无时无处不用正兵，无时无处不用奇兵，使敌人无法预测自己的作战方略，所以他用正兵也胜，用奇兵也胜。全军将士，只知道取得了胜利，却不知道为什么能够取得胜利。如果不是通晓了奇正变化的奥妙，怎么能够达到这种境界呢？由阵形分合而产生奇正变化，只有孙武才能做到，吴起以下的将帅都比不上他。”

太宗曰：“黄帝兵法，世传‘握奇文’，或谓为‘握机文’，何谓也？”

靖曰：“奇音机，故或传为机，其义则一。考其词云：‘四为正，四为奇，余奇为握机。’奇，余零也，因此音机。臣愚谓：兵无不是机，安在乎握而言也，①当为余奇则是。夫正兵受之于君，奇兵将所自出。法曰：‘令素行以教其民者，②则民服。’此受于君者也。又曰：‘兵不豫言，③君命有所不受。’此将所自出者也。凡将正而无奇，则守将也；奇而无正，则斗将也；奇正皆得，国之辅也。是故握机握奇，本无二法，在学者兼通而已。”

《唐太宗李卫公问对·卷上》

注：①安：哪里。②素：一贯。③豫：预先。

译：唐太宗问：“黄帝兵法，世间传说称‘握奇文’，又有人称为‘握机文’，这是什么意思？”

李靖答：“奇的读音是机，所以有人将奇传为机，它们的意义是相同的。考察黄帝兵法中所说：‘天、地、风、云四种阵形为正，龙、虎、鸟、蛇四种阵形为奇，剩下的人马由将帅灵活掌握。’奇，就是剩余的人马，因此读作机。我认为：用兵打仗无不根据战机而定，哪里仅仅只对将帅掌握剩余人马而言，应当理解为掌握机动力量随机应变才对。正兵是受命于君主的，奇兵则由将帅自己决定。兵法说：‘国家法令一贯能得以推行，人民受到教育，就会服从君主。’这是说正兵受命于君主。兵法又说：‘作战计划，不能预先定死，所以君主的命令有时也可不接受。’这是说奇兵由将帅临机而出。凡是将帅只知用正兵而不知用奇兵的，是墨守成规的将帅；只知用奇兵而不知用正兵的，是鲁莽好斗的将帅；只有奇正皆用，变化得当，才是国家的栋梁。所以，握机与握奇，本不矛盾，在于学兵法者融会贯通而已。”

太宗曰：“朕观诸兵书，无出孙武；孙武十三篇，无出虚实。夫用兵，识虚实之势，则无不胜焉。今诸将中，但能言背实击虚，①及其临敌，则鲜识虚实者，②盖不能致人而反为敌所致故也。③如何？卿悉为诸将言其要。”

靖曰：“先教之以奇正相变之术，然后语之以虚实之形，可也。诸将多不知以奇为正，以正为奇，且安识虚是实，④实是虚哉？”

太宗曰：“策之而知得失之计；作之而知动静之理；形之而知死生之地；角之而知有余不足之处。此则奇正在我，虚实在敌欤？”

靖曰：“奇正者，所以致敌之虚实也。⑤敌实，则我必以正；敌虚，则我必为奇。苟将不知奇正，⑥则虽知敌虚实，安能致之哉？臣奉诏，但教诸将以奇正，⑦然后虚实自知焉。”

太宗曰：“以奇为正者，敌意其奇，则吾正击之；以正为奇者，敌意其正，则吾奇击之；使敌势常虚，我势常实。当以此法授诸将，使易晓耳。”靖曰：“千意万句，不出乎‘致人而不致于人’而已，臣当以此教诸将。”

《唐太宗李卫公问对·卷中》

注：①背：避开。②鲜：少有。③致：制服。④安：怎能。⑤致：对付。⑥苟：如果。⑦但：仅仅。

译：唐太宗说：“我看各种兵书，没有超过《孙子兵法》的；《孙子兵法》十三篇，没有超出论虚实的范围。用兵作战，识别虚实形势，就会战无不胜。现今各位将领，只会讲避实击虚，等到面对敌军，却很少有人真能识别虚实，这正是他们不能制服敌人、反被敌人所制服的原因。怎么样？请您为将领们讲解其中的要领。”

李靖答："先教给他们奇正相互转化的战术，然后再讲虚实形势的识别，就可以了。各位将领大多不知道以奇为正，以正为奇，又怎么可能认识虚即实、实即虚的道理呢？"

唐太宗说："谋划而后可知得失之计；行动而后可知动静之理；勘察而后可知生死之地；搏斗而后可知优劣之处。这就是讲我以奇正之术去侦察敌人的虚实吗？"

李靖答："所谓奇正之术，就是用来分别对付敌人的虚实的。敌阵厚实，那么我一定要用正兵；敌阵空虚，那么我一定要用奇兵。如果将领不知奇正之变，即使知道敌阵的虚实，又怎么能战胜它呢？我遵照您的指令，只教会将领们奇正之术，然后他们自然知道分析敌军的虚实了。"

唐太宗说："以奇兵为正兵时，敌人以为我出奇兵，而我却以正兵攻击它；以正兵为奇兵时，敌人以为我出正兵，而我却以奇兵攻击它。这样就会使敌阵常虚，我阵常实。应当将这个方法传授给各位将领，使他们容易掌握。"李靖说："说一千道一万，不外乎'制服敌人而不被敌人所制服'罢了，我当以此传授于他们。"

太宗曰："攻守二事，其实一法欤？《孙子》言：'善攻者，敌不知其所守；善守者，敌不知其所攻。'即不言敌来攻我，我亦攻之；我若自守，敌亦守之。攻守两齐，[1]其术奈何？"

靖曰："前代似此相攻相守者多矣！皆曰：'守则不足，攻则有余。'便谓不足为弱，有余为强，盖不悟攻守之法也。臣按《孙子》云：'不可胜者，守也；可胜者，攻也。'谓敌未可胜，则我且自守，待敌可胜，则攻之尔，非以强弱为辞也。后人不晓其义，则当攻而守，当守而攻，二役既殊，故不能一其法。"

太宗曰："信乎！有余不足，使后人惑其强弱。殊不知守之法，要在示敌以不足；攻之法，要在示敌以有余也。示敌以不足，则敌必来攻，此是敌不知其所攻者也；示敌以有余，则敌必自守，此是敌不知其所守者也。攻守一法，敌与我分而为二事。若我事得，则敌事败；敌事得，则我事败；得失成败，彼我之事分焉。攻守者，一而已矣，得一者，百战百胜。故曰：‘知彼知己，百战不殆。’其知一之谓乎。”

靖再拜曰：“深乎！圣人之法也。攻是守之机，守是攻之策，同归乎胜而已矣。若攻不知守，守不知攻，不惟二其事，抑又二其官。②虽口诵孙、吴而心不思妙，攻守两齐之说，其孰能知其然哉？”③

《唐太宗李卫公问对·卷下》

注：①齐：同等，势均力敌。②抑：而且。官：功能，作用。③孰能：怎么能。

译：唐太宗问：“进攻与防守，其实法则是一致的吗？《孙子兵法》说：‘善于进攻者，敌人不知该防守哪里；善于防守者，敌人不知该进攻哪里。’但未说敌来攻我，我亦攻敌；我若防守，敌亦防守。攻守双方势均力敌，该如何克敌致胜呢？”

李靖答：“前代像这样攻守相当的战例多得很！人们都说：‘力量不足就防守，力量有余就进攻。’认为不足为弱，有余为强，这都没有领悟攻守的法则。我看《孙子兵法》说：‘不能取胜时就防守；可以取胜时就进攻。’是讲当敌人不可战胜时，我先防守；等到可以战胜敌人时，再转而发起进攻。这并不是专以强弱立论的。后人不懂其中的道理，于是当攻而守，当守而攻。攻守相异，所以不能统一法则。”

唐太宗说：“你说得对啊！有余、不足之说，使人们对强弱之势感到迷惑。岂不知防守的法则，关键在对敌显示出我力量不足；进攻的法则，关键在对敌显示出我力量有余。示敌以不足，敌人必然会来进攻，这样他们就不知该进攻哪里；示敌以有余，敌人必然会防守，这样他们就不知该防守哪里。进攻与防守，本是一致的，不过因敌我两方而分成二事。如我事成，则敌事败；敌事成，则我事败。战争的成败，依据敌我运用攻守法则的得失而定。进攻与防守，其实法则是一致的。掌握了这一法则，就会百战百胜。所以说：‘知彼知己，百战不殆。’这就是掌握了攻守一致的法则。”

李靖再次参拜，并说：“圣人的兵法真是深奥啊！进攻也就是防守的机要，防守也就是进攻的策略，二者同归于克敌制胜而已。假如攻不知守，守不知攻，不仅将攻守二者对立起来，而且割裂了其功能的转换。虽然口里背诵孙子、吴子的兵法，但内心不能理解其中的奥妙。攻守双方势均力敌之说，怎么能知其所以然呢？”

太宗曰：“阴阳术数，废之可乎？”靖曰：“不可。兵者，诡道也。托之以阴阳术数，则使贪使愚，兹不可废也。”

太宗曰：“卿尝言天官时日，①明将不法，闇者拘之，②废亦宜然。”靖曰：“昔纣以甲子日亡，武王以甲子日兴，天官时日，甲子一也，殷乱周治，兴亡异焉。又宋武帝以往亡日起兵，③军吏以为不可。帝曰：‘我往彼亡。’果克之。由此言之，可废明矣。然而田单为燕所围，④单命一人为神，拜而祠之，神言：‘燕可破。’单于是以火牛出击燕，大破之，此是兵家诡道，天官时日，亦犹此也。”

《唐太宗李卫公问对·卷下》

注：①尝言：曾经说过。②闇：音“按”，愚昧。③往亡日：凶日名，旧历每月都有。迷信者认为该日不宜出兵作战。④田单：齐将，坚守即墨，用火牛阵大破燕军，一举收复七十余座城市。

译：唐太宗问：“阴阳术数，可以废除吗？”李靖答：“不可废除。用兵作战讲究诡诈之道，假托阴阳术数，就可以指挥调遣贪婪愚蠢之人，所以不可废除。”

唐太宗说：“你曾经说过，看天象测时日，明智的将帅是不用这种方法的，而愚昧的将帅却往往受它的约束，所以废除也是应该的。”

李靖答："从前商纣王甲子日出兵而败亡，而周武王甲子日出兵而成功，就天象时日来讲，甲子日是相同的，可是殷乱而周治，兴亡截然相反。另外，宋武帝在往亡日这一天出兵征伐南燕，将领们都认为不可。宋武帝说：'我一出兵，敌即败亡'，果然战胜了敌国。由此说来，天象时日可废是很明白的。但是，田单被燕军包围在即墨，形势十分危急。田单令一人装扮为神，亲自礼拜祀词，神说：'燕军可破'。田单于是用火牛阵大败燕军，一举解围。这就是用兵作战的诡诈之道。天象时日之不可废，作用就在这里。"

夫奇兵者，①正兵之变也。②伏兵者，奇兵之别也。奇非正，则无所恃；正非奇，则无以取胜。故不虞以击，则谓之奇兵；匿形而发，则谓之伏兵，其实则一也。历观前志，连百万之师，两敌相向，列阵以战而不用奇者，未有不败亡也。故兵不奇则不胜。凡阵者所以为兵出入之计而制胜者，常在奇也。韩信破赵，③奇而有正也；符坚败于晋，④正而无奇也。项籍善用兵者也，⑤乌江所存惟二十八骑，⑥犹分奇正，况众多者乎！

（宋）曾公亮等：《武经总要·前集·奇兵》

注：①奇兵：乘敌不意而突袭的部队。②正兵：堂堂正正与敌作战的部队。③韩信：汉将。公元前204年，他采用"陷之死地而后生"的战术，背水列阵，与赵军奋战，同时派兵偷袭赵军后方，大获全胜。④符坚：即苻坚，十六国时期前秦皇帝。公元383年，他率九十万大军进攻晋国，在淝水大败。⑤项籍：即项羽。项羽名籍，字羽。⑥乌江：位于今安徽和县，项羽自刎处。

译：奇兵是正兵的变化。伏兵是奇兵的另一种形式。奇兵如若没有正兵的支持，就没有依靠；正兵如若没有奇兵的配合，就无法取胜。所以，乘敌人没有防备而出击，就叫做奇兵；埋伏起来，突然发起进攻，就叫做伏兵。二者的实质是相同的。翻检前代志书，联合百万大军，与敌对垒，列阵以战，凡不采用奇兵的，没有不大败而亡的。所以，不用奇兵，就不可能取得胜利。大凡军事指挥官为取得胜利而制定战术，常常采用奇兵。公元前204年，韩信大破赵军，就是既用奇兵，又用正兵；而公元383年苻坚败于晋国，就是只用正兵而未用奇兵。项羽是善于用兵的，他兵败乌江之时，仅剩二十八骑相随，还分为奇兵、正兵两部分，何况人马众多之时呢！

故以奇为奇，以正为正者，胶柱调瑟之士①也。以奇为正，以正为奇者，临书模画之徒也。②我奇而示敌以正，我正而示敌以奇者，知胜者也。我奇而敌不知其为奇，我正而敌不知其为正者，知胜之胜者也。凡兵之所交，阵之所向，胜负决于斯须，③存亡辨于顷刻者，无非奇正形之也。

（明）西湖逸士：《投肤笔谈·兵机》

注：①胶柱调瑟：弹奏琴瑟时，用胶把琴上调音的柱粘住。比喻作事拘泥死板，不知灵活变通。②临书模画：临，临摹。模：模仿。比喻机械模仿，没有创造。③斯须：片刻。

译：以奇兵为奇兵，以正兵为正兵的，是拘泥死板的将领。以奇兵为正兵，以正兵为奇兵的，是只知模仿的将领。我出奇兵而以正兵的模样显示于敌，我出正兵而以奇兵的模样显示于敌的，是知晓取胜之道的将领。我出奇兵而敌人不知其为奇兵，我出正兵而敌人不知其为正兵的，是更为高明的将领。凡是两军交兵，两阵对垒，胜负决于片刻，存亡分于瞬间，无非就是奇兵正兵的变化所决定的。

凡用兵之法，主客无常态，①战守无常形，分合无常制，进退无常度，动静无常期，伸缩无常势。出没变化，敌不可测，此之谓兵机。②

（明）西湖逸士：《投肤笔谈·兵机》

注：①主客：主动与被动。②兵机：军事机谋。

译：凡用兵之法，主动被动没有永久不变的地位，进攻防守没有永久不变的阵形，分散聚合没有永久不变的规则，前进后退没有永久不变的尺度，运动静止没有永久不变的要求，伸展收缩没有永久不变的态势。变化多端，使敌人不可预测，这叫做军事机谋。

夫虚虚实实之防，固无穷矣。善兵者诡张远诳，能以虚声悚敌之心，①而乖其所向，②使东西顾盼，进退踌躇，心摇而弗能定，则利而不敢趋，低回延缓，然后我得而乘间抵隙，③以战则利，以攻则败矣。其间或声东击西，或声彼击此，或声远击近，或声近击远。俾敌不知所备，则我所攻者，敌所不守也。

（明）无名氏：《草庐经略》卷8《虚声》

注：①虚声：虚张声势。悚：音“耸”，恐惧。②乖：违背。③乘间抵隙：钻敌人的空子。

译：虚虚实实的防守，本是没有穷尽的。善于用兵者用计谋欺骗、迷惑敌人，虚张声势，令敌恐惧不安，因而迷失方向，左顾右盼，进退犹豫，五心不定，见有利可取而不敢向前，行动迟缓，然后，我军得以利用其错误，钻敌人的空子，夺取战争的胜利。或者声东击西，或者声彼击此，或者声远击近，或者声近击远，使敌人不知该防守哪里，这样，我军所攻击的目标，敌人是守不住的。

宁伪作不知不为，不伪作假知妄为。静不露机，云雷屯也。①

《三十六计·假痴不癫》

注：①屯：蓄而待发。

译：宁可假装呆笨而不采取行动，不可自以为聪明而轻举妄动。暗中谋划，不动声色，就像雷电在云层中积聚能量，待机而发。

假之以便，唆之使前，①断其援应，陷之死地。遇毒，位不当也。

《三十六计·上屋抽梯》

注：①唆：挑动，引诱。

译：假装露出破绽，诱敌深入，然后切断它的增援，使它陷入灭亡。这就像引诱人食用有毒的肉食，上当受骗。

困敌之势，不以战；①损刚益柔。

《三十六计·以逸待劳》

注：①不以战：不与之决战。

译：将敌军围困，不与之决战。这是制服强敌，壮大我军的计策。

敌已明，友未定。引友杀敌，不自出力；以“损”推演。①

《三十六计·借刀杀人》

注：①损：《周易》卦名之一，讲的是“损”与“益”的转化。

译：敌军的情况已经清楚，而友军的态度还不明确，要诱导友军去消灭敌军，避免自己的伤亡。这是从“损”卦推演出的计策。

克敌之要，非徒以力制，①乃以术误之也。或用我误法以误之，或因其自误而误之。误其恃，误其利，误其拙，误其智，亦误其变。虚挑实取，彼悟而我使误，彼误而我能悟。故善用兵者，误人不为人误。

（清）揭暄：《兵经百篇·智篇·误》

注：①徒：仅仅。

译：战胜敌人的关键，不仅仅在以武力制服，而在巧妙地引诱其犯错误。或者用我的计策使其犯错误，或者利用其自己的错误而加重其损失。使敌人在依仗的力量方面犯错误，在自以为有利的条件方面犯错误，在愚笨的时候犯错误，在自以为聪明的时候犯错误，也在形势发生变化的时候犯错误。虚晃一枪以迷惑敌人，以便收取实际的战果。敌人清醒时，我能诱使他犯错误；敌人犯错误时，我能抓住不放，充分利用。所以，善于用兵的将领，使敌人犯错误而不上敌人的圈套。

兵只一道耶？曰：不然。所向既明，则正道在，不必言矣。然不得奇道以佐之，①则不能取胜。项羽战章邯于巨鹿，而后高祖得以乘虚入关，②钟会持姜维于剑阁，而后邓艾得以逾险入蜀。故一阵有一阵之奇道，一国有一国之奇道，天下有天下之奇道，即有时正可为奇，奇亦可为正，而决然断之曰必有夫兵进而不识奇道者，愚主也，黯将也。③

（清）王余佑：《乾坤大略》卷2

注：①佐：辅助。②高祖：汉高祖刘邦。③黯：昏聩，不明事理。

译：进攻敌人只有一条道路吗？答：不是。攻击方向已经确定，那么进军的正道也就确定了，这是不言而喻的。但是，如果不同时确定一条进攻的奇道来辅助正道，也是不能取胜的。项羽与章邯交战于河北巨鹿，而后刘邦才得以乘虚而进入关中，占领咸阳；钟会与姜维相持于四川剑阁，而后邓艾才得以翻越险阻，攻进蜀国都城。所以，一战有一战的奇道，一国有一国的奇道，天下有天下的奇道。即便有时正道又可为奇道，奇道也可以为正道，而断然认为只有正道才是攻击的路径，而不认识奇道的作用，这样的人，是愚笨的君主，不明事理的将领。

6. 不战而屈人之兵

孙子曰：凡用兵之法，全国为上，①破国次之；全军为上，破军次之；全旅为上，②破旅次之；全卒为上，③破卒次之；全伍为上，破伍次之。④是故百战百胜，非善之善者也；不战而屈人之兵，善之善者也。

《孙子·谋攻篇》

注：①全国：敌方举国降服。②旅：古代军事单位，五百人为一旅。③卒：军事单位，一百人为一卒。④伍：军事单位，五人为一伍。

译：孙子说：用兵的法则，令敌方举国降服是上策，用武力消灭它就次一等；令敌全军降服是上策，用武力消灭它就次一等；令敌全旅降服是上策，用武力消灭它就次一等；令敌全卒降服是上策，用武力消灭它就次一等；令敌全伍降服是上策，用武力消灭它就次一等。所以，百战百胜，并非最最高明；不经过战斗就使敌人屈服，那才是最最高明的。

大智不智，大谋不谋，大勇不勇，大利不利。利天下者，天下启之；①害天下者，天下闭之。②天下者非一人之天下，乃天下之天下也。取天下者，若逐野兽，而天下皆有分肉之心；若同舟共济，济则皆同其利，败则皆同其害。然则皆有启之，无有闭之也。

无取于民者，取民者也；无取于国者，取国者也；无取于天下者，取天下者也。无取民者，民利之；无取国者，国利之；无取天下者，天下利之。故道在不可见，事在不可闻，胜在不可知。微哉！微哉！③

《六韬·武韬·发启》

注：①启：开门迎接。②闭：关门拒绝。③微：微妙。

译：有大智的人，不炫耀智慧；有大谋的人，不暴露谋略；有大勇的人，不争强斗胜；有大利的人，不考虑个人的私利。为天下谋利益的人，天下人都拥护他；为天下制造灾祸的人，天下人都反对他。天下不是一个人的天下，而是天下人共有的天下。夺取天下，好比追捕野兽，人人都想分到一块猎物；又好比同船过渡，成功了人人得利，失败了人人受害。与人同利，人们就拥护；不与人同利，人们就反对。

不剥夺民众的人，就能得到民众的欢迎；不剥夺别国的人，就能得到别国的支持；不剥夺天下的人，就能得到天下人的拥戴。不剥夺民众，民众欢迎你，这是民众给你的大利；不剥夺别国，别国支持你，这是别国给你的大利；不剥夺天下人，天下人拥戴你，这是天下人给你的大利。所以，治国之道在不可见之处，成事之谋在不可闻之处，取胜之机在不可知之处，这真是奥妙无穷啊！

全胜不斗，大兵无创，①与鬼神通，微哉！微哉！

《六韬·武韬·发启》

注：①创：创伤。

译：以智谋取得完全的胜利，不需通过战斗；强大的兵团所向披靡，人员没有伤亡。这种完美的作战技巧有如鬼斧神工，真是奥妙无穷啊！

善为士者不武，善战者不怒，善胜敌者不与，①善用人者为之下。②是谓不争之德，是谓用人之力，是谓配天：古之极也。

《老子·第六十八章》

注：①与：对阵交锋。②为之下：礼贤下士。

译：善于带兵的人不逞勇斗狠，善于作战的人不会被激怒，善于战胜敌人的人不与敌正面对阵交锋，善于用人的人礼贤下士。这些都是不与人争抢的优良品德，都是善于借用别人的力量，都是顺从于天道：即自古以来的最高法则。

故上兵伐谋，①其次伐交，②其次伐兵，③其下攻城。攻城之法，为不得已。……故善用兵者，屈人之兵而非战也，拔人之城而非攻也，毁人之国而非久也。必以全争于天下，故兵不顿而利可全，④此谋攻之法也。

《孙子·谋攻篇》

注：①伐谋：运用谋略取胜。②伐交：运用外交手段取胜。③伐兵：以武力取胜。④顿：受挫。

译：用兵的上策是以智谋取胜，其次是以外交手段取胜，再其次是以武力取胜，最后才是攻占敌方城池。攻敌城池，是迫不得已才采用的。……所以，善于用兵的人，不经过战斗就使敌人屈服，不用硬攻的方法就占领敌方城池，不须旷日持久就灭亡敌人的国家。一定设法用全胜的谋略，夺取天下，因而他的军队不遭受挫折就可以取得完全的胜利，这才是谋划进攻的方法。

武灵王问庞焕曰："寡人闻飞语流传曰：①'百战而胜，非善之善者也；不战而胜，善之善者也。'愿闻其解。"

庞焕曰："工者贵无与争。②故大上用计谋，③其次因人事，其下战克。"

《鹖冠子·武灵王》

注：①飞语：人们的传言。②工者：精通兵法的人。③大上：最高明。

译：赵武灵王问庞焕道："我听人们传言：'百战百胜，不算最最高明；不战而胜，才是最最高明。'希望听听您的解释。"

庞焕回答："精通兵法的人崇尚不争而胜。所以最高明的是运用计谋，其次是凭借人事，最后才是通过战斗解决问题。”

太宗曰：“兵法孰为最深者？”①

靖曰：“臣尝分为三等，使学者当渐而至焉。一曰道，二曰天地，三曰将法。夫道之说，至微至深，《易》所谓聪明睿智神武而不杀者是也。夫天之说阴阳，地之说险易，善用兵者，能以阴夺阳，以险攻易，孟子所谓天时地利者是也。夫将法之说，在乎任人利器，《三略》所谓得士者昌，管仲所谓器必坚利者是也。

太宗曰：“然。吾谓不战而屈人之兵者上也，②百战百胜者中也，深沟高垒以自守者下也。以是较量孙武著书，三等皆具焉。”

靖曰：“观其文，迹其事，亦可差别矣。若张良、范蠡、孙武，脱然高引不知所往，③此非知道，安能尔乎？④若乐毅、管仲、诸葛亮，战必胜，守必固，此非察天时地利，安能尔乎？其次王猛之保秦，谢安之守晋，非任将择材，缮完自固，安能尔乎？故习兵之学，必先由下以及中，由中以及上，由渐而深矣。不然，则垂空言，徒记诵，无足取也。”

《唐太宗李卫公问对·卷下》

注：①孰：哪一种。②屈人之兵：使敌军降服。③脱然：超脱的样子。引：引退。④安能尔乎：怎么能做到那样呢。

译：唐太宗问：“前人的兵法，哪一种最为深奥？”

李靖答：“我曾分前人兵法为三等，使学习的人由浅入深，循序渐进。第一等是‘道’，第二等是‘天地’，第三等是‘将法’。所谓‘道’的理论是极为精微奥妙的，就是《易经》所说的聪明睿智，不动杀伐而使人降服。所谓‘天’是指昼夜时日的转换，‘地’是指形势的险峻平易，善于用兵者，往往能够利用夜晚进攻，夺得白天难以取得的成功，能够利用险峻的地势去进攻无险可守的敌人。孟子说的天时地利，就是这个道理。所谓将法，是说要知人善任，选用锐利的武器，《三略》说的‘得到贤士即可成功’，管仲说的‘武器必须坚固锐利’，都是这个道理。”

唐太宗说：“你说得对。我认为，不战而使敌人屈服的是上等，百战百胜的是中等，依仗深沟高垒防守的是下等。用这几条来衡量《孙子兵法》，三等都具备了。”

李靖说：“看前人的文章，考察前人的事迹，也可以分出差别来。像张良、范蠡、孙武，功成身退，飘然而去，不知所往，如果不是懂得‘道’的奥妙，怎么能做到那样呢？像乐毅、管仲、诸葛亮，攻必克，守必固，如果不是明察天时地利，怎么能做到那样呢？其次如王猛保卫前秦，谢安防守东晋，如果不是任用良将、精选器材，巩固阵地，怎么能做到那样呢？所以，研习兵法，必须由下而中，由中而上，渐次深入。否则，只能是空背条文，那是不足取的。”

战者争事也，兵争交，将争谋，将将争机。①夫人而知之，不争力而争心，不争人而争己。夫人而知之，不争事而争道，不争功而争无功。无功之功，乃为至功；②不争之争，乃为善争。

（清）揭暄：《兵经百篇·智篇·争》

注：①将将：率领将军之人，指统帅。机：战略。②至功：最大的功劳。

译：作战是争斗之事。士兵争于搏斗，将领争于计谋，统帅争于战略。人人都知道，重要的不是斗力而是斗心，不是战胜别人而是战胜自己。人人都知道，重要的不是争事胜而是争道胜，不是争有功而是争无功。无功之功，才是最大的功劳；不争之争，才是最好的争斗。

第四章 战 术 论

战术，是保存自己，歼灭敌人，实际解决战斗的具体技巧。在异常丰富的实战经验的基础上，中国古代兵家总结出一系列行之有效的战术原则。

关于攻击，古代兵家强调集中优势兵力的必要性，并且认为，应根据优势的不同程度，决定不同的战斗方式："用兵之法，十则围之，五则攻之，倍则分之"〔1〕。要精心选择攻击目标，既要"攻其所必应"，又要"击其所不备"〔2〕，即集中打击敌人没有防备的要害之区，以期收到事半功倍的效果。攻击时间的选择，也很重要。《六韬·犬韬》归纳出十四种宜于发起攻击的时机：敌人"新集"、"未食"、"天时不顺"、"地形未得"、"奔走"、"不戒"、"疲劳"、"将离士卒"、"涉长路"、"济水"、"不暇"、"阻难狭路"、"乱行"、"心怖"，全面而精当，颇具借鉴意义。

〔1〕《孙子·谋攻篇》。
〔2〕《何博士备论·蜀论》。

攻击得手，敌军溃逃，如何扩大战果，求得全胜？古代兵家认为，不可穷追猛逼，“逼则反兵”，应当“紧随勿迫，累其气力，消其斗志，散而后擒，兵不血刃”〔1〕，这才是最好的攻伐之术。

关于防守，古代兵家注重积聚力量，利用险阻，以逸待劳。“敌来逼城，静默而待，无辄出城，候其矢石可及，则以术破之”〔2〕。防守要有重点，“若处处设防，兵力必分，不能战亦不能守。惟择其紧要必争之地，厚集兵力以守之，便是稳固”〔3〕。防守切不可消极被动挨打，在顽强抗击敌军围攻的同时，应千方百计调集援军，反守为攻，歼敌解围。“有必救之兵，然后有必守之城”〔4〕，“令我远邑别军，选其锐士，疾击其后”，里应外合，一举破敌。

战地的选择，是战斗成败的关键因素，也是古代兵家关注的焦点。“立营之法，须据险阻。前阻水泽，右背山林，处高阳，便粮道”〔5〕，这是基本的法则。至于具体地形、地貌，千变万化，孙武把它们归纳为通、挂、支、隘、险、远六种类型，并一一分析其特点及应采取的战术，言简意赅，值得后世军事家仔细体味。

掌握准确敌情，是战斗胜利的前提条件。侦察之术，至关重要。因而古代兵家认为：“善用兵者，无沟垒而有耳目”〔6〕；情报的获取，“不可取于鬼神，不可象于事，不可验

---

〔1〕《三十六计·欲擒故纵》。
〔2〕《守城要览·总论》。
〔3〕《曾胡治兵语录·战守》。
〔4〕《草庐经略》卷7《救援》。
〔5〕《草庐经略》卷6《立营》。
〔6〕《管子·制分》。

于度，必取于人，知敌之情者也”〔1〕。“知敌之情者”，古代兵家称之为“间”和“斥候”。“间”即间谍，又可分为“因间”、“内间”、“反间”、“死间”、“生间”等多种，孙武一一论析各自的特点，今天仍可取法。“斥候”即侦察兵，“凡行军之法，斥候为先”〔2〕，侦得敌情，“令众预为之备”。至于诸种见微知著的具体侦察方法，《孙子·行军篇》有详尽的描述，给我们以生动启示。

两军对阵，势均力敌的情况固然不少，但众寡悬殊的时候更多。众寡相敌，如何取胜？古代兵家总结出若干法则。敌众我寡，应当“避之于易，邀之于厄”〔3〕；相反，我众敌寡，则“不可战于险阻之间，须要平易宽广之地，闻鼓则进，闻金而止，无有不胜”〔4〕。简言之，“用寡固，用众治；寡利烦，众利正”〔5〕，如此方可立于不败之地。

1. 攻伐之术

武王问太公曰：“凡用兵之要，必有武车、骁骑，驰阵选锋，①见可则击之。如何则可击？”

太公曰：“夫欲击者，当审察敌人十四变，变见则击之，敌人必败。”

武王曰：“十四变可得闻乎？”

太公曰：“敌人新集可击；人马未食可击；天时不顺可

〔1〕《孙子·反间篇》。

〔2〕《百战奇略·斥战》。

〔3〕《吴子·应变》。

〔4〕《百战奇略·众战》。

〔5〕《司马法·用众》。

击；地形未得可击；奔走可击；不戒可击；疲劳可击；将离士卒可击；涉长路可击；济水可击；[②]不暇可击；阻难狭路可击；乱行可击；心怖可击。”

《六韬·犬韬·武锋》

注：①选锋：经过挑选的精锐士兵。②济水：渡河。

译：周武王问姜太公：“用兵的重要原则是，必须有威武的战车、骁勇的骑兵，冲锋陷阵应选拔士卒，发现可乘之机，迅猛出击。敌人处于怎样的情况就可以出击呢？”

太公答：“要想攻击敌人，应当审查敌军的十四种情况，这些情况一出现，马上出击，必然获胜。”

武王问：“这十四种情况可以讲给我听听吗？”

太公说：“敌人刚刚集结之时，可以出击；敌军人马未进饮食之时，可以出击；天时对敌不顺时，可以出击；地形对敌不利时，可以出击；敌军溃退时，可以出击；敌军没有防备时，可以出击；敌军疲惫不堪时，可以出击；敌军将帅脱离士卒时，可以出击，敌军刚刚经过长途跋涉时，可以出击；敌军正在渡河时，可以出击；敌军忙乱不堪时，可以出击；敌军正通过狭窄险峻之路时，可以出击；敌军队列散乱之时，可以出击；敌军人心惊恐不安时，可以出击。”

武王问太公曰：“引兵深入诸侯之地，与敌之军相当，两阵相望，众寡强弱相等，未敢先举，吾欲令敌人将帅恐惧，士卒心伤，行阵不固，后阵欲走，前阵数顾；[①]鼓噪而乘之，敌人遂走，为之奈何？”

太公曰：“如此者，发我兵去寇十里而伏其两旁，车骑百里而越其前后，多其旌旗，益其金鼓。战合，[②]鼓噪而俱起，敌将必恐，其军惊骇，众寡不相救，贵贱不相待，敌军必败。”

《六韬·虎韬·动静》

注：①数顾：频频回头张望。②合：两军交战。

译：周武王问姜太公："率军深入敌国境内，与敌军力量相当，人数相等，两军对阵，谁也不敢率先出动。我想使敌军统帅恐慌，士卒失去斗志，阵势不固，后面的想逃跑，前面的频频回头张望；然后，擂鼓呐喊，乘虚而击，迫敌溃逃，应该怎么办？"

太公说："像这种情况，可派出一支部队到离敌阵十里之处，埋伏在两旁，另派遣战车、骑兵长驱百里，迂回到敌军后方，多张旌旗，多备锣鼓。双方交战后，各路伏兵鼓噪而起，四处进攻，敌军将帅必然惊恐，士卒仓皇失措，互不照应救援，如此，敌军必败无疑。"

武王问太公曰："战胜深入，略其地，①有大城不可下，其别军守险与我相拒，我欲攻城围邑，恐其别军卒至而击我，②中外相合，击我表里，三军大乱，上下恐骇，为之奈何？"

太公曰："凡攻城围邑，车骑必远，屯卫警戒，阻且外内，③中人绝粮，外不得输，城人恐怖，其将必降。"

《六韬·虎韬·略地》

注：①略：夺取。②卒：突然。③阻且：阻隔。

译：周武王问姜太公："我军乘胜深入敌国境内，占领其地，但还有大城未能攻下，另一部分敌军占据险要地形，与我对抗。我军想攻取大城，又担心这部分敌军突然袭击，与城内之敌里应外合，使我军腹背受攻，阵势大乱，上下惊恐，这该怎么办？"

太公答："凡是围攻敌军城邑，必须将战车、骑兵配置在距城较远的地方，守卫警戒，阻隔敌人的内外联系，城中缺粮，城外无法支援，城中守敌恐慌，必然投降。"

武王曰："中人绝粮，外不得输，阴为约誓，相与密谋，夜出穷寇死战，①其车骑锐士，或冲我内，或击我外，士卒迷惑，三军败乱，为之奈何？”

太公曰：“如此者，当分为三军，谨视地形而处。审知敌人别军所在，②及其大城别堡，为之置遗缺之道，③以利其心，谨备勿失。敌人恐惧，不入山林，即归大邑。走其别军，车骑远要其前，④勿令遗脱。中人以为先出者，得其径道，其练卒材士必出，⑤其老弱独在。车骑深入长驱，敌人之军必莫敢至。慎勿与战，绝其粮道，围而守之，必久其日。无燔人积聚，⑥无毁人宫室，冢树社丛勿伐，⑦降者勿杀，得而勿戮，示之以仁义，施之以厚德。令其士民曰：‘罪在一人。’如此，则天下和服。”

武王曰：“善哉！”

《六韬·虎韬·略地》

注：①穷寇：处境窘迫的敌人。②别军：另一部分敌军。③遗缺之道：留下一个缺口的逃生之路。④要：同“邀”，从中拦截。⑤练卒材士：精锐部队。⑥燔：音“凡”，焚烧。⑦冢：音“种”，坟墓。社：里社，老百姓祭祀土地神之处。

译：周武王说：“城中敌人断粮，城外又运不进去，敌军就会暗中誓师，密谋突围，乘夜而出，与我拼死一战。敌军的精锐车骑，或攻我营内，或袭我营外，我军士卒迷惑，三军败亡。这该怎么办？”

姜太公说：“遇到这种情况，应当将我军分为三部，谨慎小心地审视地形，建立营寨。查明敌军城外部队的位置，以及附近大城市、堡垒的情况，为城中之敌留下一个缺口，让其有逃生之路，使其不生顽抗之心，同时加强戒备，做到万无一失。从城中逃出的敌人，惊恐万分，不是逃入山林，就是躲进附近城堡。当他们想与救援部队会合时，我军的战车、骑兵应从远处拦腰截击，不使逃脱。城中之敌以为先逃出的已突围成功，精锐部队便跟随而出，城内只剩下老弱伤残。这时，我战车、骑兵应长驱直入，敌援军必不敢来解救。我对城中之敌，不急于发起进攻，断其粮道，紧紧围困，时间一长，敌人只得投降。攻占该城后，不要焚烧城内的财物，不要毁坏街市房屋，不要破坏墓地、祭坛，不要杀戮俘虏，对老百姓要表现出仁爱之心，施以恩惠。并发布告示，宣布‘有罪的只是暴君一人’。这样，天下就会心悦诚服。”

武王说：“您说得好！”

武王问太公曰：“步兵与车、骑战奈何？”

太公曰：“步兵与车、骑战者，必依丘陵险阻，长兵强弩居前，短兵弱弩居后，更发更止，①敌之车骑，虽众而至，坚阵疾战，材士强弩，以备我后。”

武王曰：“吾无丘陵，又无险阻，敌人之至，既众且武，车骑翼我两旁，猎我前后；吾三军恐怖，乱败而走，为之奈何？”

太公曰：“令我士卒为行马、②木蒺藜，③置牛马队伍，为四武冲阵。望敌车骑将来，均置蒺藜，掘地匝后，④广深五尺，命曰‘命笼’。人操行马进步，阑车以为垒，推而前后，立而为屯，材士强弩，备有左右，然后令我三军，皆疾战而不解。”⑤

《六韬·犬韬·战步》

注：①更：交替、轮换。②行马：木制防御武器。③木蒺藜：阻击敌军前进的障碍物。④匝：音“扎”，环绕。⑤解：松懈。

译：周武王问姜太公：“步兵怎样与敌军的战车、骑兵作战？”

太公答：“步兵与敌战车、骑兵作战，必须依据丘陵险阻，长兵器和强劲的弓箭配置在前，短兵器和力弱的弓箭配置在后，部队轮换更替地进攻。敌军车骑蜂拥而至，我军也应坚守阵地，奋力抵抗。同时，配备精兵强械，防守后方。

武王又问："我既无丘陵，又无险阻可据，敌军冲击，来势凶猛，车骑包围我前后左右，我军人人恐怖，溃败而逃，这该怎么办？"

太公答："这时应命令士卒制作行马、木蒺藜等防御武器，将部队列成'四武冲阵'。远望敌车骑将袭，就预先布置木蒺藜等障碍物，并在阵地四周挖掘宽、深各五尺的壕沟，叫做'命笼'。又令士卒推着行马前进，将战车组成堡垒，以便前后运动，停下来时又可作为营寨。另以精兵强弓，防备左右，然后下令全军奋勇作战，不得松懈。"

故用兵之法，十则围之，五则攻之，倍则分之，①敌则能战之，②少则能逃之，③不若则能避之。故小敌之坚，④大敌之擒也。

《孙子·谋攻篇》

注：①分：分散。②敌：敌我双方力量相等，势均力敌。③逃：撤退。④小敌之坚：弱小的部队死守硬拼。

译：用兵的方法，力量十倍于敌就包围它，五倍于敌就进攻它，两倍于敌就分散它的兵力，与敌人势均力敌就要果断战斗，兵力少于敌人就应退却，战斗力不如敌人就应避免决战。弱小的部队死守硬拼，就会被强大的敌人擒获。

三军可夺气，将军可夺心。是故朝气锐，昼气惰，暮气归。善用兵者，避其锐气，击其惰归，此治气者也。①以治待乱，以静待哗，此治心者也。以近待远，以佚待劳，②以饱待饥，此治力者也。无邀正正之旗，③勿击堂堂之阵，此治变者也。

故用兵之法，高陵勿向，背丘勿逆，④佯北勿从，⑤锐卒勿攻，饵兵勿食，归师勿遏，⑥围师必阙，⑦穷寇勿追。此用兵之法也。

《孙子·军争篇》

注：①治：掌据。②佚：安逸。③邀：半路拦截。④逆：迎面攻击。⑤佯北：假装失败。⑥遏：阻拦。⑦阙：同“缺”，留出一个缺口。

译：对于敌军，可以打击它的士气。对于敌将，可以动摇他的信心。早晨军队的士气旺盛，中午就士气懈怠，傍晚就疲惫思归。善于用兵的人，避开敌人的锐气，而在敌人懈怠、疲惫之时发起进攻，这是掌握士气的方法。以我军的整齐去对付敌军的混乱，以我军的镇静去对付敌军的急躁喧哗，这是掌握心理的方法。抢先到达战场，等待远道而来的敌人，自己先安顿停当，等待敌人的疲劳，自己吃饱喝足，等待敌人的粮草断绝，这是掌握战斗力的方法。不要半路拦截军容严整的敌军，不要攻击阵势牢固的敌军，这是临机应变的方法。

所以，用兵的法则是：对占领高地之敌不要仰攻，对背靠丘陵之敌不要迎面而击，对假装败退的敌军不要跟踪追击，对精锐的敌军不要强行攻击，对敌军派作诱饵的小股部队不要去歼灭，对退归本国的敌军不要阻拦，对被包围的敌军要留出一个缺口，让其逃生，对败退的敌军不要穷追不舍。这些都是用兵的法则。

孙子曰：“凡火攻有五。一曰火人，二曰火积，三曰火辎，四曰火库，五曰火队。行火必有因，①烟火必素具。②发火有时，起火有日。时者，天之燥也。日者，月在箕、壁、翼、轸也③。凡此四宿者，风起之日也。

《孙子·火攻》

注：①因：条件。②素具：经常准备。③箕、壁、翼、轸：星宿的名称。

译：孙子说：火攻的对象有五种。一是火烧敌军的士卒，二是火烧敌军的储备，三是火烧敌军的辎重，四是火烧敌军的仓库，五是火烧敌军的队仗兵器。火攻必须有必要条件，所用器材要经常准备好。放火要看天时，起火要看日期。天时，是指气候干燥的季节。日期，是指月亮行经箕、壁、翼、轸四星宿之日。这些日子，多刮大风，有利于火攻。

武侯问曰："进兵之道何先？"

起对曰："先明四轻、二重、一信。"

曰："何谓也？"

对曰："使地轻马，①马轻车，车轻人，人轻战。明知险易，则地轻马。刍秣以时，②则马轻车。膏锏有馀，③则车轻人。锋锐甲坚，则人轻战。进有重赏，退有重刑。行之以信。审能达此，胜之主也。"

《吴子·治兵》

注：①轻：便于，便利。②刍秣：饲料。③膏：润滑油。锏：嵌在车轴上用以减小摩擦的铁。

译：魏武侯问道："发动进攻首先应注意什么问题？"

吴起回答："首先要明白四轻、二重、一信的道理。"

又问："这些是什么意思？"

答："四轻就是地形要便于马匹奔驰，马匹要便于车辆行进，车辆要便于战士操纵，战士要便于作战拼杀。熟悉地形险易，就便于战马奔驰；及时喂养战马，就便于军车行进；军车车轴保持润滑，就便于士兵操纵；兵器锋利、铠甲坚固，就便于士兵作战。二重就是前进有重赏，后退处重罚。一信就是赏罚一定要守信用。确实做到这些，就可将胜利牢牢握在手中。"

见敌如溃①溃而不止，则免。②故兵法：大战胜，逐北无过十里；③小战胜，逐北无过五里。

《商君书·战法》

注：①如溃：像河堤溃口一样。②免：停。③北：败北。

译：看见敌军像河水冲溃堤壩一样逃窜，狂奔不止，就不要追击。所以，兵法说：大仗获胜，追击逃敌不要超过十里；小仗获胜，追击逃敌不要超过五里。

军旅以舒为主，①舒则民力足。虽交兵致刃，徒不趋，②车不驰，逐奔不逾列，③是以不乱。军旅之固，不失行列之政，不绝人马之力，④迟速不过诫命。

《司马法·天子之义》

注：①舒：舒缓，从容不迫。②趋：快步行走。③逾列：超越队列。④绝：耗尽。

译：军队行动应以从容不迫为主，从容不迫就能保持士兵的体力。虽然与敌军激烈交锋，步兵也不要急步匆匆，战车也不要乱冲乱撞，追击敌人，不可超越队列，这样才能不乱阵形。军队的坚强有力，就在于不破坏整齐的阵形行列，不耗尽人马的力量，行动快慢不违反命令。

土广无守，可袭伐；土狭无食，可围竭。①

《逸周书·文传》

注：①围竭：围困而使其军力衰竭。

译：土地广阔而又缺乏守备，可对其进行袭击、攻伐；土地狭窄而又缺乏粮食，可对其进行围困，使之军力衰竭。

鸱忌之兵，①则薄其前，②谍其旁，③深沟高垒而难其粮。

《孙膑兵法·王名王恭》

注：①鶋：音“居”，通“雎”，鱼鹰。鶋忌之兵，狡猾贪婪而多疑的敌军。②薄：逼近。③谋：鼓噪，骚扰。

译：对于狡猾贪婪而多疑的敌军，就逼近它的正面，骚扰它的两侧，同时挖深沟，筑高垒，断绝它的粮道。

齐威王问用兵于孙子，曰：“两军相当，两将相望，皆坚而固，莫敢先举，为之奈何？”孙子答曰：“以轻卒尝之，①贱而勇者将之，期于北，②毋期于得。为之微阵以触其侧。③是谓大得。”

《孙膑兵法·威王问》

注：①轻卒：少量部队。②北：败北，败退。③微阵：隐蔽的阵形。

译：齐威王向孙膑询问用兵的方法，说：“敌我两军对阵，双方将领互相观望，双方的阵地都很牢固，谁也不敢先发动进攻，这该怎么办？”孙膑回答：“可派出一支小部队，由职低胆大者率领，对敌进行试探性攻击，只可佯装失败，不可全力争胜。同时，将主力部队列成隐蔽队形，猛击敌军侧翼，这样就可大获全胜。”

太白已出高，①贼鱼入人境，②可击必胜，去勿追，虽见其利，必有后害。

《曹操集·兵法》

注：①太白：金星。传说金星主杀伐；这里比喻兵戎之机已至。②贼鱼：比喻敌军。入人境：进入我方包围圈。

译：金星高高升起，敌军进入我方包围圈，此时战机成熟，出击必胜。敌军溃退，不可追击。追击虽可取得小利，但必有后患。

夫林战之道，昼广旌旗，夜多金鼓，利用短兵，巧在设伏，或攻于前，或发于后。丛战之道，利用剑楯，将欲图之，先度其路，十里一场，五里一应，偃戢旌旗，①特严金鼓，令贼无措手足。谷战之道，巧于设伏，利以勇斗，轻足之士凌其高，②必死之士殿其后，③列强弩而冲之，持短兵而继之，彼不得前，我不得往。水战之道，利在舟楫，练习士卒以乘之，多张旗帜以惑之，严弓弩以中之，④持短兵以捍之，设坚栅以卫之，顺其流而击之。夜战之道，利在机密，或潜师以冲之，以出其不意，或多火鼓，以乱其耳目，驰而攻之，可以胜矣。

《诸葛亮集·将苑·战道》

注：①偃戢：放倒。②轻足：行动敏捷。③必死：下定必死的决心。④中：杀伤。

译：大凡森林作战的法则，白天多树旌旗，夜晚多敲锣鼓，利用短小兵器，巧妙设伏，或从前面进攻，或从后面袭击。丛林作战的法则，利用刀剑盾牌，准备攻击敌人时，先推测其经过的路线，十里设一战场，五里设一观察敌情的哨所，放倒旌旗、猛烈敲击锣鼓，使敌人不知所措。山谷作战的法则，巧妙设伏，勇猛冲击，行动敏捷的士兵登临高处，勇于牺牲的士兵列队阵后，先用强劲的弓弩射击，后持短小兵器突击，使敌军不得前进，我军亦不轻易追击。水上作战的法则，必须利用战船，令士卒熟练掌握驾船技术，多树旗帜以迷惑敌人，用强劲的弓箭杀伤敌人，持短兵器防止敌人的偷袭，在水军驻扎的营寨，设置坚固的栅栏以保卫战船的安全。夜晚作战的法则，关键是保守机密，或者出其不意，隐蔽地对敌人发起攻击，或者多燃火把，猛击战鼓，乱敌耳目，然后冲击敌阵，便可以取得胜利。

兵法曰：凡用兵之法，将受命于君，合军聚众，交和而舍，①莫难于军争。军争之难者，以迂为直，以患为利，故迂其途而诱之以利，后人发，先人至，此谓当战。②有所争利，则先示敌人以迂远，敌意以怠慢，復诱敌人以利，然后倍道兼行，③出其不意，故能后发先至，而得所争之要害也。

（宋）曾公亮等：《武经总要·前集·军争》

注：①和：古代军队的营门。②当战：恰当的战法。③倍道：一天行两天的路程。

译：兵法说：凡用兵之法，将军从君主那里接受任命，集合部队，安营扎寨，没有比军事争斗更困难的了。军事争斗之所以困难，在于须以迂回曲折的手法达到最终目的，先付出代价，然后取得胜利。所以作战时要采用迂回的途径，并以小利引诱敌人，后敌发动，先敌到达目的地。这就叫恰当的战法。与敌方争夺某一要害之地时，先向敌方显示自己将采取迂回曲折的行军路线，使敌方斗志懈怠，行动迟缓，再以小利引诱敌方，然后加速行军，一天走两天的路程，出其不意，后敌行动而先敌到达，从而占领争夺的要害地区。

善为兵者，攻其所必应，击其所不备，而取胜也，皆出于奇。孔明连岁之出，而魏人每雍容不应，以老其师，①遂至于徒归。②而又以吾小弱而向强大，未尝出于可胜之奇。蜀师每出，魏延常请万兵趋他道以为奇，亮每拒之，而延深以愤惋。孔明之出者六，益尝一用其奇矣，声言由斜谷而遂攻祁山，以出魏人之不意，一旦而降其三郡，关辅大震，③卒以失律自丧其师④。奇之不可废于兵也如此，而孔明之不务此也。此锐于动众，⑤而无其智以用之也。

（宋）何去非：《何博士备论·蜀论》

注：①老：疲惫。②徒归：空手而归，没有战果。③关辅：

关中畿辅之地。④失律：行军无纪律。也指作战失利。⑤锐：急切。

译： 善于用兵者，进攻敌人所必须应战之地，袭击敌人所未曾防备之区，夺取胜利，都是因为使用了奇兵。诸葛亮连年出兵，而魏军总是从容避之，不与交战，以疲惫蜀军，使其空手而归。又有人认为，我以弱小之军对敌强大之师，难以派出致胜的奇兵。蜀军每次出动，魏延总是请求带一万人马走别道以为奇兵，诸葛亮每次都予以拒绝，魏延因此深感气愤、惋惜。诸葛亮六次出兵，亦曾有一次尝试用奇兵，声称由斜谷出，攻祁山，必然出乎魏军意料，一旦攻克三郡，将极大震惊京畿之区，但却由于将士违抗军令而功亏一篑，兵败丧师。作战不可舍弃奇兵就是如此之重要，而诸葛亮恰恰在这一点有所疏忽。这是他过于急切地发动进攻，而没有运用智谋的缘故。

凡与步骑战于平原旷野，必须用偏箱、鹿角为方阵，①以战则胜。所谓一则治力，一则前拒，一则整束部伍也。②法曰：广地则用车军。

（明）刘基：《百战奇略·车战》

注： ①偏箱：偏箱车，鹿角：鹿角车，均为古代作战所用车辆。②整束部伍：保持作战阵形。

译： 凡与敌军的步兵、骑兵交战于平原旷野，必须用偏箱车、鹿角车列成方阵，这样可确保胜利。这种战法，一来可以削弱敌方的冲击，二来可以拒敌于前，三来可以保持我军的作战阵形。所以兵法说：开阔之地作战就使用战车部队。

凡与敌夜战，须多用火鼓，所以变乱敌之耳目，使其不知所以备，我之计则胜。

（明）刘基：《百战奇略·夜战》

译：凡与敌军进行夜战，必须多燃火把，猛擂战鼓，用以扰乱敌人的视线、听觉，使其不知道应该防守何处，我军的计谋一定可以成功。

凡与敌战，若敌人初来，阵势未定，行阵未整，先以兵急击之，则胜。法曰：先人有夺人之心。

（明）刘基：《百战奇略·先战》

译：凡对敌作战，假如敌军刚刚进入战区，部署尚未完成，阵形尚未排定，我军率先迅速出击，定能获胜。所以，兵法说：先发制人，可以摧毁敌人的斗志。

凡战，敌人若行阵整而且锐，未可与战，宜坚壁待之。① 候其阵久气衰，起而击之，无有不胜。法曰：后于人以待其衰。

（明）刘基：《百战奇略·后战》

注：①坚壁：牢固防守。

译：凡对敌作战，假如敌军阵形规整且士气旺盛，不可与其交战，应该牢固防守己方阵地，等待战机。等到敌军久攻不下，士气低落之时，再发起反击，没有不获胜的。所以，兵法说：等待敌人疲惫之时，后发制人。

凡与敌战，若道路不能通，粮饷不能进，计谋不能诱，利害不能惑，须用正兵。正兵者，拣士卒，利器械，明赏罚，信号令。且战且前，则胜矣。法曰：非正兵，安能致远。

（明）刘基：《百战奇略·正战》

译：凡是与敌作战，假如道路不畅通，粮草难以补给，计谋不能引诱敌人上当，小利小惠不能使敌迷惑，这就必须施用正兵。所谓正兵，就是挑选精兵，配备优良军械，赏罚严明，统一号令。且战且进，步步为营，定能获胜。所以，兵法说：不运用正兵，怎能进行远征？

凡围战之道，围其四面，须开一角，以示生路。使敌战不坚，则城可拔，军可破。法曰：围师必缺。

（明）刘基：《百战奇略·围战》

译： 凡围攻敌军的法则，四面合围，必须留一缺口，给敌人一条逃生之路。这样，可使敌人斗志不坚，则城堡可以攻取，军队可以消灭。所以，《孙子兵法》说：包围敌军，必须留下一个缺口。

凡战，所谓饵者，①非谓兵者置毒于饮食，但以利诱之，②皆为饵兵也。如交锋之际，或弃牛马，或遗财物，或舍辎重，皆切不可取，取之必败。法曰：饵兵勿食。

（明）刘基：《百战奇略·饵战》

注： ①饵：诱饵。②但：只要。

译： 凡是作战，所谓诱饵，不是指在敌军的饮食中投放毒药。只要是以小利小惠引诱其上当受骗的，都叫饵兵。例如作战之时，或者放弃牛马，或者遗失财物，或者抛下辎重，都切切不可拾取，如拾取则必败无疑。所以，《孙子兵法》说：对敌人的引诱，不可上当。

凡与敌战，傍与交国，①当卑词厚赂以结之，引为己援。若我攻敌人之前，彼掎其后，②则敌人必败。

（明）刘基：《百战奇略·交战》

注： ①傍与交国：与敌国相邻近的国家。②掎：牵制。

译： 凡与敌国交战，对其邻国，应当以谦卑的言词和丰厚的礼物去结交它，争取作为自己的援助力量。假如我军对敌国发起正面进攻，该国从敌后方加以牵制，则敌国必败。

凡与敌对垒，我欲袭敌，须丛草杂木，多张旗帜，以为人屯。①使敌备东而击其西，则必胜。或我欲退，伪为虚阵，②设留而退，敌必不敢追我。法曰：众草多障者，疑也。

（明）刘基：《百战奇略·疑战》

注：①以为人屯：伪装成部队集结之地。②虚阵：虚假的阵地。

译：凡是与敌对垒，我军准备袭击敌人，须在杂草丛林之地，多树旗帜，伪装成部队集结之地。使敌人防备东边，我却袭击西边，则必胜。或者我军准备撤退，虚设防卫阵地，好像布置留守部队而退，敌军必定不敢追击。所以《孙子兵法》说：杂草丛生多有障碍，这是疑兵。

兵之伏也，敌欲击我不虞也。①大将总统三军，入人之境，凡山林险阻，堤岸溪谷，及蒹葭翳荟之处，②可以伏人者，必先遣游兵察而索之，无伏而后可进。假令有伏，彼见我之索也，自应溃散矣。即不然，而以诸军分为前后，前军遇伏，后军可解。又或以精兵据其要路，则伏亦不敢出。或分遣死士，③潜出其后而击之，盖其锐气前往，不虞我军之击其背也，未有不震恐丧胆魄，望风而逃者。倘其途险溪回，难达其后，即以精兵向伏而击之，其伏必败。伏兵已败，贼计自穷，乘胜而攻，可以得志。

（明）无名氏：《草庐经略》卷7《防伏》

注：①不虞：没有防备。②蒹：荻。葭：芦苇。翳：音“义”，隐蔽。荟：草木茂盛貌。③死士：敢死之士。

译：敌军设置伏兵，是想趁我不备发起攻击。将帅率领军队进入敌方境内，凡是遇到山林险阻，堤岸河谷以及芦苇茂密等等可能埋有伏兵的地段，一定要先派遣机动灵活的部队侦察搜索，确定没有伏兵，而后才可前进。假如敌军埋有伏兵，见我搜索，将自行溃散。即便不这样做，也应将部队分为前后两军，前军遇伏击，后军可以前往解救。或者以精兵占据险要路口，则敌军的伏兵也不敢出击。或者派遣敢死队，偷袭敌后，敌军一心想攻击我军，没有防备我攻击其后方，因此没有不丧魂落魄，望风而逃的。如果因路途险峻曲折，难以到达敌后，那就以精兵向伏兵发起进攻，其伏兵必败。伏兵已败，敌军黔驴技穷，我军乘胜进攻，定可破敌而归。

兵何以宜乘胜也？胜则敌之心胆已摧，我之锐气益壮，以方胜之气，①当已疲之敌，②所谓势如破竹，数节之后，迎刃而解也。乘之云者，谓吾之锐气过久则衰，敌之衰气渐养则振，释此不乘，③因循荏苒，④机会一失，悔无及也。

（明）无名氏：《草庐经略》卷8《乘胜》

注：①方胜：刚刚取得胜利。②当：对付。③释：放弃。④因循：守旧法而不知变更。荏苒：时间推移。

译：军队为什么宜于乘胜前进呢？胜利之时，敌军已胆战心惊，而我军却锐气更旺，以刚刚获胜的锐气，去对付已疲惫不堪的敌人，正所谓势如破竹，数节之后，不须用力，竹子迎刃而解。之所以要讲“乘胜”，是说我军的锐气过久就会衰落，而敌军的衰气经过一段恢复也会重新振作。放弃了这个机会，不乘胜进击，等时间一过，机会失去，后悔也来不及了。

凡兴师深入敌境，若彼坚壁不与我战，欲老我师，①当攻其军主，②捣其巢穴，截其归路，断其粮草，彼必不得已而须战。我以锐卒击之，可败。

（明）无名氏：《草庐经略》卷11《必战》

注：①老：疲惫，衰竭。②军主：一军的主将。

译：凡率军深入敌国境内，假如敌军坚守壁垒，不与我战，想拖延时日，使我疲惫衰竭，这时应当猛攻敌主将所在营寨，捣其巢穴，截其归路，阻断其粮草供应，使敌军迫不得已，与我决战。我以精锐部队发起进攻，可大败敌军。

将谋用密，攻敌欲速，是以兵家贵突击焉。乘人不备，遴选死士冲突而前，①其兵用少不用众。将必骁，②士必勇，心必一，气必锐，力必蓄。所谓近者，敌三十步外，方始突之。远则敌既见而有备，我气竭而难入。势如旋风，疾若决机，或突其前，或突其胁，③有进无退，使敌仓皇惊怖，无所措手。斯无坚不入，无阵不乱矣。

（明）无名氏：《草庐经略》卷12《突击》

注：①遴选：挑选。死士：敢死之士。②骁：勇猛矫健。③胁：胸部的两侧。此指敌阵防守薄弱的蜂腰部。

译：制定计谋要秘密，攻击敌人要迅速，所以兵家很重视突击。乘敌人不备，挑选敢死之士冲锋在前，人数宜少不宜多。将领必须凶猛矫健，士兵必须勇敢顽强，思想必须一致，士气必须高昂，力量必须积聚。所谓近战，是指待敌进至三十步开外，才开始发起攻击。太远则敌人发现我军行动而作好准备，我军精疲力竭，难以突入敌阵。攻击之时，气势应如旋风一般强劲，速度应如扳动弓弩的机关一般敏捷，或者突击其前军，或者进攻其中军，有进无退，使敌人仓皇失措。这样，定能无坚不摧，无敌不克。

居常虑变，处易备卒。①屯营者，务持重。临敌者，贵合谋。接战者，先示形。纳降者，须防伪。袭人者，顾本营。伏兵者，视地利。攻众者，解其心。陷坚者，孤其势。远征者，警其赴救。追奔者，防其分兵。突进者，矢石在前。[2]无粮者，乘饱以战。卒遇敌者，不可妄动。见异物者，不可辄发。过险阻者，不可不速。遣间谍者，不可不密。凡此皆宜达之以权也[3]。

（明）西湖逸士：《投笔肤谈·达权》

注：①卒：音“促”，仓猝发生的事变。②矢：箭。③达：通晓。权：权变、灵活。

译：居常态时要考虑变化，处平易时要防备突发事件。安营扎寨，一定要保持稳重。与敌对阵，重要的是谋划周全。与敌交战，先展示队形。接纳投降者，须防止诈降。偷袭敌营时，应照顾本营的安全。设置伏兵，要根据有利的地形。攻击敌军的大部队，应瓦解其军心。要攻破敌人坚固的营垒，应使其孤立无援。长途奔袭，应警惕敌人的救援部队。追击逃跑之敌，要防止其分头流窜。强行突破敌阵，应以弓箭飞石开路。即将断粮，应乘饱决战。突然与敌遭遇，不可轻举妄动。发现怪异之物，不可轻率处置。经过险要之地，不可不行动迅速。派遣间谍，不可不保守秘密。凡此种种，都应该十分熟悉，灵活运用。

示之以动，利其静而有主；益动而巽。[1]

《三十六计·暗渡陈仓》

注：①益：《周易》卦名。

译：故意暴露自己的佯攻意图，引诱敌军注意于此，而从彼处偷袭。这是从“益”卦推演出的方法。

共敌不如分敌，[1]敌阳不如敌阴。

《三十六计·围魏救赵》

注：①共敌：强攻整体敌军。

译：与其强攻整体敌军，不如诱使敌军分散兵力。与其与敌军正面冲突，不如迂回侧击。

逼则反兵，①走则减势。紧随勿迫，累其气力，消其斗志，散而后擒，兵不血刃。需，②有孚，光。

《三十六计·欲擒故纵》

注：①反兵：反击，反扑。②需：《周易》卦名。

译：将敌军逼得走投无路，它就会凶猛反扑；放它一条生路，反而能削弱它的斗志。追击之时，紧紧跟随，而不攻击，以消耗敌人的体力，瓦解它的斗志，等到队伍溃散后，再擒拿俘虏，这样就可避免牺牲。这就是“需”卦原理的推演：让敌人看到一条生路，一线光明。

兵之进也，固有所过城邑，不及下者矣。①必以战乎？曰：非我乐战也，不得已而与敌遇，非战无以却之。②盖兵既深入，则敌必并力倾国以图蹂荡我，恐我声势之成。此而不猛战疾斗，一为所乘，鱼散鸟惊，无可救矣。诚能出其不意，一战以挫其锐，则敌众丧胆，我军气倍，志定威立，而后可攻取以图敌。古所谓一战而定天下，其在斯乎。

（清）王余佑：《乾坤大略》卷3

注：①下：攻占。②却：击退。

译：军队向前开进，肯定会有对经过的城邑来不及攻占的。一定要战斗吗？回答：不是我乐意战斗，迫不得已与敌相遇，不战斗无法击退他。我军既已深入敌国境内，敌军必然会集中全国的力量，以求全歼我军，惟恐我军声威大振。在这种情况下，如果不勇猛战斗，而被敌人乘势袭击，必然有如鱼散鸟惊一般，不可收拾。假如真能出其不意，一战而挫敌锐气，那么敌军丧魂落魄，而我军士气倍增，军威大振，而后便可攻城掠地，全歼敌人。古人所说的一战而平定天下，就是指这种情况。

君不见博虎者乎？平原广泽，不惮驰骛以逐之，[①]至于虎负隅矣，[②]则当设网罗，掘陷阱，围绕其出路，旁睨而伺之，[③]久将自困。若奋不顾身，径进而与之斗，鲜不伤人矣[④]。吾之用兵，自初起以至于势成，敌境日蹙而力亦日专，[⑤]此亦负隅之虎也。吾欲一举而毙之，岂可不厚为之防哉。

（清）王余佑：《乾坤大略》卷10

注：①惮：害怕。②负隅：依仗角落或者险要地势，顽强抵抗。③睨：音“逆”，斜看。④鲜：少有。⑤蹙：音“促”，窘迫。专：集中。

译：你没看见捕捉老虎的猎户吗？在平原广泽之上，不怕奋力奔跑的劳苦而追逐老虎，等到老虎被逼到一个角落，负隅顽抗之时，就应当张开网罗，挖出陷阱，封围老虎的出路，在旁边冷静地察看、等候，时间一长，老虎自己将精疲力竭。假若奋不顾身地直接与老虎搏斗，很少有不伤人的。我们用兵，从开始起兵直到包围的形势完成，敌军处境日益窘迫而力量也日益集中，这也好比是负隅顽抗的老虎。我想一举将它击毙，难道不应该作好充分的防备吗？

春以长矛在前，夏以大戟在前，秋以弓弩在前，冬以刀楯在前。[①]此行军四时应天之法也。

（清）汪宗沂：《太公兵法逸文·篇四》

注：①楯：盾牌。

译：春季以长矛队在前，夏季以大戟队在前，秋季以弓弩队在前，冬季以刀盾队在前。这是一年四季行军打仗应当遵循的顺应天时的方法。

胡林翼语：军务只应以一处合围以致敌，①其余尽作战兵、援兵、兜剿之兵，②若处处合围，则兵力皆为坚城所牵缀，③顿兵坚城之下，则情见势绌。

蔡锷：《曾胡治兵语录·兵机》

注：①致：控制。②兜剿：包抄、围剿。③牵缀：牵制。

译：胡林翼说：作战只应在一处战场四面包围以控制敌人，其余部队都用作战兵、援兵、包抄围剿之兵。假如处处对敌实行合围那么兵力都被敌人防守的坚固城池所牵制，我军屯兵坚城之下，无法机动作战，那么形势就会越来越糟。

2. 守备之术

武王问太公曰："敌人深入长驱，侵掠我地，驱我牛马，其三军大至，薄我城下，①吾士卒大恐，人民系累，②为敌所虏，吾欲以守则固，以战则胜，为之奈何？"

太公曰："如此者，谓之突兵。其牛马必不得食，士卒绝粮，暴击而前，令我远邑别军，选其锐士，疾击其后；审其期日，必会于晦，③三军疾战，敌人虽众，其将可虏。"

《六韬·豹韬·突战》

注：①薄：逼近。②系累：遭受苦难。③会：会师。晦：夜晚。

译：周武王问姜太公："敌军长驱直入，攻入我境，烧杀抢掠，大军逼近我城下。我军士卒惊恐，人民被敌捕获，遭受苦难。我想牢固地防守，并战而胜之，该怎么办？"

太公说："敌军的这种攻法，叫做突袭。因其长驱直入，牛马必定缺乏饲料，粮草供应也无保证，只得凶猛攻击，以求一逞。这时，应命令我远方的军队，挑选精锐士卒，迅速袭击敌人后方；同时审时度势，确定日期，于夜晚会师破敌，三军力战，敌人虽多，也必将兵败将虏。”

凡守围城之法：城厚以高；壕池深以广；楼撕修；①守备缮利；薪食足以支三月以上；人众以选；吏民和；大臣有功劳于上者多；主信以义，万民乐之无穷；不然，②父母坟墓在焉；不然，山林草泽之饶足利；不然，地形之难攻而易守也；不然，则有深怨于适而有大功于上；③不然，则赏明可信而罚严足畏也。此十四者具，则民亦不宜上矣，④然后城可守。十四者无一，则虽善者不能守矣。

《墨子·备城门》

注：①楼撕：瞭望的塔楼。②不然：如不是这样，那么……。③适：同“敌”。④宜：同“疑”。

译：防守被围困城市的原则是：城墙厚实而高大；壕沟又宽又深；城角瞭望的塔楼已修好；守备的武器已修缮；粮草足够支持三个月以上；守城的兵员多而经过训练选拔；官吏与百姓关系协调；大臣为君主建功立业的多；君主讲信义，老百姓心情舒畅；此外还有，父母的坟墓在此，人人都会拼死守卫；还有，山林草泽物产富饶；还有，地形易守难攻；还有，城内军民对敌人怀有深仇大恨，一心报效君主；还有，赏罚严明，军民信服。这十四条具备，那么民众就不怀疑君主，而后城市就可以守住了。如果这十四条无一具备，那么虽有善于防卫的人，也无能为力了。

即有惊，①……去郭百步，城垣树木大小，尽伐除之，外空井尽窒之，②无令可得汲之；外宅室尽发之，木尽伐之，诸可以攻城者尽内城中，③令其人各有以记之。事以，④各以其记取之，事为之券，⑤书其枚数。当遂材木不能尽内，即烧之，无令客得而用之。

《墨子·号令》

注：①惊：同“警”。②窒：填塞。③内：通“纳”。④以：通“已”，完毕。⑤券：凭证。

译：一旦发生警报，……城墙周围一百步之内，树木不论大小，全部砍掉。水井全部填塞，不让敌人取水。城外人家的住宅全部拆掉，树木都砍倒，各种可以用来攻城的东西，都收进城里，让人作好登记。战事完毕，归还各家。官吏应写出凭证，记下数目。当道的树木不能都运进城来，就烧掉它，不让敌人获得利用。

凡守城之法，石有积，樵薪有积，菅茅有积，①萑苇有积，木有积，炭有积，沙有积，松柏有积，蓬艾有积，②麻脂有积，金铁有积，③粟米有积，井灶有处。

《墨子·旗帜》

注：①菅：音“间”。草本植物，可编绳索。②蓬艾：草本植物，可用于杀虫、防病。③金：铜。古代称铜为金。

译：守城的法则，石头要有储备，柴禾要有储备，茅草要有储备，芦苇要有储备，木材要有储备，烧炭要有储备，黄沙要有储备，松柏要有储备，蓬艾要有储备，麻脂要有储备，铜铁要有储备，粟米要有储备，水井、炉灶要有固定的处所。

凡不守者有五：城大人少，一不守也；城小人众，二不守也；人众食寡，三不守也；市去城远，①四不守也；畜积在外，②富人在虚，③五不守也。

《墨子·杂守》

注： ①市：市场。去：距离。②畜：通“蓄”。③虚：通“墟”，乡村集市。

译： 城池防守不住的情况有五种：城大而人少，是第一种；城小而人多，是第二种；人多而食寡，是第三种；市场离城镇很远，是第四种；储备的物资在城外，富豪大户也住在城外，是第五种。

夫守者，不失险也。守法，城一丈，十人守之，工食不与焉①。出者不守，守者不出。一而当十，十而当百，百而当千，千而当万。故为城郭者，非妄费于民聚土壤也，诚为守也。②千丈之城，则万人之守。池深而广，城坚而厚，士民备，薪食给，弩坚矢强，矛戟称之，此守法也。

《尉缭子·守权》

注： ①工食：工匠及伙夫。②诚：确实。

译： 防守不可放弃险要的地形。防守的方法，每一丈城墙，需配备十名士兵，工匠、伙夫还不计算在内。出战者不担任防守，防守者也不出城作战，这样才能以一当十，以十当百，以百当千，以千当万。所以，建筑城墙，绝不是白白耗费民力堆土垒砖，而的确是为了防卫敌人的进攻。一千丈长的城墙，需要一万名士兵来守卫。护城河要又深又宽，城墙要又牢固又厚实，兵民作好准备，粮草供给充足，弓弩强劲，矛戟锋利，这就是防守的方法。

守备不可以间。①善守者如环，使敌不得其间而入焉。夫人之治身者，血脉往来通畅于四肢则安宁矣。或一脉不来，一气不通，未有免于病者。是以善用兵者，虽困屯急难，则如首尾相顾而不穷，②斯为妙矣。

（宋）许洞：《虎钤经·分守》

注：①间：空隙。②穷：困窘。

译：防守不可以留下空隙。善于防守者，布阵如环，使敌人没有空子可钻。正如人身保健，血脉畅通于四肢，则身体康健。假若有一脉不畅，一气不通，则未免生病。所以善于用兵者，虽然处于危难之境，仍然首尾相顾而不至困窘，这是用兵的奥妙。

有必救之兵，然后有必守之城，谓其知救至而守愈坚也。谚云：救兵如救火。患在将帅畏缩不进，则敌势愈张，而城危。或恃勇轻进，无奇策以挠敌，使敌困不支，而城危。救之者，必审敌可以击则乘我初至之锐，内外合势，可以策胜。如未可也，无务急与敌战，须严为备御以待敌，先据胜地以陵敌，与城犄角以分敌，广张疑兵以恐敌，抄其谷食以饥敌，尾击其后以扰敌，扼其归路以危敌。夺其所恃，使之进退无据；坚壁以临，使之欲进不能。彼腹背受敌，所谋不遂，①必解而引退，吾以重兵蹑之，②伏兵邀之，③乘险而击，如拉朽矣。

（明）无名氏：《草庐经略》卷7《救援》

注：①遂：顺利成功。②蹑：跟随。③邀：半路拦截。

译：有必定救援的部队，然后才有必定守得住的城池。这是因为守城者得知援兵来到而斗志更加坚强。谚语说：救兵如救火一般的紧急。忧患在于援兵的将帅畏缩不前，这样敌军的气焰更加嚣张，城池就危险了。或者凭一时之勇，贸然前进，并无奇妙的计策可以使敌人陷入困境，这样，城池也危险了。救援部队必须审查敌人的薄弱之处，而乘我军刚到的锐气，里应外合，将敌击溃。如做不到这一点，就不可急于与敌交战，必须严加守备，先占据有利地形，与守城部队成犄角之势，分散敌人的兵力，广布疑兵以恐吓敌人，包抄后路，毁其粮草，使敌陷入饥荒，袭击敌人后方，扰乱其部署，控制归路，威胁敌人。夺取敌人所依仗的有利条件，使其进退无据；建立坚壁一般的防线，使其欲进不能。敌军腹背受攻，攻城计划无法实现，必然解围而退。这时，我以重兵跟踪追击，又设伏兵半路拦截，乘险峻地势而攻击，必定如摧枯拉朽，大获全胜。

凡守之道，敌来逼城，静默而待，无辄出拒，候其矢石可及，①则以术破之。若遇主将自临，度其便利，以强弩丛射，飞石并击毙之，则军沮丧，其势必遁②。若得敌人称降及和，切勿驰备，当益加守御，③防其诈我。若敌攻已久，不拔而去，此为疲师，可蹑而袭之，④必破。此又寄之明哲，见利而行，不可拘以常格也。

（明）宋祖舜：《守城要览·总论》

注：①矢石可及：弓箭飞石可以达到。②遁：悄悄地逃跑。③益加：更加。④蹑：跟踪。

译：凡守卫城堡的办法，敌军来围攻，静静地等待，不要轻易出城抵御，等敌军进入弓箭飞石的射程之内，再以一定的战术破敌。假若遇到敌军主将亲临城下，抓住有利时机，以强劲的弓弩密集射击，同时飞石猛轰，将其击毙。这样，敌军必然斗志沮丧，悄悄地撤退。如果敌军声称投降、讲和，切不可放松戒备，应当更加严密防守，以免受敌欺诈。如果敌军攻城已久，不成而退，这是疲劳之师，可跟踪追击，必定获胜。这些办法，须依靠明智的将领，见机而行，不可拘泥于常规。

虚者虚之，疑中生疑。刚柔之际，①奇而复奇。

《三十六计·空城计》

注：①刚柔之际：敌强我弱之时。

译：力量空虚时，故意向敌方显示出不设防的样子，使多疑的敌人更加疑惑，不敢进攻。在敌强我弱的危急关头，这种方法更加奇妙莫测。

胡林翼语：军事之要，必有所忌，乃能有所济；①必有所舍，乃能有所全。②若处处设备，即十万兵亦无尽寸之效。

防边之要，不可处处设防。若处处设防，兵力必分，不能战亦不能守。惟择其紧要必争之地，厚集兵力以守之，便是稳固。

（近现代）蔡锷：《曾胡治兵语录·战守》

注：①济：成功。②全：保全。

译：胡林翼说：军事的要诀是：必须有所顾忌，才能有所成功；必须有所舍弃，才能有所保全。假如处处设防，即便有十万兵马也无法取得点滴战功。

边防的要诀是：不可处处设防。假如处处设防，兵力必然分散，不能进攻也不能防守。只有选择最要紧的必争之地，结集重兵防守，这才是稳固的边防。

3. 择地之术

孙子曰：地形有通者，有挂者，有支者，有隘者，有险者，有远者。我可以往，彼可以来，曰通；通形者，先居高阳，①利粮道，以战则利。可以往，难以返，曰挂；挂形者，敌无备，出而胜之；敌若有备，出而不胜，难以返，不利。我出而不利，彼出而不利，曰支；支形者，敌虽利我，我无出也；引而去之，②令敌半出而击之，利。隘形者，我先居之，必盈之以待敌；③若敌先居之，盈而勿从，不盈而从之。险形者，我先居之，必居高阳以待敌；若敌先居之，引而去之，勿从也。远形者，势均，难以挑战，战而不利。凡此六者，地之道也。将之至任，不可不察也。

《孙子·地形篇》

注：①高阳：地势高且向阳处。②引：撤退。③盈：充分准备。

译：孙子说：地形可分为“通”、“挂”、“支”、“隘”、“险”、“远”六种。我可以去，敌可以来的地形，叫做“通”。在这种地区，我军应率先占据高且向阳之处，保证粮道畅通，以利作战。可以前往，难以返回的地形，叫做“挂”。在这种地区，若敌军没有防备，可攻击取胜；若敌军已有防备，攻击难以奏效，且不易撤回，出击是不利的。我军攻击不利，敌军攻击也不利的地形，叫做“支”。在这种地区，即使敌军以小利相引诱，我军也不可出击；应装作撤退而去，诱骗敌军追击，待其出动一半时发起攻击，可以获胜。在“隘”形地区，我先占据隘口，并作好充分准备以迎击敌人；假若敌军先占该地并作好准备，我军不可攻击；若敌未作好准备，我军则可以攻击。在“险”形地区，我先据险而守，占高且向阳之地，等待敌人的进攻；假若敌军先占该地，我军应撤退而去，不可发起攻击。在“远”形地区，敌我势均相持，难以挑战，战而不利。以上六条，是利用地形的原则。将帅担负重任，不可不认真研究。

孙子曰：凡处军、①相敌：②绝山依谷，视生处高，③战隆无登，④此处山之军也。绝水必远水；客绝水而来，⑤勿迎之于水内，令半济而击之，利；欲战者，无附于水而迎客；视生处高，无迎水流，此处水上之军也。绝斥泽，⑥惟亟去无留；⑦若交军于斥泽之中，必依水草而背众树，此处斥泽之军也。平陆处易，右背高，前死后生，⑧此处平陆之军也。凡此四军之利，黄帝之所以胜四帝也⑨。

《孙子·行军篇》

注：①处军：部署军队。②相敌：判断敌情。③视生处高：驻扎高地，视野开阔。④战隆无登：敌居高处，不可仰攻。⑤绝

水：横渡江河。⑥斥泽：盐碱沼泽之地。⑦亟去：迅速离开。⑧前死后生：前低后高。⑨四帝：指黄帝周围的部落首领。

译：孙子说：在不同的地形部署军队，判断敌情，应该注意：通过山地时，必须靠近山谷，驻地要选择视野开阔的高处，敌军已占高处时，则不要去仰攻，这是在山地部署部队的原则。横渡江河后应远离岸边，敌军渡水而来，不要在水面上迎击，应在它渡过一半之时发起进攻，这样才有利；想与敌决战，不要靠近江河水面，而应布阵于高处，不要面对水流，这是在江河地带部署部队的原则。通过盐碱沼泽地带，应迅速离去，不可久留；假如与敌军相遇于此地，一定要靠近水草而背依树林，这是在盐碱沼泽地带部署部队的原则。在平原地带要驻扎于行动便利的地方，右后方背靠高地，形成前低后高的态势，这是在平原地带部署部队的原则。这四条原则，就是黄帝能够战胜四周部落首领的原因。

孙子曰：凡先处战地而待敌者佚，①后处战地而趋战者劳。故善战者，致人而不致于人。②能使敌人自至者，利之也。能使敌人不得至者，害之也。故敌佚能劳之，饱能饥之，安能动之。

《孙子·虚实篇》

注：①佚：安逸。②致：调动。

译：孙子说：凡是先到达战场等待敌人的就安逸，后到达战场仓促应战的就疲劳。所以善于用兵的人，调动敌人而不被敌人所调动。能使敌人自动上钩的，是用小利引诱它。能使敌人不能达到预定目标的，是千方百计阻拦它。所以，敌人安逸应使它疲劳，敌人粮草充足应使它饥饿，敌人稳定应使它动乱。

孙子曰："用八阵战者，①因地之利，用八阵之宜。用阵三分，诲阵有锋，②诲锋有后，皆待令而动。斗一，守二。以一侵敌，以二收。敌弱以乱，先其选卒以乘之。③敌强以治，先其下卒以诱之。④车骑与战者，分以为三，一在于右，一在于左，一在于后。易则多其车，险则多其骑，厄则多其弩。险易必知生地、死地，居生击死。”

《孙膑兵法·八阵》

注：①八阵：古时作战的一种阵形。②诲：同“每”。③选卒：经过挑选的精兵。④下卒：弱小的部队。

译：孙膑说：“运用八阵法与敌作战，应根据地形的条件，采用相宜的部署。将部队分列成三阵，每一阵都有前锋，每一支前锋都有后卫，待命行动。三阵中，一阵攻击，两阵防守；一阵突破，两阵围歼。敌军衰弱时，先以精兵乘虚而击；敌军强大时，先以小部队诱其来犯。战车、骑兵投入战斗，也应分为三部分，一部在右，一部在左，一部在后。地势平坦则多用战车，地势险要则多用骑兵，地势狭窄则多用弓弩。判断地形必须区分生地与死地，从而占据生地，置敌于死地。”

凡兵，欲急疾捷先。欲急疾捷先之道，在于知缓徐迟后而急疾捷先之分也。急疾捷先，此所以决义兵之胜也，而不可久处；知其不可久处，则知所兔起凫举死殙之地矣：①虽有江河之险则凌之，②虽有大山之塞则陷之，③并气专精，④心无有虑，目无有视，耳无有闻，一诸武而已矣！⑤

《吕氏春秋·论威》

注：①兔起凫举：凫，音“浮”，一种水鸟。兔奔跑，凫起飞，形容动作快捷。殙：音“闷”，同‘殙”，气绝。②凌：超越。③陷：突破。④并气：屏住呼吸。⑤一：集中。诸：之于。

译：凡是用兵作战，应该迅速敏捷，先发制人。迅速敏捷，先发制人，在于明白迟缓拖沓、后发制于人与迅速敏捷、先发制人的区别。先发制人是义兵取得胜利的关键，因此不可在一处久留；知道不可在一处久留，所以需要像兔奔凫飞一样迅速离开这种四面受敌的闭塞之地：即使有江河的险阻，也要跨越它；即使有高山的堵塞，也要冲破它。屏住呼吸，集中精力，心无旁虑，目无旁视，耳无旁听，一门心思奋勇冲杀！

太宗曰："太公云：'以步兵与车骑战者，必依丘墓险阻。'又孙子云：'天隙之地，①丘墓故城，②兵不可处。'如何？"

靖曰："用众在乎心一，心一在乎禁祥去疑③。倘主将有所疑忌，则群情摇。群情摇，则敌乘衅而至矣④。安营据地，便乎人事而已。若涧、井、陷、隙之地，及如牢如罗之处，人事不便者也。故兵家引而避之，防敌乘我。丘墓故城非绝险处，我得之为利，岂宜反去之乎？太公所说，兵之至要也。"

《唐太宗李卫公问对·卷下》

注：①天隙：自然形成的狭窄之处。②故城：城市废墟。③禁祥：禁止吉凶妖祥之事。④衅：缝隙，破绽。

译：唐太宗问："姜太公说：'以步兵与敌车骑作战，必须依据丘陵、墓地及险峻地势。'孙子却说：'狭窄之地，丘陵、墓地及城市废墟，兵不可驻。'哪种说法对？"

李靖答："用兵作战，关键在上下一心。一心关键在禁灾祥，去疑虑。倘若主将有所疑忌，军心就会动摇。军心动摇，敌人就会乘机进攻。安营扎寨，构筑阵地，只要便于部队行动就可以了。像山涧、水井、低凹、狭窄之地，以及有如牢笼、罗网之处，都对军队的行动不利。所以用兵时应避开这些地方，以防止敌人乘虚而击。丘陵、墓地，城市废墟并非危险之地，我占据了对我有利，怎么能够反而放弃呢？姜太公所说，是用兵的重要法则。"

凡骑兵与步兵战者，若遇山林险阻，陂泽之地，①疾行急去。是必败之地，勿得与战。欲战须得平易之地，进退无碍，战则必胜。

（明）刘基：《百战奇略·骑战》

注：①陂：音“悲”，池塘。

译：凡骑兵与步兵作战，如果遇到山林险阻、池塘沼泽之地，应急速离去。这是必败之地，不可在此与敌交战。如果要作战，必须选择平坦地区作为战场，进退自如，作战必胜。

凡步兵与车骑战者，必依丘陵险阻林木而战则胜。若遇平易之道，须用拒马枪为方阵，①步兵在内。马军、步兵中分为驻队，战队。驻队守阵，战队出战；战队守阵，驻队出战。敌攻我一面，则我两哨出兵从旁以掩之；②敌攻我两面，我分兵从后以捣之；③敌攻我四面，我为圆阵分兵四出以奋击之。敌若败走，以骑兵追之，步兵随其后，乃必胜之法。

（明）刘基：《百战奇略·步战》

注：①拒马枪：阻止敌骑兵冲击的器械，又名“木螳螂”，相传为姜太公吕尚所创。②掩：袭击，冲杀。③捣：攻打，冲击。

译：凡步兵与战车、骑兵作战，必须依据山陵险阻、林木茂密的地形，才可取胜。如果在平坦之地，必须用拒马枪布成方阵，步兵据守方阵之内。我军的马军、步兵分为驻队与战队。驻队守阵，战队出击；战队守阵，驻队出击。敌军攻我一面，我就从两侧出击，包抄冲杀；敌军攻我两面，我就分兵袭击敌人后方；敌军对我四面围攻，我就排列圆阵，四面分兵，奋力还击。敌军如果败退，我以骑兵紧追不舍，步兵随后跟进，这是必胜的战法。

凡与敌战于江湖之间，必有舟楫，须居上风、上流①。上风者顺风，用火以焚之；上流者随势，使战舰以冲之，则战无不胜。法曰：欲战者勿迎水流②。

（明）刘基：《百战奇略·舟战》

注：①上风：顺风之地。上流：上游之位。②迎：逆向。

译：凡与敌军在江湖水面作战，必须拥有舰船，而且占据顺风、顺水的有利地位。顺风，可借助风力对敌实施火攻；顺水，可借助水流，以我舰冲击敌舰，这样必胜无疑。所以，《孙子兵法》说：水上作战，切勿逆水行舟。

凡与敌战，或岸边为阵，或水中泊舟，皆谓之水战。若近水为阵者，须去水稍远，一则诱敌使渡，一则示敌无疑①。我欲必战，勿近水迎敌，恐其不得渡；我欲不战，则拒水阻之，使敌不能济②。若敌渡水来战，可于水边，伺其半渡而击之，③则利。法曰：涉水半渡可击。

（明）刘基：《百战奇略·水战》

注：①示敌无疑：向敌人显示没有埋伏。②济：渡河。③伺：等候。半渡：半数部队已渡河。

译：凡与敌作战，或者在岸边布阵，或者在水中停泊战船，这都是水战。假如靠水列阵，必须离水稍远，一来引诱敌人渡河，二来向敌人显示没有埋伏。我军准备决战，不可近水迎敌，那样恐怕敌人就不会渡河而来；我军不准备作战，就应当依水阻击，使敌不得渡河。假如敌军渡河来战，可在河边等其半数部队已渡之时，发动攻击，就可获胜。所以，《孙子兵法》说：敌军半数已过河之时，可以发起攻击。

大都屯营置阵得地者强，所谓善战者立于不败之地，而不失敌之败也。营阵处高阳，依险阻，堪设伏，①便樵汲，②利粮道，无余蕴矣。而战地则不一端，总宜居己于崇高，居敌于卑下；居己于宽舒，居敌于隘塞；居己于阳洁，居敌于坎坷；居己于可藉之乡，③居敌于无所可恃之处；居己于有胜无败之境，居敌于败而莫救之中；居己于先至迳胜之明，④居敌于后至失据之拙。

（明）无名氏：《草庐经略》卷3《地形》

注：①堪：能够。②樵：打柴。汲：取水。③藉：音“借”，凭借。④迳：同“径”，直接了当。

译：一般说来，扎营布阵占据有利地形者为强。这就是人们常说的善战者立于不败之地，而不被敌人所战胜。扎营之地应该位于高而向阳之处，凭借险阻，能够设伏，便于打柴取水，有利于粮草运输，此外没有其他的要求了。可是布阵作战之地却不可一概而论，总而言之，应使自己位于高峻之地，而使敌处于低凹之地；使自己位于宽广舒敞之地，而使敌处于狭窄闭塞之地；使自己位于温暖清洁之地，而使敌处于坎坷不平之地；使自己位于有胜无败之地，而使敌处于失败且无法救援之地；使自己位于率先到达、快捷取胜之地，而使敌处于后我而到、无所依凭之地。

立营之法，须据险阻。前阻水泽，右背山林，处高阳，①便粮道。前有险翳，②可以设伏，后有间道，③可以出奇兵。据险阻则敌不敢攻，就水草则军用不匮。④两营分屯，则互相犄角。三营分屯，则鼎足而居。若兵众分屯数营或数十营，亦须各择胜地，前后左右互相顾盼，声势联络。毋居卑泾，以防水攻，毋相去太远，毋隔越长水大泽崇山峻岭以致救应不及。

（明）无名氏：《草庐经略》卷6《立营》

注：①高阳：地势高，面南朝阳。②翳：音“义”，隐蔽。③间道：小道。④匮：音“溃”，缺乏。

译：建立营寨的法则，必须依据险峻地势。前面隔着湖泊江河沟渠，右后方靠着山林，地势高峻，面南朝阳，且便利粮草运输。前面有隐蔽的地形，可以设伏兵，后有小道，可以出奇兵。依据险峻地势，敌人便不敢进攻，邻近水源，粮道畅通，就不担心军需供给不足。分立两处营寨，应互为犄角之势，分立三处营寨，应成鼎足之势。假如人多，分扎数营或数十营，也必须各择有利地形，前后左右互相照应，保持联络。不可驻扎在低矮潮湿之地，以防水攻，不可相距太远，不可隔越大江大河崇山峻岭，以致相互救援不及。

4. 侦察之术

武王问太公曰：“何以知敌垒之虚实、自来自去？”

太公曰：“将必上知天道，下知地理，中知人事。登高下望，以观敌之变动。望其垒，即知其虚实；望其士卒，则知其去来。”

武王曰：“何以知之？”

太公曰：“听其鼓无音，铎无声，①望其垒上多飞鸟而不惊，上无氛气，必知敌诈而为偶人也②。敌人卒去不远，未定而复返者，彼用其士卒太疾也。太疾，则前后不相次；不相次，③则行阵必乱。如此者，急出兵击之，以少击众，则必胜矣。”

《六韬·虎韬·垒虚》

注：①铎：大铃，军中颁布命令时使用。②偶人：木偶，假人。③相次：顺序排列。

译：周武王问姜太公：“怎样才能知道敌军营垒的虚实，以及敌人调动的情况？”

太公说：“将帅一定要上知天文，下知地理，中知人事。登高瞭望，观察敌人的变动。望其营垒，即知虚实；望其士卒，即知调动。”

武王说：“怎样才能知道呢？”

太公说：“听不到敌军的鼓声、铎声，远望其营垒上空飞鸟多而不惊，又无尘土飞扬，便可知道这是敌人为欺骗我而设置的由木偶组成的空营。假如敌军仓卒撤退后，不久又返回，这是犯了用兵太忙乱的大忌。用兵忙乱，必然行动无序，行动无序，阵势必然混乱。这时，我军快速出动，以少击众，必可歼敌而胜。”

武王问太公曰：“吾欲未战先知敌人之强弱，预见胜负之徵，①为之奈何？”

太公曰：“胜负之徵，精神先见，明将察之，其败在人。谨候敌人出入进退，②察其动静，言语妖祥，士卒所告③。凡三军说怿，④士卒畏法，敬其将命，相喜以破敌，相陈以勇猛，相贤以威武，此强徵也。三军数惊，士卒不齐，相恐以敌强，相语以不利，耳目相属，妖言不止，众口相惑，不畏法令，不重其将，此弱徵也。

“三军齐整，阵势已固，深沟高垒，又有大风甚雨之利，三军无故，旌旗前指，金铎之声扬以清，⑤鼙鼓之声宛以鸣，⑥此得神明之助，大胜之徵也。行阵不固，旌旗乱而相绕，逆大风甚雨之利，士卒恐惧，气绝而不属，⑦戎马惊奔，兵车折轴，金铎之声下以浊，鼙鼓之声湿如沐，此大败之徵也。”

《六韬·龙韬·兵徵》

注：①徵：征兆。②候：斥候，侦察。③告：议论。④说：同“悦”，喜悦。怿：音“义”，高兴。⑤金铎：铜铸大铃，颁布法令时使用。⑥鼙：音“皮”，军鼓。⑦属：连续，连接。

译：周武王问姜太公："我想未战之先了解敌军的强弱，预见胜负的征兆，该怎么办？"

太公说："胜负的征兆，首先看对方的精神状况，明智的将帅能够察觉这一点，敌人的失败，在于士兵的斗志丧失。谨慎地侦察敌军的出入进退，观其动静，察其言语议论。凡是三军喜悦，士卒遵守法纪，服从命令，相互以破敌为喜，以勇猛为荣，以威武为誉，这是力量强大的征兆。与此相反，三军一日数惊，阵容涣散，士卒谈起敌人就害怕，相互传递不利消息，谣言四起，人心惶惶，不畏惧法令，不尊重将帅，这是力量衰弱的征兆。

"三军行动整齐，阵势牢固，深沟高垒，又有风雨相助，内部没有变故，战旗向前，铜铃之音清扬，战鼓之声响亮，这是得到神明的帮助，将获大胜的征兆。与此相反，阵势不牢固，旌旗紊乱，相互缠绕，无风雨相助，士卒畏缩不前，士气衰竭，战马惊奔，兵车断轴，铜铃之音混浊，战鼓之声沉闷，这是大败的征兆。"

武王曰："敌之地势，不可以伏其两旁，车骑又无以越其前后，敌知我虑，先施其备，我士卒心伤，将帅恐惧，战则不胜，为之奈何？"

太公曰："微哉，①王之问也！如此者，先战五日，发我远候，②往视其动静，审候其来，设伏而待之，必于死地。与敌相避，远我旌旗，疏我行阵，必奔其前。与敌相当，战合而走，击金无止，三里而还，伏兵乃起，或陷其两旁，或击其前后，三军疾战，敌人必走。"

武王曰："善哉！"

《六韬·虎韬·动静》

注：①微：深奥，微妙。②候：侦探。

译：周武王问："敌方的地势令我军不能伏击于两旁，我军的战车、骑兵又无法绕过敌阵迂回到其后方，敌人已知晓我军的意图，早早做好了防备，我军士卒缺乏斗志，将帅内心恐慌，很难战胜敌人，这时该怎么办?”

姜太公答：“您的问题真是微妙啊！像您说的这种情况，应在战前五天，派出侦探，观察敌军的动静，探知其进攻路线，我军预设埋伏，等待敌人入网，必置其于死地。设伏的同时，注意不要与敌军直接接触，将旌旗距离拉开，布阵散乱，敌人见此，必然贸然来攻。我军与敌交战，佯装败退，后撤三里，伏兵乘机而起，或击敌两侧，或抄敌前后，全军奋战，敌军必败。”

武王说：“您说得好！”

武王问太公曰：“引兵深入诸侯之地，主将欲合兵，行无穷之变，图不测之利，其事烦多，符不能明，①相去辽远，言语不通，为之奈何?”

太公曰：“诸有阴事大虑，②当用书，不用符。主以书遗将，③将以书问主。书皆一合而再离，三发而一知。再离者，分书为三部。三发而一知者，言三人，人操一分，相参而不相知情也。此谓阴书，敌虽圣智，莫之能识。”

《六韬·龙韬·阴书》

注：①符：古代朝廷传达命令用的凭证，传达与被传达者各执一半，拼合以验真假。②阴事：秘密计划。大虑：宏大意图。③遗：音“卫”，送。

译：周武王问姜太公：“率军深入敌国境内，君主与将帅想集合各路人马配合作战，追求灵活变化，图取敌人预想不到的胜利。然而事情繁多，简单的兵符无法表明意图，加之双方相距遥远，通讯不便，该怎么办呢?”

太公说：“凡是遇有秘密计划、重大决策，应当用书信，不可用兵符。君主以书信向将帅送达命令，将帅以书信向君主报告情况。书信都应一次写成而分为三个部分，分由三人发出，每人都不了解书信的完整内容，只有收信人将三者合一，才能获得全部信息。这叫做阴书。敌人即便绝顶聪明，也无法识破信中的秘密。”

故小征，千里遍知之。筑堵之墙，[①]十人之聚，日五间之[②]。大征，遍知天下。日十间之，散金财用聪明也。故善用兵者，无沟垒而有耳目[③]。

《管子·制分》

注：①筑：当作“一”。②间：音“见”，侦察。③耳目：间谍。

译：小规模的征伐，千里以内的情况都要掌握。哪怕是一堵墙，十个人的村落，也要每天侦察五次。大规模的征伐，天下的情况都要掌握。每天侦察十次，这就需要广施金钱财物，收买耳聪目明的人才充当间谍。所以，善于用兵的人，即使不构筑战壕、堡垒，也要派遣间谍，侦察敌情。

明君贤将，所以动而胜人，成功出于众者，先知也[①]。先知者，不可取于鬼神，不可象于事，[②]不可验于度，[③]必取于人，知敌之情者也。

故用间有五：有因间，有内间，有反间，有死间，有生间。五间俱起，莫知其道，是谓神纪，[④]人君之宝也。因间者，因其乡人而用之。内间者，因其官人而用之。反间者，因其敌间而用之。死间者，为诳事于外，[⑤]令吾间知之，而传于敌间也。生间者，反报也。

《孙子·反间篇》

注：①先知：预先了解情况。②象于事：对事物作机械的类比。③验于度：以星宿运转的速度、位置来验证。④神纪：神妙的道理。⑤诳：欺骗。

译：开明的国君和贤明将帅之所以能战无不胜，取得超过众人的成功，是因为他们事先便掌握了敌情。事先掌握敌情，不可依据鬼神的旨意，不可进行简单的类比，也不可以星宿的运转速度、位置来验证，而必须向人了解，向掌握敌情的间谍了解。使用间谍有五种：即因间、内间、反间、死间、生间。五种间谍同时使用，使敌人莫测高深，这是神妙的道理，是国君克敌制胜的法宝。所谓“因间”，就是利用敌方的乡官作间谍。所谓“内间”，就是利用敌方的官吏作间谍。所谓“反间”，就是利用敌方的间谍来为我军服务。所谓“死间”，就是使我方间谍传递假情报使敌人信以为真，我方间谍也因此而被敌处死。所谓“生间”，就是派往敌方侦察后能活着回来报告敌情的间谍。

敌近而静者，恃其险也；①远而挑战者，欲人之进也；其所居易者，②利也。众树动者，来也；众草多障者，疑也；鸟起者，伏也；兽骇者，复也。尘高而锐者，车来也；卑而广者，③徒来也；散而条达者，④樵采也；少而往来者，营军也。辞卑而益备者，⑤进也；辞强而进驱者，退也；轻车先出居其侧者，陈也；⑥无约而请和者，谋也；奔走而陈兵车者，期也；半进半退者，诱也。杖而立者，饥也；汲而先饮者，渴也；见利而不进者，劳也；鸟集者，虚也；夜呼者，恐也；军扰者，将不重也；⑦旌旗动者，乱也；吏怒者，倦也；杀马肉食，军无粮也；悬缶不返其舍者，⑧穷寇也。谆谆谕谕，⑨徐与人言者，失众也；数赏者，窘也；数罚者，困也；先暴而后畏其众者，不精之至也；来委谢者，欲休息也。兵怒而相迎，久而不合，⑩又不相去，必谨察之。

《孙子·行军篇》

注：①恃：依仗。②易：地势平坦。③卑：低下。④条达：断断续续。⑤益备：加深准备。⑥陈：同“阵”，布阵。⑦重：有威望。⑧缶：音“否”，瓦质炊具，大肚小口。⑨谆谆谕谕：

有气无力，低声下气。⑩合：两军交战。

译：敌军逼近而保持安静，是依仗他占据了险要地形；敌军远道而来挑战，是想引诱我前进；敌军放弃险要而占平坦之地，是另有图谋；众多树木摇动，是敌军前来偷袭；草丛多设障碍，是敌人布下的迷惑阵；鸟雀飞起，是下有伏兵；野兽惊骇奔走，是敌军前来进攻。尘土高而成尖形，是敌军的战车来了；尘土低而宽广，是敌军的步兵来了；尘土分散而断断续续，是敌人正在打柴；尘土稀少而时起时落，是敌人正在扎营。敌方言辞谦卑同时加紧准备，是想发起进攻；言辞强硬同时摆出向前推进的样子，是想向后退却；战车先出动，部署在两侧，是在列阵备战；没有预约而请求讲和，是另有阴谋；士卒奔走，战车排开，是期待与我决战；摆出半进半退姿态，是引诱我军向前。敌士卒倚武器站立，是饥饿的表现；打水的人自己先饮，是干渴的表现；有利可图却不进攻，是疲劳的表现；营寨上空聚集鸟雀，表明营寨空虚；夜间惊呼，表明军心恐慌；敌阵混乱，表明将帅没有威望；旌旗摇晃，表明队伍已散；军官发怒，表明疲劳过度；杀马吃肉，表明已无军粮；抛弃炊具，不回营寨，表明已打算逃命。将领低声下气同部下讲话，表明已丧失人心；频频悬赏，表明处境窘迫；不断惩罚，表明陷入困境；先暴怒而后又害怕士卒，表明将帅愚蠢到了极点；派遣使者前来道歉，表明希望休战。气势汹汹向我开来，既不交战，又不撤退，这时必须谨慎查明敌人的企图。

凡战，众寡以观其变，进退以观其固。危而观其惧，①静而观其怠。动而观其疑，袭而观其治。击其疑，加其卒，②致其屈。袭其规，因其不避，阻其图，夺其虑，③乘其惧。

《司马法·用众》

注：①危：威胁。②加：施加。卒：仓卒。③夺：粉碎。虑：计划。

译：凡作战，用或多或少的兵力对敌试探进攻，侦察它的应变能力；用忽进忽退的行动，侦察它的阵势是否牢固。威逼敌人，看它是否恐惧；

按兵不动，看它是否懈怠。对敌佯攻，看它是否被迷惑；突然袭击，看它是否应付有方。在敌迟疑之时发起进攻，在敌仓卒之间施加打击，从而使敌屈服。用突击打乱敌人的部署，利用敌人轻易冒进的错误，阻止其实现作战意图，粉碎它的计划，乘它畏惧退缩之时，将其消灭。

吴政荆①，子胥使人宣言于荆曰：②“子期用，将击之③；子常用，将去之。④”荆人闻之，因用子常而退子期也。吴人击之，遂胜之。

《韩非子·内储说下六微》

注：①政：通“征”，讨伐。荆：楚国。②子胥：伍子胥，楚人，父兄被楚平王杀害，逃往吴国，率军攻楚。③子期：即楚公子结，善于用兵。④子常：即囊瓦，不善用兵。

译：吴军进攻楚国，伍子胥派人到楚国四处宣扬：“楚国如任用子期率军，我们就进攻；如任用子常率军，我们就撤退。”楚国君听信了这话，于是任用子常而撤换了子期。吴军乘机进攻，因而战胜了楚国。

凡行军之法，斥候为先。①平易用骑，险阻用步。每五人为甲，人持一白旗，远则军行前后左右接续候望。若见贼兵，以次转近告白主将，②令众预为之备。法曰：以虞待不虞者，③胜。

（明）刘基：《百战奇略·斥战》

注：①斥候：侦察兵。②以次转近：一个转告一个，送回情报。③虞：防备。

译：部队行军，首先应派出侦察人员，平易之地派骑兵担任，险峻之地派步兵担任。每五人编为一组，人人手持白旗，与大部队保持一定距离，在前后左右连续侦察瞭望。假如发现敌情，一个转告一个，将情况报告主将，使部队做好战斗准备。所以，《孙子兵法》说：以防备者对付不防备者，必定胜利。

兵志有言，明君贤将，所以动而胜人，成功出于众者，先知也。先知敌之情者，必资于间。间子讵可缓乎①？用间之法，孙子详言之。其所谓非微妙不能得间之实者，则尤极其精，不可不阐其义。五间俱起，②固当总而角其同。③即一间之中，不可不多其人，以觇言果同否则始为真。④五间各不令相知，生间之人亦当择其彼此素不相识者而遣之，则其所谓敌情各述所闻，吾始得较量其同否，而察其真伪。何者？为间之人一相知识，则必符同其说，以巧同其奸，而吾反为间所诳矣。⑤故为间之人不一，而知间之人惟我。

（明）无名氏：《草庐经略》卷6《间谍》

注：①讵：音“巨”，表示反问，难道，哪里。②五间：《孙子兵法》说，使用间谍有五种，即因间、内间、反间、死间、生间。③角：音“决”，较量，比较。④觇：音“掺”，察看。⑤诳：欺骗。

译：兵书说，明君贤将之所以战无不胜，取得超人的成功，是因为他们预先知道战争的结局。而事先知道敌人的情报，必须依靠间谍的作用。派遣间谍，难道是可缓之事吗？使用间谍的方法，孙武说得很详细。特别是他说非微妙不能获得间谍提供的真实情报，尤其精当，不可不进一步阐明其中的道理。同时派出因间、内间、反间、死间、生间五类谍报人员，肯定应当比较他们送回的情报是否相同。即便是一类间谍，也不可不派出多人，以核查其所言是否一致。五类谍报人员不可相互认识，对于能活着回来通报敌情的“生间”，也应选择互不相识的人担任。这样，才可审核他们报告的情况是否相同，而辨其真伪。为什么呢？因为假如间谍相互认识，必然会统一口径，耍弄花招，而我反被他们所欺骗。所以，派出的间谍互不相联系，而唯有我一人掌握他们的活动。

疑以叩实，①察而后动；复者，②阴之媒也。

《三十六计·打草惊蛇》

注：①叩：叩问，打探。②复：《周易》卦名。

译：对敌情有怀疑，应侦察确实，而后采取行动。“复”卦的原理，是对付敌人阴谋的手段。

两将初遇，必有所试；①两将相持，必有所测。测于敌者，避实而击疏；测于敌之测我者，现短以致长。测蹈于虚，反为敌诡。②必一测而两备之，虞乎不虞，③全术也，胜道也。

（清）揭暄：《兵经百篇·智篇·测》

注：①试：试探。②诡：欺诈。③虞：预料、防备。

译：两军之将初次相遇，必然会互相试探；两将相对峙，必然会互相测算。测算了敌军的力量，于是便避其实而击其虚；测算到敌方也会分析我军的短长，于是便假装暴露我军的短处，而实际上正好发挥我军的长处。测算如果失于虚妄，就会反被敌人所欺诈。对测算的后果，要作两种准备。预防那些可能出漏洞之处，是保全之术，取胜之道。

微乎微乎！①惟兵之知。以意测，以识悟，不如四知之廉得其实也。②一曰通，二曰谍，三曰侦，四曰乡。③通，知敌之计谋；谍，知敌之虚实；侦，知敌之动静出没；乡，知山川翳翳、④里道迂回、地势险易。知计谋则知所破，知虚实则知所击，知动静出没则知所乘，知山川里道形势则知所行。

（清）揭暄：《兵经百篇·智篇·知》

注：①微：深奥，微妙。②廉：简略。③乡：音“向”，向导。④翕：音“翁”，集聚。翳：音“义”，遮掩。

译：军事情报的掌握，真是奥妙无穷啊！主观臆测，见识领悟，都不如“四知”之法能十分简略地把握其根本。四知，一是通晓，二是谍报，三是侦察，四是向导。通晓，即知道敌人的计谋；谍报，即知道敌人的虚实；侦察，即知道敌人的动向；向导，即知道山川形势、道路远近、地形险易。知道了敌人的计谋就可以知道破敌的方略，知道了敌人的虚实就可以知道打击的薄弱环节，知道了敌人的动向就可以知道应抓的战机，知道了山川地势就可以知道行军的路线。

谋成于密，败于泄。三军之事，莫重于秘。一人之事，不泄于二人；明日所行，不泄于今日。细而推之，慎不间发。①秘于事会，恐泄于语言；秘于语言，恐泄于容貌；秘于容貌，恐泄于精神；秘于神精，恐泄于梦寐。有形而隐其端，有用而绝其口。然可言者，亦不妨先露以示信，推诚有素，②不秘所以为秘地也。

（清）揭暄：《兵经百篇·智篇·秘》

注：①慎不间发：间，间隙。十分谨慎小心，连能容纳一根头发的漏隙也不留下。②有素：久已熟悉。

译：计谋成功在于保密，失败在于泄密。军事作战，没有比保守秘密更重要的了。只可让一人知道的事，不可让两人知道；明天的行动计划，今天绝不泄露。保守秘密必须仔细讲求，十分谨慎，连能容纳一根头发的漏隙也不留下。开会要保密，应防止语言泄密；语言保密，应防止容貌泄密；容貌保密，应防止神情泄密；神情保密，应防止说梦话泄密。有形的物件，隐匿其端；有用的计划，闭口不言。然而对于可以告知的对象，也不妨先透露一点消息，以示对他的信任，双方久已熟悉，诚恳相待，所以虽未讲究保密而实际上仍未泄密。

5. 众寡相敌之术

武王问太公曰："引兵深入诸侯之地，与敌人冲军相当，①敌众我寡，敌强我弱，敌人夜来，或攻吾左，或攻吾右，三军震动。吾欲以战则胜，以守则固，为之奈何？"

太公曰："如此者，谓之震寇。利以出战，不可以守。选吾材士强弩，②车骑为之左右，疾击其前，急攻其后，或击其表，或击其里，其卒必乱，其将必骇。"

《六韬·豹韬·敌强》

注：①冲军：突击部队。②材士：精锐士兵。

译：周武王问姜太公："我率军深入敌境，与敌突击部队相遇，敌众我寡，敌强我弱，敌军趁夜晚袭击我军左右，士卒震惊。我想立于攻守不败之地，该怎么办？"

太公说："这样的敌人，叫做'震寇'。对于震寇，我军以积极求战为利，不可消极防守。选拔精锐士卒，配备精良武器，以战车、骑兵护卫两翼，迅猛地前后夹击敌军，或者攻其外围，或者突击其核心。这样，敌士卒必然惊恐溃乱，将帅也会胆战心惊。"

武王问太公曰："吾欲以少击众，以弱击强，为之奈何？"

太公曰："以少击众者，必以日之暮，伏于深草，要之隘路；①以弱击强者，必得大国之与，②邻国之助。"

武王曰："我无深草，又无隘路，敌人已至，不适日暮；③我无大国之与，又无邻国之助，为之奈何？"

太公曰："妄张诈诱，④以荧惑其将，迂其道，令过深草，远其路，令会日暮，前行未渡水，后行未及舍，⑤发我伏兵，疾击其左右，车骑扰乱其前后，敌人虽众，其将可走。事大国之君，下邻国之士，⑥厚其币，卑其辞，如此，则得大国之与，邻国之助矣。”

《六韬·豹韬·少众》

注：①要：邀击，半路拦截。隘路：狭窄险峻之路。②与：结交。③适：正逢。④妄张：虚张声势。⑤及舍：到达宿营地。⑥下士：礼贤下士，礼貌对待贤才之士。

译：周武王问姜太公：“我想以少击多，以弱击强，该怎么办？”

太公说：“以少击多，必须利用日暮昏暗之时，将部队埋伏于草丛之地，半路拦截敌军于狭窄险峻之路。以弱击强，必须与大国结交，得到邻国的援助。”

武王又问：“我军既无丛林茂草之地可设伏，又无狭窄险峻之路可拦击，敌军到达之时，恰恰不是黄昏日暮；加之我既未与大国结交，又无邻国援助，这又该怎么办？”

太公说：“遇到这种情况，应当虚张声势，设下圈套，迷惑敌人。引诱其迂回行军，通过丛林茂草之地；引诱其长途跋涉，不得不在黄昏日暮之时与我军交战。乘敌人前锋尚未全部渡河，后卫尚未宿营之机，出动伏兵突袭敌军两翼，同时以战车、骑兵扰敌前后。这样，敌军虽多，也会被击败。同时，敬奉大国君主，礼遇邻国贤士，给其丰厚的贿赂，表以谦恭的言辞，这样，就得以与大国结交，取得邻国的援助。”

武王问太公曰：“敌人围我，断我前后，绝我粮道，为之奈何？”

太公曰：“此天下之困兵也。景用之则胜，①徐用之则败。如此者，为四武冲阵，以武车骁骑，惊乱其军，而疾击之，可以横行。”

《六韬·虎韬·三阵》

注：①景：时光。此处作时光紧迫、紧急之意。

译：周武王问姜太公："敌军包围我军，切断我前进、后退的道路，阻隔粮草运输，这时该怎么办？"

太公说："这是处境最困难的军队。在此情况下，迅速突围才有可能胜利，行动迟缓则必败无疑。此时应布成"四武冲阵"，以战车、骑兵冲乱敌军的包围圈，给予猛烈打击，这样才可以顺利突围。"

武侯问曰："若敌众我寡，为之奈何？"

起对曰："避之于易，邀之于厄。①故曰：以一击十，莫善于厄；以十击百，莫善于险；以千击万，莫善于阻。今有少卒卒起，②击金鸣鼓于厄路，③虽有大众，莫不惊动。故曰：用众者务易，用少者务隘。"

《吴子·应变》

注：①邀：半路拦击。厄：险要地形。②卒起：突然出现。③击金：敲锣。

译：魏武侯问道："假如敌众我寡，该怎么办？"

吴起回答："在平坦的地区避开敌人，在险要的地段拦截敌人。所以说，以一击十，最好利用狭隘的地形；以十击百，最好利用险峻的地形；以千击万，最好利用便于阻击的地形。派出小部队，突然出现于险峻之路，鸣金击鼓，即使敌人再多，也无不惊慌骚动。所以，使用众多兵力，务求地势平易；使用少量部队，务求地形险峻。"

凡战之道，用寡固，用众治，寡利烦，①众利正。用众进止，用寡进退。众以合寡，②则运裹而阙之，③若分而迭击。寡以待众，若众疑之，则自用之。擅利，④则释旗迎而反之。

《司马法·用众》

注：①烦：烦扰，骚扰。②合：攻击。③阙：留出一个缺口。④擅：占据。

译：作战的法则，兵力少应力求阵营稳固，兵力多应力求调度有方。兵力少应对敌进行骚扰，兵力多应与敌堂堂正正地对阵。兵力多应稳重推进，兵力少应变幻莫测。以众击寡，应包围敌军，并留出一个缺口，或轮番发起攻击。以寡击众，应迷惑敌人，出其不意地进攻。敌军已占据有利地形，应掩旗而退，引诱敌追击，然后反攻。

凡小阵逢大阵，①不利持久。敌意轻我，必不惮战，宜乘利速进。敌人兵众阵大，多连延不整，金鼓之音不相闻，②旌旗之色不相见，左不闻右，右不闻左，前不闻后，后不闻前。如此我以少众併力击之，必胜矣。或敌人下营未定，布阵未定，备垒未成，法令未施，皆可疾击也。③

（宋）曾公亮等：《武经总要·前集·以寡》

注：①阵：部队的行列。②金：锣。古时作战，击鼓则进，鸣锣则退。③疾击：迅猛出击。

译：凡是我方小部队与敌方大部队相遇，持久作战是不利的。敌军以人多而轻视我军，必然不害怕交战，我们应乘敌麻痹之利，快速进击。敌军人数多，战线长，多绵延布阵，队列混乱，锣鼓之声不相闻，旌旗之色不相见，左边听不见右边，右边也听不见左边，前面听不见后面，后面也听不见前面。这样，我军以少数部队合力进攻，必定获胜。此外，当敌军扎营未定、布阵未完、设垒未成、法令未行之时，都可以迅猛出击。

凡战，若我众敌寡，不可战于险阻之间，须要平易宽广之地，闻鼓则进，闻金则止，①无有不胜。

（明）刘基：《百战奇略·众战》

注：①金：锣。

译：凡是作战，假如我众敌寡，不可与敌交战于地形险要的战场，而应选择宽阔平坦之地，听到鼓声就进攻，听到锣声就停止，这样，没有不打胜仗的。

凡战，若以寡敌众，必以日暮，或伏于深草，或邀于隘路，①战则必胜。法曰：用少者务隘。

（明）刘基：《百战奇略·寡战》

注：①邀：半路拦截。隘：狭窄。

译：凡是作战，假如我寡敌众，必须等到日落西山，或者埋伏于茂密的草丛中，或者半路拦截于狭窄的道路上，这样作战必定胜利。所以，兵法说：指挥小部队作战务必利用狭隘地形。

耀能以震敌，①恒法也。②惟无有者故称，未然者故托，③不足者故盈，或设伪以疑之。张我威，夺彼气，出奇以胜，是虚声而致实用也，④处弱之善道也。

（清）揭暄：《兵经百篇·法篇·张》

注：①耀能：炫耀自己的能力。②恒法：常用的战法。③未然：没有达到某种程度，或没有实现某一目标。④虚声：虚张声势。

译：炫耀我军的能力以震慑敌军，是常用的战法。没有的故意宣称已经拥有，没有取得某种成功故意说已经取得，明明缺乏却故意装出很充足的模样，或者布置伪装以迷惑敌人。壮大我军的声威，打击敌军的士气，出奇制胜，这种虚张声势而收取实效的办法，是处于弱小地位时最好的战法。

第五章　将　帅　论

"将者，民之司命，国家安危之主"〔1〕。将帅在战争中的作用是不言而喻的。战争的严酷、精密、复杂多变，对将帅的素质提出了很高的要求。围绕这一主题，中国古代兵家提出了许多精彩思想。

优秀的将帅，必须具备全面优长。姜太公对周武王指出将有"五材"——勇、智、仁、信、忠；诸葛亮认为"将材有九"——仁、义、礼、智、信、步、骑、猛、大；曾公亮列举"五谨"——理、备、果、诚、约；说法各异，宗旨则一：只有加强综合修养，才能造就优秀将才。

相对于只嗜搏杀的赳赳武夫，将帅更应具有智者的风范。在相当程度上讲，"较形与势不如较将之智能"〔2〕。两军对垒，首先是将帅智慧的角逐。只有"不以小胜而喜，不以小败而忧，不以小利而趋，不以小害而避，洞

〔1〕《武经总要·前集·将职》。
〔2〕《兵经百篇·法篇·较》。

达利害，兼览始终"〔1〕，才能占得上风，克敌建功。

贤明的将帅，善于调动部属的聪明才智，使得人尽其才，才尽其用。古代兵家把这称作"大将受任：必先料人"，"总兵之任，务搜拔众才"〔2〕。"集众思，广忠益，古人之名言也"〔3〕，用于军事，要求将帅，同样是真理。

战场形势，瞬息万变。当机立断，是将帅必具的素养。"用兵之害，犹豫最大；三军之灾，生于狐疑"〔4〕，"故智者从之而不释，巧者一决而不犹豫"〔5〕，只有这样，才能立于不败之地。

战争是艰难的事业。巨大的牺牲换来巨大的成功，同时也使得将帅易生骄矜之心。居功轻敌，必将酿成大祸，此类教训，屡见不鲜。对此，古代兵家一方面谆谆告诫："骄兵必败"，"祸莫大于轻敌"〔6〕，"一胜而骄，或小胜而骄，皆败道也"〔7〕；另一方面，又循循善诱："功盖天下，不过了人臣职分，何必炫耀以施劳。况亟欲自鸣，反开谗者萋菲之门，岂保身长策哉"〔8〕。个中深意，的确值得从军为将者仔细体会。

赢得士卒的衷心拥戴，是将帅成功的基础条件。为此，将帅平时必须关心士卒疾苦，古代兵家称之为"尽拊循之道"。具体而言，"暑不张盖，寒不重衣，险必下步，军井成而后

〔1〕《草庐经略·卷三·远略》。
〔2〕《武经总要·前集》。
〔3〕《草庐经略·卷二》。
〔4〕《吴子·治兵》。
〔5〕《六韬·龙韬·军势》。
〔6〕《老子·六十九章》。
〔7〕《草庐经略·卷二·戒骄》。
〔8〕《草庐经略·卷二·将让》。

饮，军食熟而后饭，军垒成而后舍”〔1〕，或者更形象地说：“以父母之心，行将帅之事，则三军欣从，万众咸悦”〔2〕，才能所向披靡，无坚不摧。

将帅受命于危难之际，拼搏于生死之间，必须拥有指挥调度的全权。“将在军，君命有所不受。”〔3〕这既是君主对将帅的起码信任，也是将帅忠于君主、忠于社稷的实际表现。一切服从于战场形势，一切服从于战争的胜利。“战道必胜，主曰无战，必战可也；战道不胜，主曰必战，无战可也”〔4〕。既然担当军国大任，就应当恪尽职守，“无天于上，无地于下，无主于后，无敌于前”〔5〕。

最后，关于将帅的选拔，古代兵家坚持“宰相必起于州部，猛将必发于卒伍”〔6〕，“以战功之事定勇怯，以官职之治定愚智”〔7〕的原则。唯其如此，才能避免“纸上谈兵”的赵括一类庸才执掌兵权，最终酿成兵败国亡的悲剧。

1. 将材有九

夫将材有九。道之以德，齐之以礼，而知其饥寒，察其劳苦，此之谓仁将。事无苟免，①不为利挠，有死之荣，无生之辱，此之谓义将。贵而不骄，胜而不恃，贤而能下，②刚而能

〔1〕《尉缭子·战威》。
〔2〕《草庐经略·卷一·拊循》。
〔3〕《孙子·九变篇》。
〔4〕《孙子·地形篇》。
〔5〕《尉缭子·武议》。
〔6〕《韩非子·显学》。
〔7〕《管子·明法解》。

忍，此之谓礼将。奇变莫测，动应多端，转祸为福，临危制胜，此之谓智将。进有厚赏，退有严刑，赏不逾时，刑不择贵，③此之谓信将。足轻戎马，气盖千夫，善固疆场，长于剑戟，此之谓步将。登高履险，驰射如飞，进则先行，退则后殿，此之谓骑将。气凌三军，志轻强虏，怯于小战，勇于大敌，此之谓猛将。见贤若不及，从谏如顺流，宽而能刚，勇而多计，此之谓大将。

《诸葛亮集·将苑·将材》

注：①苟免：以不正当的手段免除灾祸。②能下：能够礼贤下士。③择贵：偏袒高贵者。

译：将领依其才干素质，可分为九类。以道德教育士兵，以礼节对待士兵，关心士兵的温饱，体察士兵的劳苦，这叫做仁将。从不以不正当的手段免除灾祸，不受私利的引诱，宁愿光荣战死，绝不苟且偷生，这叫做义将。位尊而不骄横，功高而不自傲，礼贤下士，刚毅坚忍，这叫做礼将。变幻莫测，智谋多端，转祸为福，履险如夷，这叫做智将。前进者有重赏，后退者受严刑，赏赐绝不拖延，处罚也不袒护显贵，这叫做信将。健步如飞，胜过战马，勇气超群，压倒千军，武艺精湛，善于搏杀，这叫做步将。登高履险，纵横驰骋，冲锋在前，撤退在后，这叫做骑将。气盖三军，藐视强敌，害怕打小仗，勇于打大仗、恶仗，这叫做猛将。见贤思齐，从谏如流，宽厚而又刚毅，勇敢而又足智多谋，这叫做大将。

故将有五危：①必死，可杀也；必生，可虏也；忿速，②可侮也；廉洁，可辱也；爱民，可烦也。凡此五者，将之过也，用兵之灾也。覆军杀将，必以五危，不可不察也。

《孙子·九变篇》

注：①五危：五种可导致危险的性格缺陷。②忿速：急躁易怒。

译：将帅有五种性格缺陷会导致危险：只知死拼蛮干，可用计谋杀死；一味贪生，可将他俘虏；急躁易怒，可侮辱刺激，使他中计；廉洁自爱，可污辱他的名声而使他无法承受；爱怜百姓，可使他疲于奔命。这五种毛病，是将帅的过错，也是作战的灾祸。全军覆灭，将帅被杀，都是由它们所引起，所以不可不重视。

武王问太公曰："论将之道奈何？"

太公曰："将有五材十过。"

武王曰："敢问其目？"①

太公曰："所谓五材者：勇、智、仁、信、忠也。勇则不可犯，智则不可乱，仁则爱人，信则不欺，忠则无二心。

所谓十过者：有勇而轻死者，有急而心速者，有贪而好利者，有仁而不忍人者，有智而心怯者，有信而喜信人者，有廉洁而不爱人者，有智而心缓者，有刚毅而自用者，②有懦而喜任人者。

勇而轻死者可暴也，急而心速者可久也，贪而好利者可遗也，③仁而不忍人者可劳也，智而心怯者可窘也，信而喜信人者可诳也，④廉洁而不爱人者可侮也，智而心缓者可袭也，刚毅而自用者可事也，懦而喜任人者可欺也。

故兵者，国之大事，存亡之道，命在于将。将者，国之辅，先王之所重也。故置将不可不察也。故曰：兵不两胜，亦不两败。兵出逾境，期不十日，不有亡国，必有破军杀将。"

武王曰："善哉。"

《六韬·龙韬·论将》

注：①目：条目。②自用：自以为是。③遗：音"卫"，赠

送。④诳：欺骗。

译：周武王问姜太公："评论将领的标准是什么？"

太公说："将领有五种才能，十种错误。"

武王问："请具体解释其内容。"

太公说："所谓五种才能，是指勇敢、智慧、仁义、诚实、忠诚。勇敢就不会被侵犯，智慧就不会胡乱行动，仁义就会爱护部下和百姓，诚实就不会欺骗同僚，忠诚就对君主不会有二心。

所谓十种错误，是指勇敢而行动轻率，急躁而急于求成，贪婪而谋求私利，仁慈而不忍心伤人，聪明而胆小，诚实而轻信他人，廉洁而近于刻薄，多谋而犹豫不决，坚强而自以为是，懦弱而依赖他人。

对勇敢而轻率的可激怒他，对急于求成的可持久地拖垮他，对贪图私利的可贿赂他，对不忍心伤人的可扰乱他，对胆小的可逼迫他，对轻信别人的可欺骗他，对太刻薄的可羞辱他，对犹豫不决的可突袭他，对自以为是的可利用他，对依赖他人的可蒙骗他。

所以，出兵打仗，是国家的大事，胜败存亡，系于将帅一身。将帅是国家的辅佐，历代君王都非常重视。因此，任命将帅不可不慎重。兵书上说，战争不可能双方都胜，也不可能双方都败。出兵攻人敌国，不出十天，就会见分晓，不是敌国被灭，就是我军兵败将亡。"

武王说："您说的对！"

吴子曰："夫总文武者，军之将也。兼刚柔者，兵之事也。凡人论将，常观于勇。勇之于将，乃数分之一尔。夫勇者必轻合，①轻合而不知利，未可也。故将之所慎者五：一曰理，二曰备，三曰果，四曰戒，五曰约。理者，治众如治寡。备者，出门如见敌。果者，临敌不怀生。②戒者，虽克如始战。③约者，法令省而不烦。受命而不辞，敌破而后言返，将之礼也。故师出之日，有死之荣，无生之辱。"

《吴子·论将》

注：①轻：轻率。合：两军交锋。②怀生：贪生怕死。③克：战胜。

译：吴起说："文武兼备的人，才可担任将帅。刚柔相济，是用兵作战的规律。常人评论将帅，往往只看他是否勇敢。对于将帅来讲，勇敢仅仅是应具备的诸多素质之一。单凭勇敢，一定会轻率地与敌交战。轻率交战却不考虑利害得失，是不行的。所以将帅必须慎重注意五个方面：一是条理，二是防备，三是果敢，四是警戒，五是简约。条理，就是统率大军如同指挥小队；防备，就是好像一出动就与敌相遇；果敢，就是对敌作战绝不侥幸生还；警戒，就是已经获得胜利仍像刚刚开始战斗；简约，就是法令简明而不繁琐。接受命令不推辞，打败敌人才下令班师，这是将帅必须遵守的礼法。所以，从出兵之日开始，就应当下定决心，宁可光荣战死，绝不苟且偷生。"

孝成王、临武君曰："善。请问为将。"

孙卿子曰：①"知莫大乎弃疑，行莫大乎无过，事莫大乎无悔。事至无悔而止矣，成不可必也。故制号政令，欲严以威；庆赏刑罚，欲必以信；处舍收藏，欲周以固；徙举进退，②欲安以重，欲疾以速；窥敌观变，欲潜以深，欲伍以参；③遇敌决战，必道吾所明，无道吾所疑。夫是之谓六术。无欲将而恶废，④无急胜而忘败，无威内而轻外，无见其利而不顾其害，凡虑事欲孰而财欲泰。⑤夫是之谓五权。所以不受命于主有三：可杀而不可使处不完，可杀而不可使击不胜，可杀而不可使欺百姓。夫是之谓三至。凡受命于主而行三军，三军既定，百官得序，⑥群物皆正，则主不能喜，⑦敌不能怒。夫是之谓至臣。虑必先事而申之以敬，⑧慎终如始，终始如一。夫是之谓大吉。凡百事之成也必在敬之，其败也必在慢之。⑨故敬胜怠则吉，怠胜敬则灭；计胜欲则从，欲胜计则凶。战如守，行如战，有功如幸。敬谋无圹，⑩敬事无圹，敬吏无圹，敬众无圹，敬敌无圹。夫是之谓五无圹。慎行此六术、五权、三至而处之以恭敬无圹。夫是之谓天下之将，则通于神明矣。”

《荀子·议兵》

注：①孙卿子：即荀子。②徙举：转移行动。③欲伍以参：参，三。伍，五。参伍，错综比较，以为验证。④欲将：希望君主任命自己为将。⑤孰：熟，成熟。泰：不吝啬。⑥得序：各就其职。⑦不能喜：不能使之喜。⑧敬：谨慎。⑨慢：怠慢。⑩圹：荒废，疏忽。

译：赵孝成王、临武君说：“好。请问将帅应具备什么条件。”

荀子回答：“智慧，没有比放弃可疑的谋略更重要的了；行动，没有比不犯错误更重要的了；办事，没有比不反悔更重要的了。办事只要不后悔就可以了，不一定要求必然成功。所以，制定政令，要明晰威严；奖赏惩罚，要言而有信；驻扎收藏，要周密牢固；进退转移，要安全稳重，迅速敏捷；观察敌情，要深入细致，反复斟酌；与敌决战，一定要根据我方所明了的情况行事，不可根据我方疑惑的情况行事。这就叫做‘六术’。不要只保住将帅的职务而忌恨被撤换，不要急于求胜而忘记失败的可能，不要对内严厉而对敌轻视，不要只看有利条件而不看不利因素，凡考虑事情要成熟而不要吝惜钱财。这就叫做‘五权’。将帅可以不接受君主命令的情况有三种：宁可抗命被杀，也不可使军队驻扎在守备不完善的地区；宁可抗命被杀，也不可率领军队去进攻不可战胜的敌人；宁可抗命被杀，也不可指挥军队去欺侮老百姓。这就叫做‘三至’。凡接受君主的任命，指挥三军，部队部署完毕，将士各就其职，各类事务走上正轨，那么，君主不能使他高兴，敌人不能使他愤怒。这就叫做‘至臣’。考虑问题必在行动之前，而且处处小心谨慎，始终如一，这就叫做‘大吉’。任何事情，成功在于谨慎从事，失败在于马虎懈怠。所以，谨慎超过了懈怠就吉祥，懈怠超过了谨慎就灭亡；计谋超过了贪欲就顺利，贪欲超过了计谋就凶险。进攻要像防守那样严密，行军要像作战那样迅猛，有了战功要像侥幸所得，不可骄傲自满。谨慎地对待谋略不疏忽，谨慎地对待事务不疏忽，谨慎地对待将士不疏忽，谨慎地对待民众不疏忽，谨慎地对待敌人不疏忽。严格地实行这六术、五权、三至，并且以谨慎的态度对待它们，这就叫做天下无敌的将帅，必定用兵如神，战无不胜。”

夫兵有本干：①必义，必智，必勇。义则敌孤独，敌孤独则上下虚、民解落；②孤独则父兄怨，贤者诽，乱内作。智则知时化，知时化则知虚实盛衰之变，知先后远近纵舍之数。勇则能决断，能决断则能若雷电飘风暴雨，能若崩山破溃，别辨贯坠；③若鸷鸟之击也，④搏攫则殪，⑤中木则碎，⑥此以勇得也。

《吕氏春秋·决胜》

注：①本干：根本，基础。②解落：涣散解体。③贯：音“允”，同“陨”，坠落。④鸷鸟：猛禽。⑤殪：死。⑥中：击中。

译：军人有基本的素质要求：一定要仁义、智慧、勇敢。仁义，那么敌人就会孤立无援，孤立无援就会上下空虚，民众涣散；孤立无援就会父兄怨恨，贤人批评，发生内乱。智慧，那么就能掌握时机的变化，掌握时机变化就懂得虚实、盛衰的演变，懂得先后、远近、攻守的灵活作战方略。勇敢，那么就能坚决果断，坚决果断就能行动如雷电风暴，如山崩堤溃，如陨石坠落，不可阻挡；就能如猛禽扑食，抓鸟就死，碰树就碎，这都是因为勇敢而得的收获。

上问曰：①“如我能将几何？②”信曰：“陛下不过能将十万。”上曰：“于君何如？”曰：“臣多多而益善耳。”上笑曰：“多多益善，何为为我禽？”③信曰：“陛下不能将兵，而善将将，此乃信之所以为陛下禽也。”

（汉）司马迁：《史记·淮阴侯列传》

注：①上：皇上，此处指刘邦。②将：统率。几何：多少军队。③禽：同“擒”。

译：刘邦问道：“像我能统率多少军队？”韩信说：“陛下只不过能率领十万人马。”刘邦又问：“那么你呢？”韩信答：“我是越多越好。”刘邦笑着说：“既然越多越好，那你为什么被我活捉了呢？”韩信答：“陛下不善于领兵，而善于用将，这就是我被陛下生擒的原因。”

将无虑，①则谋士去。将无勇，则吏士恐。将妄动，则军不重。将迁怒，②则一军惧。《军谶》曰：“虑也，勇也，将之所重。动也，怒也，将之所用。”此四者，将之明诫也。

《黄石公三略·上略》

注：①虑：谋略。②迁怒：怒此而移于彼。

译：将领没有深谋远虑，谋士就会离去。将领没有勇敢精神，士卒就会恐惧不安。将领轻举妄动，军心就不稳固。将领迁怒于下，全军就会胆战心惊。《军谶》上说：“谋略、勇气，是将领的重要素质。适时而动，喜怒有常，是将领的用兵艺术。”这四条，将领应当引为警戒。

将者，能思士如渴，①则策从焉。夫将拒谏，则英雄散。策不从，则谋士叛。善恶同，则功臣倦。专己，②则下归咎。自伐，③则下少功。信谗，则众离心。贪财，则奸不禁。内顾，④则士卒淫。将有一，则众不服。有二，则军无式。⑤有三，则下奔北。有四，则祸及国。

《黄石公三略·上略》

注：①士：贤士。思贤如渴，爱慕贤才，急欲求得，就像口

渴急于喝水一样。②专己：刚愎自用，一意孤行。③自伐：自我夸耀。④内顾：思念妻妾。⑤无式：没有纪律约束。

译：将领思贤如渴，就会有谋士相随。将领拒绝规劝，英杰雄才就会离去。不采纳良策，谋士就会叛离。善恶不分，有功之臣就会心灰意冷。刚愎自用，一意孤行，就会把错误归咎于下。自我夸耀，部下就少建功劳。听信谗言，众人就会离心离德。贪图钱财，就无法禁止奸邪之举。迷恋女色，士卒就会淫乱。以上诸条，将领犯了一条，就会众心不服。犯了两条，部队就没有了纪律约束。犯了三条，就会全军溃散，犯了四条，就会殃及国家安全。

兵者凶器，将者危任，是以器刚则缺，任重则危。故善将者，不恃强，不怙势，①宠之而不喜，辱之而不惧，见利不贪，见美不淫，以身殉国，壹意而已。

《诸葛亮集·将苑·将志》

注：①怙：音“户”，依仗，凭借。

译：兵器是凶器，将领是危险的职务。器物坚硬则容易缺损，任务繁重则容易出现危险。所以，善于带兵者，不恃强凌弱，不仗势压人，受到尊宠而不喜，受到侮辱而不怕，见利益不贪婪，见美色不淫乱，以身殉国，一意尽忠。

将有五善四欲。五善者，所谓善知敌之形势，善知进退之道，善知国之虚实，善知天时人事，善知山川险阻。四欲者，所谓战欲奇，谋欲密，众欲静，心欲一。

《诸葛亮集·将苑·将善》

译：将领要做到“五善”、“四欲”。所谓“五善”，是指善于知晓敌军的形势，善于知晓前进后退的道路，善于知晓国力的强弱虚实，善于知晓顺应天时、团结部属，善于知晓山岭河川的地势险易。所谓“四欲”，是指作战欲出奇兵，计谋欲保守秘密，部属欲安静整肃，思想欲专心致志。

治军之政，谓治边境之事，匡救大乱之道，以威武为政，诛暴讨逆，所以存国家安社稷之计。①是以有文事必有武备，故含血之蠹，②必有爪牙之用，喜则共戏，怒则相害；人无爪牙，故设兵革之器，以自辅卫。故国以军为辅，君以臣为佐，辅强则国安，辅弱则国危，在于所任之将也。

《诸葛亮集·便宜十六策·治军》

注：①社：土神。稷：谷神。古代王朝建立，必先立社稷之坛；灭人之国，必变置灭国的社稷。所以，社稷成为国家政权的标志。②含血之蠹：泛指昆虫。

译：治理军事事务，是指防守边境，拯救国家的动乱，以威武之力，诛杀残暴，讨伐叛逆，以此来保卫国家，巩固政权。所以，文治必有武备相配合。各类昆虫，生有爪牙，高兴时共同游戏，发怒时相互伤害；人没有爪牙，所以设立武器军备，用以自卫。因此，国家以军队为辅佐，君主以大臣为辅佐，辅佐强则国家平安，辅佐弱则国家危险，这一切都系于军队主将一身。

大凡将以五才为体，五谨为用。所谓五才者，一曰智，二曰信，三曰仁，四曰勇，五曰严。非智不可以料敌应机，①非信不可以训人率下，非仁不可以附众抚士，非勇不可以决谋合战，非严不可以服强齐众。所谓五谨者，一曰理，二曰备，三曰果，四曰诫，五曰约。理者，理众如理寡；备者，出门如见敌；果者，见敌不怀生；②诫者，虽克如始战；约者，法令省而不烦。

（宋）曾公亮等：《武经总要·前集·选将》

注：①料敌：分析敌情。应机：抓住战机。②怀生：抱有苟且偷生的想法。

译：大凡军事将领，以五才为立身根本，以五谨为行为准则。所谓五才，一是智谋，二是信用，三是仁义，四是勇敢，五是严肃。没有智谋不可以分析敌情，抓住战机；没有信用不可以训导士卒，率领部下；没有仁义不可以抚慰士卒，团结队伍；没有勇敢不可以当机立断，英勇战斗；没有严肃不可以加强纪律，一致行动。所谓五谨，一是条理，二是防备，三是果敢，四是警戒，五是简约。条理，即指挥千军万马如同指挥一人；防备，即一出门就如发现敌人般提高警惕；果敢，即一旦与敌人相遇，绝不贪生怕死；警戒，即虽已取得胜利，仍如刚刚开始作战那样不敢丝毫松懈；简约，即法令明晰而不烦杂。

将者，民之司命，①国家安危之主，三军之事专达焉。②兵法曰：辅周则国强，辅隙则国弱。盖言其才不可不周用，事不可不周知也。故将在军，必先知五事、六术、五权之用与夫九变、四机之设，然后可以内御士众，外料战形。苟昧于兹，虽一日不可居三军之上矣。所谓五事者，一曰道，二曰天，三曰地，四曰将，五曰法。道者，令民与上下同意也，故可以与之死，可以与之生，而民不畏危；天者，阴阳寒暑时制也；地者，远近险易广狭死生也；将者，知信仁勇严也；法者，曲制官道主用也。所谓六术者，制号政令欲严以威；庆赏刑罚欲必以信；处舍收藏欲周以固；徙举进退欲要以重，欲疾以速；窥敌观变欲潜以深，欲伍以参；遇敌决战必道吾所明，无道吾所疑。所谓五权者，无欲将而恶废，无怠胜而忘败，无威内而轻外，无见其利而不顾其害，凡虑事欲熟而用财欲泰。所谓九变者，圮地无舍，③衢地合交，绝地无留，围地则谋，死地则战，涂有所不由，④军有所不击，城有所不攻，地有所不争，君命有所不受。所谓四机者，张设轻重在于一人，谓之气机；道狭路险，名山大塞，十夫所守，千夫不过，谓之地机；善行间谍，分散其众，使其君臣相怨，上下相咎，谓之事机；车坚舟利，士马闲习，⑤谓之力机。此五事、六术、五权、九变、四机者，皆良将之所要闻，而兵家之所先务也。

（宋）曾公亮等：《武经总要·前集·将职》

注：①司命：神名，后转喻与生命有关的事物。②专达：精通。③圮地：易坍塌之地。④涂：道路。⑤闲：同“娴”，熟练。

译：领兵作战者，是老百姓的保护神，是国家安危的支柱，因而对军事必须精通。兵法说：辅佐周全则国家强盛，辅佐不严密则国家衰弱。这是说将领的才干不可不全面，知识不可不广博。所以，将领率领军队，必须先知晓五事、六术、五权的要求以及九变、四机的作用，然后才可以对内指挥部队，对外分析敌情，制定对策。如果对这些茫然无知，那么一天也不可位居统率部队的要职。所谓五事，一是道，二是天，三是地，四是将，五是法。道，是指军民上下同心同德，这才可以同生死，共患难，不畏艰险；天，是指阴阳寒暑的时令之制；地，是指路途远近、地形险易、战场广狭是否利于战斗；将，是指将领必须具备智、信、仁、勇、严的素质；法，是指治军作战要有一套严格的规矩。所谓六术，是指制定政策、颁布命令必须有权威；赏功罚罪必须信守诺言；安营扎寨、储藏军备必须牢固安全；行军进退必须决策慎重，行动迅速；侦察敌情观其变化必须深入细致，作出由表及里的判断；遇敌决战必须选择自己熟悉的战略战术，而不是相反。所谓五权，是指不要一味好战，厌恶息争；不要因胜利而懈怠，忘记失败的危险；不要对内苛刻，对外轻谩；不要只见其利，不见其害；凡考虑事情应周全而赏赐不可吝啬。所谓九变，是指在险阻难行之地不可扎营，四通八达之地宜于交战，危险之地不可停留，包围敌人应周密谋划，陷于死地则只有拼死一战，有的道路不可以经由，有的军队不可以攻击，有的城池不可以夺取，有的地区不可去争抢，君主的命令有的不可以接受。所谓四机，谋划决断，在于一人，这是气机；道路险峻，关塞严密，十人把守，千人不过，这是地机；善于派遣间谍，离间敌人，使其君臣不和，上下相互怪罪，这是事机；战车坚固，战船锐利，步兵骑兵技术熟练，这是力机。上述五事、六术、五权、九变、四机，都是优秀的将领所应知晓的治军当务之急。

凡与敌战，若地利已得，士卒已阵，法令已行，奇兵已设，要当割弃性命而战则胜。若为将临阵畏怯，欲幸生必反为所杀。①法曰：幸生则死。

（明）刘基：《百战奇略·生战》

注：①幸生：侥幸苟且偷生。

译：凡与敌作战，假如已占据有利地形，列好阵势，下达战斗命令，派出迂回奇袭的部队，重要的是敢于牺牲，英勇奋战，才能获胜。如果主将临战畏缩不前，心存侥幸偷生的想法，必然战败被杀。所以，兵法说：侥幸偷生，反而死亡。

故为将者，一有自用之心，①士情不问，人人解体；敌情不得，耳目瞽聩；②亡身败家，可立而待矣。善将者，凡于古今名将成败之政，一时山川形势之殊，敌情我军微隐之变，必广询博访，集众思，屈群策，③虽不挠于非礼而转环于听纳。人之有技，如已有之，即其人不足取而言可采；略其人而取其言，师其言不必用其人。使吾之言行固皆尽善当理，岂无一、二之讹？④宜忘其尽善当理之美，而急急求吾一、二之讹，败过就中，行之以强健不息之志。如此，庶刚为吾之德，而通下情，知敌变，来众善，⑤成功业，转凶为福矣。

（明）戚继光：《练兵纪实·刚愎害》

注：①自用：自以为是。②瞽：瞎。聩：聋。③屈：集聚。④讹：错误。⑤来：招致。

译：担任主将的，一旦自以为是，不闻不问士兵的情况，部下就会离心离德；得不到敌人的情报，有如眼瞎耳聋一般；这样，杀身之祸很快就会到来。好的将领，对于古今名将的成败教训、一时山川形势的不同、敌我军情任何细微的变化，都要广泛咨询查访，集思广益，不受礼节规矩的约束，多方采纳好的意见。别人有技艺专长，就如同自己拥有一样，即使这人的人品不足取，但他的意见可取，就采纳他的意见而不用他这个人。就算我的一言一行都非常正确，难道就没有一两处错误吗？应当忘却自己正确的一面，而十分急切地找出自己的一二处错误之所在，立即改正，以这种精神自强不息。这么一来，差不多就可以培育我的品德，从而了解下属的情况，掌握敌人的变化，吸取众人的长处，建功立业，转危为安。

操练之法既行，是有兵而有将矣。第将非忠义，①何以为立功建绩之本，而使三军感动兴起乎。虽忠肝义胆，天植其性，臣子应当自尽，②原非为鼓舞人心计，而军心之向背趋舍，事业之成亏兴发，实由此里一定，断不回移。有时勋业光天壤，于素志固惬，③即身与时屯，④心随力尽，亦足洒此一腔热血，稍报君恩。倘图身念重，⑤徇国心轻，受人之任，孤人之托，⑥即万年以下，犹令人唾骂矣。

（明）无名氏：《草庐经略》卷1《忠义》

注：①第：但是。②自尽：自觉尽忠于君主。③素志：一贯的志向。④屯：艰难。⑤念重：私心杂念太重。⑥孤：辜负。

译：操练的方法既已实行，这就既有士兵，又有将帅了。但是，如果将帅不忠不义，用什么作为建功立业的根据，而振奋三军的斗志呢？虽然忠肝义胆，是天生的本性，臣属应当自觉尽忠于君主，本不是出于鼓舞人心的考虑，但是军心的向背、事业的成败，确实由此而决定，绝不游移。有时候，功勋光照天地，固然满足了将帅一贯的志向，即使身陷危难，心力交瘁，也足以洒一腔热血，报答君主的恩情。假如私心杂念太重，以身殉国的观念淡薄，承担军国重任，却辜负了君主的嘱托，即使万年以后，还会令人唾骂不止。

从来兵家之所败，由其将之急于求逞也。好逞则可以激而怒，可以诱而来，可以扰而劳，可以笼络之，玩弄之。俾其轻动焉，①堕我术中而不觉，此非大受之器也。②将之堪大受者，销刚为柔，③泯强为弱，④激焉而弗怒，诱焉而弗动，辱焉而弗惭，坚忍宁耐，藏谋不测，弗惑群议，及其敌狃而欺，⑤莫之为备，方乘隙而出，应机而动，突然忽然，人莫能御，一举而收全功者，是由其先之所见甚明，所图甚大，不屑为一掷而已。

（明）无名氏：《草庐经略》卷4《尚忍》

注：①俾：音“比”，使。轻动：轻举妄动。②大受：承担重任。③销：化解。④泯：灭。⑤狃：音“扭”，贪。

译：从来作战之所以失败，都是由于将帅急于逞强。好逞强就可以刺激而使他发怒，可以引诱他前来，可以扰乱而使他疲劳，也可以笼络他，玩弄于股掌之间，使他轻举妄动，落入我的陷阱而不觉察。这样的将帅，不是可以承担重任的大器之才。可以承担重任的将帅，能化刚为柔，灭强为弱，刺激而不发怒，引诱而不为所动，辱骂而不羞愧，坚忍不拔，不急不躁，深藏智谋，使人莫测高深，不被众议所迷惑，等到敌人贪心而欲欺凌我军之时，没有防备，这才乘虚而出，抓住时机，突然袭击，敌人无法阻挡，一举而获大胜。之所以能做到这一点，是由于将帅有先见之明，有宏图大略，而不屑于干孤注一掷的蠢事。

有儒将，有勇将，有敢将，有巧将，有艺将。儒将智，勇将战，敢将胆，巧将制，艺将能。兼无不神，①备无不利。

（清）揭暄：《兵经百篇·法篇·将》

注：①兼：同时具备几种优点。

译：带兵的将领有儒将、勇将、敢将、巧将、艺将的区别。儒将机智，勇将善战，敢将胆大，巧将果断，艺将多能。兼备以上几种优长的，则神出鬼没，战无不胜。

曾国藩语：带兵之人，第一要才堪治民，①第二要不怕死，第三要不急名利，第四要耐受辛苦。治兵之才不外公、明、勤。不公不明，则兵不悦服，不勤则营务巨细皆废弛不治，故第一要务在此。不怕死，则临阵当先，士卒乃可效命，②故次之。为名利而出者，保举稍迟则怨，稍不如意则怨，与同辈争薪水，与士卒争毫厘，故又次之。身体羸弱者，③过劳则病，精神短乏者，久用则散，故又次之。

（近现代）蔡锷：《曾胡治兵语录·将材》

注：①堪：能够，可以。②效命：服从命令。③羸：音“雷”，瘦弱。

译：曾国藩说：带兵之人，第一要才能出众，能够治理政事，第二要不怕死，第三要不讲求名利，第四要经受得住辛苦劳累。治理军队的才干不外乎公正、明白、勤勉。不公正不明白，士兵就不心悦诚服；不勤勉，军营事务，无论大小，都废弛不治，所以这是第一条要求。不怕死，才能冲锋在前，身先士卒，士兵才会服从命令，英勇作战，所以这是第二条。一心为了名利而出战的，保举升迁稍稍晚了一点，就生怨气，稍稍不如意就心怀不满，与同事争薪金，与士兵争小利，所以这是第三条。身体瘦弱，动辄生病，精力不济，无法胜任作战，所以这是第四条。

曾国藩语：凡两军相处，统将有一分龃龉，①则营哨必有三分，兵夫必有六七分。故欲求和衷共济，自统将先办一副平恕之心始。②人之好名，③谁不如我。同打仗，不可讥人之退缩；同行路，不可疑人之骚扰。处处严于治己而薄责于人，则唇舌自省矣。④

（近现代）蔡锷：《曾胡治兵语录·和戢》

注：①龃龉：音“举语”，上下牙齿对不上。比喻双方产生矛盾。②平恕之心：公平、宽恕之心。③好名：讲究好名声。④唇舌自省：比喻矛盾双方各自检查自己。

译：曾国藩说：凡两支友军相处，如果主将之间有一分矛盾，那么中下级军官之间就会有三分矛盾，而士兵之间就会有六七分矛盾。所以，要想求得两军和衷共济，从主将开始，首先要有公平、宽恕之心。谁都与我自己一样，讲究好的名声。所以，一同打仗，不可讥笑别人畏惧退缩；一同行军，不可怀疑别人骚扰民众。处处严于律己，宽于责人，那么矛盾双方就会各自多作自我反省。

2. 较形与势不如较将之智能

较器不如较艺，较艺不如较数，①较数不如较形与势，较形与势不如较将之智能。智能胜而势不胜者，智能胜；势胜而形不胜者，势胜；形胜而数不胜者，形胜；形与数胜而艺疏器窳者，②形数胜。我胜乎全胜，彼胜乎小胜，敌虽有几长，无难克也。

（清）揭暄：《兵经百篇·法篇·较》

注：①数：气数，命运。②窳：音“雨”，粗劣。

译：较量武器不如较量技艺，较量技艺不如较量气数，较量气数不如较量地形与阵势，较量地形与阵势不如较量统兵之将的智慧才能。智慧才能胜而阵势不胜的，智慧才能可胜；阵势胜而地形不胜的，阵势可胜；地形胜而气数不胜的，地形可胜；地形与气数胜而武艺生疏、器械粗劣的，地形与气数可胜。我军如胜，则是大获全胜，敌军如胜，不过是局部小胜。敌军虽有几点长处，也不难战胜它。

凡兵主者，必先审知地图。轘辕之险，①滥车之水，②名山、通谷、经川、③陵陆、丘阜之所在，苴草、④林木、蒲苇之所茂，道里之远近，城郭之大小，名邑、废邑、困殖之地，⑤必尽知之。地形之出入相错者，尽藏之，然后可以行军袭邑。举措知先后，不失地利，此地图之常也。

《管子·地图》

注：①轘辕：音“环圆”，曲折循环的道路。②滥车：淹没车辆。③经川：常年不断流的河川。④苴：音“茶”，枯草。⑤困殖：土地的贫瘠、肥沃。

译：军队的将帅，一定要首先熟悉地图。曲折循环的险路、淹没车辆的河道、名山、大谷、河川、高原、丘陵的位置，杂草、林木、芦苇茂密的所在，道路的远近，城邑的大小，有名的都市，废弃的城镇，贫瘠及肥沃的土地，一定要全部掌握。对地形错综复杂的区域，要记载、绘图并收藏为资料。然后才能够发动进攻。知道行动的先后，不丧失有利的地形，这是地图的功能。

子路曰：“子行三军，①则谁与②？”

子曰：“暴虎冯河，③死而无悔者，吾不与也；必也临事而惧，④好谋而成者也。”

《论语·述而》

注：①子：您。②与：在一起。③暴虎：徒手打虎。冯（音“平”）河：赤脚过河。④惧：小心谨慎。

译：子路问：“您如果从军作战，会与什么人在一起呢？”

孔子答："空手打虎，赤脚过河，轻率送死而不后悔的人，我不与他在一起。一定要与人共事的话，那就选择谨慎从事，善于谋划并取得成功的人。"

王者之兵，胜而不骄，败而不怨。胜而不骄者，术明也；败而不怨者，知所失也。①若兵敌强弱，②将贤则胜，将不如则败。若其政出庙算者，③将贤亦胜，将不如亦胜。

《商君书·战法》

注：①所失：失败的原因。②兵敌强弱：双方势均力敌。③庙算：朝廷的谋划决策。

译：称王于天下的军队，胜利了不骄傲，失败了不埋怨。胜而不骄，是因为战术高明；败而不怨，是因为知道了失败的原因。假如双方势均力敌，那么将帅贤明的一方获胜，将帅不如对方则失败。假如作战方略出于朝廷正确的决策，那么将帅贤明也胜，将帅不如敌方也胜。

孙子曰："智不足，将兵，①自恃也。勇不足，将兵，自广也。②不知道，数战不足，将兵，幸也。③夫安万乘国，④广万乘王，全万乘之民命者，唯知道。知道者，上知天之道，下知地之理，内得其民之心，外知敌之情，阵则知八阵之经，见胜而战，弗见而诤，⑤此王者之将也。"

《孙膑兵法·八阵》

注：①将：率领。②自广：骄傲自大。③幸：侥幸。④万乘：万辆兵车。古时以兵车数量衡量国家大小。⑤诤：直言相劝。

译：孙膑说："智谋不足的人带兵，是盲目自负。勇气不足的人带兵，是妄自尊大。不知用兵之道，又缺乏实战经验的人带兵，是企图侥幸取胜。

保卫万乘兵车的大国，扩大它的统治地域，保护它的百姓生命安全，必须懂得用兵之道。懂得用兵之道，须上知天文，下知地理，内得民心，外知敌情，布兵列阵通晓阵法要领，发现胜机，迅速出战，没有胜机，就劝阻君主出兵。这样才是辅佐君主的良将。

凡战，以力久，以气胜。以固久，以危胜，本心固，新气胜。以甲固，以兵胜。凡车以密固，徒以坐固，① 甲以重固，兵以轻重。人有胜心，惟敌之视。人有畏心，惟畏之视。两心交定，两利若一。两为之职，惟权视之。

《司马法·严位》

注：①徒：步兵。

译：凡作战，靠实力持久，靠士气取胜。阵势牢固就能持久，处于危险之地反能奋战取胜。军心稳固，锐气兴盛就可获胜。用盔甲保护自己，用兵器战胜敌人。兵车密集才能阵形稳固，步兵用坐阵才能阵形稳固。铠甲要厚重才坚固，兵器要轻便才应手。人人都有求胜之心，惟有根据敌情来制定取胜的方针。人人都有畏惧之心，惟有具体分析他们害怕什么。将求胜之心和畏惧之心都研究透彻，将两者的有利之处统一起来。对这两方面的研究，全在于将帅的灵活掌握。

诸将效首虏；① 毕贺，因问信曰："兵法右倍山陵，前左水泽，今者将军令臣等反背水阵，曰破赵会食，② 臣等不服。然竟以胜，此何术也？"信曰："此在兵法，顾诸君不察耳。兵法不曰：'陷之死地而后生，置之亡地而后存'？且信非得素拊循士大夫也，③ 此所谓'驱市人而战之'，其势非置之死地，使人人自为战；今予之生地，皆走，④ 宁尚可得而用之乎？"诸将皆服曰："善。非臣所及也。"

（汉）司马迁：《史记·淮阴侯列传》

注：①效：献上。首虏：斩获的首级，捕捉的俘虏。②会食：相聚而食，会餐。③素：一向，向来。拊循：抚慰，安抚。④走：逃跑。

译：众将领献上斩获的首级、俘虏，庆贺胜利之后，问韩信道："兵法规定，作战列阵应右、后方靠山陵，前、左方临水泽，这次将军却命令我们反而背水列阵，还说等击败赵军后会餐。我们都不信服。然而最终竟然大获全胜。这是什么战术？"韩信说："这种战术兵法中有，不过诸位不曾仔细考察罢了。兵法不是说：'陷于死地而后生，置于亡地而后存'吗？而且我韩信并非一向抚慰全军将士，这正是所谓'驱使城市的百姓去作战'，其形势不得不将他们置于死地，使人人自发地奋力作战；假若将他们置于生地，都逃命而去，哪里还能够用他们去打败敌人呢？"众将领都佩服地说："您说得好！我们都不及将军。"

夫以兵可以无法，而人可以无学也。盖兵未尝不出于法，而法未尝能尽于兵。以其必出于法，故人不可以不学。然法之所得而传者，其粗也；以其不尽于兵，故人不可以专守，①盖法之无得而传者，其妙也。法有定论，而兵无常形。一日之内，一阵之间，离合取舍，其变无穷。一移踵瞬目，②而兵形见矣。守一定之书，以应无穷之敌，则胜负之数戾矣。③是以古之善为兵者，不以法为守，而以法为用，常能缘法而生法，④与夫离法而会法。⑤顺求之于古，而逆施之于今；仰取之以人，而俯变之以己；人以之死，而我以之生；人以之败，而我以之胜；视之若拙，而卒为工；⑥察之若愚，而适为智。运奇合变，既胜而不以语人，则人亦莫知其所以然者，此去病之不求深学，⑦而自顾方略之如何也。⑧

（宋）何去非：《何博士备论·霍去病论》

注：①专守：墨守成规。②踵：脚后跟。瞬目：一眨眼。

③戾：音“丽”，违反。④缘：根据，凭借。⑤会：符合。⑥卒：终于。工：精巧。⑦去病：霍去病，西汉著名将领。⑧顾：反省，思考。

译： 有人认为用兵作战可以不遵法度，因而人们也可以不学兵法。作战没有不依循一定的规律法则的，但是兵法又不可能穷尽战争的千变万化。因为作战一定要依法而行，所以人们不可以不学习兵法。但是，得以流传下来的兵法，仅仅是粗略的；因为它不能穷尽战争的变化，所以人们又不能墨守成规。那些没有流传下来的兵法，是因为太奇妙了。兵法有一定之论，但是战争却没有永恒不变的形势。一天之内，一阵之中，分合取舍，变化无穷。一动足，一眨眼，就转换了一种阵势。拘泥于兵法上的固定条文，去应付变化无穷的敌情，这就违反了取胜的规律。所以，古代善于用兵的将帅，不是死守兵法，而是灵活地运用它，常常能够根据兵法而又创造新的兵法，或者偏离兵法而又符合兵法。顺求于古，而逆施于今；仰取之于人，而俯变之于己；人用之而死，我却用之而生；人用之而败，我却用之而胜；看起来似乎笨拙，而最终却十分精巧；看起来似乎愚蠢，而恰恰是智慧的选择。神奇变化，夺取了胜利而不将奥妙告诉别人，于是人们也就不知道致胜的诀窍。这就是霍去病之所以不深入研究兵法，而是自己思考如何运用谋略的原因。

天下之事，莫神于兵；天下之能，莫巧于战。以其神也，故温恭信厚盛德之君子，有所不能知。以其巧也，而桀恶欺谲不羁之小人，①常有以独辨。②由是观之，凡材智之高明，而自得于兵之妙用者，皆天之所资也。

（宋）何去非：《何博士备论·霍去病论》

注： ①不羁：羁，约束。放荡不羁：放纵任性，不受约束。②独辨：独到的见识。

译： 天下的事情，没有比用兵更神奇的了；天下的才能，没有比打仗更巧妙的了。因为其神奇，所以温良恭敬品德高尚的君子，有的还不能知晓。因为其巧妙，所以凶恶诡诈放荡不羁的小人，往往倒有独到的见识。由此看来，凡才智高明，无师自通于兵法奥妙的人，都是具有先天的特殊禀赋的。

昔人有言，善师者不阵，善阵者不战。若区区依古阵法以求胜，①愚将也。夫阵亦何常之有，而可拘泥为哉？八阵六花，②以前虽可考，而俱不能用。五行阵今虽可用，而亦不可拘。鸳鸯奇正皆备，③而迭进迭退，使力不乏而敌难乘，此其宜于今者也。

（明）无名氏：《草庐经略》卷1《教阵部》

注：①区区：笨拙。②八阵、六花：均为古代阵法之名。③鸳鸯：古代阵法之名。

译：前人说道，善于带兵者不列阵形，善于列阵形者不必战斗。假如笨拙地依据古代阵法去谋求胜利，是愚蠢的将帅。阵法哪有恒常不变而可以拘泥死守的呢？八阵、六花的阵法，虽可从前代得到考证，但都不能用了。五行阵现在虽可使用，但也不可拘泥于成规。鸳鸯阵奇正皆备，反复进退，使兵力不疲乏而敌人难以乘隙而攻，这才是适宜于现在采用的。

世之论兵者，以为不必用古法也。夫霍去病、张睢阳皆未尝仿古，①而亦未尝不合古法。彼其天资甚高，心多灵变，故能自践悬合兵机，而岂可论于恒人哉。②自古未有无方之医，斯无不依古法之兵。第合法而不胶于法，③可也。倘以古法为可废，则节制之师何从而有？所贵在无事之时，集世将之子，及武勇出群之人，教之古名将用兵之术，务精求其义，必可试之当事，而不窘于应变，非徒诵其空文而已。

（明）无名氏：《草庐经略》卷1《训将》

注：①霍去病：西汉名将。张睢阳：张巡，唐代将领。因坚守河南睢阳，抵抗安禄山叛军而闻名。②恒人：平常的人。③第：仅仅。胶：拘泥。

译：世上谈论用兵作战的，认为不必采用古代的兵法。霍去病、张巡都不曾模仿古法，但也不曾完全背离古法。他们天资高明，心灵善变，所以能运用自如而又符合兵法的机要，一般的人岂可与他们相提并论呢！自古没有不用药方治病的医生，同样也没有不依古代兵法作战的军队。仅仅符合兵法而不拘泥于兵法，是可以的。假若认为古兵法可完全废除，那么哪里还有纪律严明的军队呢？重要的是，在无战争之时，调集武将世家的子孙，以及武艺超群的人，教他们掌握古代名将的用兵方法，务求精研其义，一定可以验证于即将发生的战争，而不至于穷于应付，仅仅只会空背兵法条文而已。

天下良将少而愚将多，故多狃近利而遗远略也。[1]远略者虽无一时可喜之功，而有制胜万全之道。不以小胜而喜，不以小败而忧，不以小利而趋，不以小害而避，洞达利害，[2]兼览始终。其静俟若处女，其秘密若神明，其期许也若落落难合，[3]其持众也慎，其虑事也详，其料敌也审，其应变也舒，其投机也捷。非必取不出众，非全胜不交兵，缘是万举万当，一战而定。

（明）无名氏：《草庐经略》卷3《远略》

注：①狃：音"扭"，贪。②洞达：洞察通达。③落落难合：见解独特，与一般人不同。

译：天下良将少而愚将多，所以多贪图近利而遗忘了长远的谋略。长远的谋略虽没有一时可喜的功劳，但有克敌制胜的万全之策。不因小胜而喜，不因小败而忧，不因小利而求，不因小害而避，洞察利害，兼顾始终。静待战机像处女，制订机密如神明，预订计谋见解独特，与常人不同，重大决策谨慎，考虑问题周详，判断敌情审慎，适应变化从容不迫，抓住战机十分敏捷。不是必须攻取的目标不出动军队，没有全胜的把握不与敌交战，这样才能举措恰当，一战而胜。

欲明兵法，先明方略；①欲明方略，先明史事。取古今战争得失之数，设身处地以求之，博习其故，②可以得实理。此非空言也。邵阳魏默深之言曰：③“今日动笑纸上谈兵，不知纸上之功，即有深浅。有一二分之见，有六七分之见，有十分之见。淮阴背水死战，④出于兵书，而诸将不知。崔浩凉州地利，⑤得自《汉书》，而浮言不惑。故于史学深者，其练世故、谙形势亦必深，不肯以陈腐昧机，⑥不敢以虚憍偾事。⑦今尚未能领会纸上，而遽欲收功马上，难矣哉。”魏氏此言，可以破迷惑之论。语云：不习为吏，视已成事。即兵法何尝不然。天下至大，事变至赜，⑧一时所历，则拘于时；一地所习，则域于地；一事所经，则囿于事；一技所娴，则狃于技。欲穷其变，能有几何。若取之于书，观其已然之迹，固无穷也。有古今无限之藏，无身世易尽之憾，深造自得，存乎其人。益阳胡文忠言天下之大患，⑨总是书生不知兵之过，总以兵事为小人之事，非学者之事。又言天下无生而知兵之人，在思其情理，与其机势耳。旨哉斯言。治兵讲学，道本一贯，内外相辅，兵所由立。

（清）陈庆年：《兵法史略学·卷一》

注：①方略：谋略。②博习：广泛地学习。故：原因。③魏默深：魏源，字默深，湖南邵阳人。清代思想家。④淮阴：指汉将淮阴侯韩信。⑤崔浩：北魏时人，字伯渊，官至司徒，策划军国要务。⑥昧机：错过战机。⑦虚憍：无实力而骄傲。偾事：偾，音“愤”。导致失败。⑧赜：音“责”，深奥。⑨胡文忠：

胡林翼，湖南益阳人。湘军将领，谥文忠。

译：要想明白兵法，必须先掌握谋略；要想掌握谋略，必须先学习历史。采纳古今战争成败的经验教训，设身处地去体察它，广泛学习其中的根由，就可以获得真知灼见。这不是空话。魏源说道："现在有人动辄笑别人纸上谈兵，他们不知道即便是纸上谈兵，也有深浅的区别。有一二分的浅见，有六七分的明见，还有十分的高见。韩信背水列阵，令士卒自觉死战，此策本出于兵书，而众将领不懂其中的奥妙。崔浩认为凉州在军事上占有重要地位，这一认识来自《汉书》，因而他不为肤浅的议论所迷惑。所以，史学造诣深的人，在明晓世事、洞察形势方面必然也高人一筹。他们不会因为观念陈腐而丧失战机，也不会因为盲目自大而导致失败。现在有人尚未弄懂书中的道理，就急切地想取得实战的胜利，这是很难的啊！"魏源的这段话，可以破除那些糊涂的观点。俗话说：不熟悉怎样当官，就看以往人家是怎样做的。学习兵法又何尝不是如此。天下如此之大，事物的变化如此之深奥，一时的经历、一地的习俗、一事的经验、一技的娴熟，都有各自的局限性。要想靠它们去穷尽万事万物的变化，能有多少成功的可能？假若通过读书学习，看历史留下的记载，内容无穷无尽。书中有古往今来无限的宝藏，而没有人生短暂的遗憾，因而深造自得在于各人的努力。胡林翼说，天下的大患，在于读书人不懂兵法，总以为军事是小人之事，非学者之事。他又说，天下没有天生精通兵法之人，精通兵法，必须思考其情理和形势。这段话说得好！带兵、讲学，道理是相贯通的。内外相辅相成，军事因此而成功。

3. 大将受任，必先料人

夫大将受任，必先料人，①知其材力之勇怯，艺能之精粗，所使人各当其分，②此军之善政也。

（宋）曾公亮等：《武经总要·前集·料兵》

注：①料人，分析人的情况。②各当其分：各自担当恰当的

职务。

译： 大将军接受委任后，必须首先分析部属的情况，了解他们才能的高下，技艺的精粗，从而使各人担当恰当的职务。这是治军的正确政策。

凡兵之所以先争，圣人贤士不为爱尊爵，①道术知能不为爱官职，②巧技勇力不为爱重禄，聪耳明目不为爱金财。故伯夷、叔齐非于死之日而后有名也，其前行多修矣；③武王非于甲子之朝而后胜也，其前政多善矣。

《管子·制分》

注： ①爱：吝惜。②知：同“智”。③修：美好，善良。

译： 凡用兵作战首先要做到的是，延聘圣人贤士不吝惜尊贵的爵位，延聘道术高明、智能超群的谋士不吝惜官职，网罗技巧力勇的豪杰不吝惜丰厚的俸禄，网罗耳聪目明的俊才不吝惜金钱财物。所以，伯夷、叔齐不是在死后才享有盛名，他们生前就有许多善行；周武王也不是在甲子日那天才取得讨伐商纣王的胜利，他在以前就有许多善政了。

用兵者，或轻或重，①或贪或廉。四者相反，不可一也。②轻者欲发，重者欲止，贪者欲取，廉者不利非其有也。故勇者可令进斗，不可令持坚；重者可令固守，不可令凌敌；③贪者可令攻取，不可令分财；廉者可令守分，不可令进则；信者可令持约，④不可令应变。五者圣人兼用而材使之。

《文子·自然》

注： ①轻：轻浮、莽撞。重：沉着、稳重。②一：同样对待。③凌：攻击。④持约：坚持盟约。

译： 用兵作战的人，有的轻浮，有的稳重；有的贪婪，有的廉洁。这四种人性格相反，不可同样对待。轻浮的人想发动，稳重的人想停止，贪婪的人想掠夺，廉洁的人不要不义之财。所以，对勇敢的人可令他进攻战斗，不可令他持久坚守；对稳重的人可令他固守，不可令他攻击；对贪婪的人可令他攻城掠地，不可令他分配战利品；对廉洁的人可令他安守本份，不可令他奋力进取；对守信用的人可令他坚持盟约，不可令他随机应变。对这五种人，圣人兼收并蓄，量材使用。

夫总兵之任，①务搜拔众材，②以助观听，以咨筹略。春秋战国之际，虽九九之伎，鸡鸣狗盗之士，无不延见收养，以为己用，其藏器草莱者，奋迹麾下者，盖不乏矣。故大将每受任，则与副佐讲求人材，有异能者，无问执之大小贵贱，③皆置在幕府，以备役用。其或仗策挟术自干于军门，④亦询视其颜色，察验其所来所履，可则明试而録之。凡沉谋秘略出于人上者，可使佐谋；巧词善设能移人意者，可使游说；历聘四方，知风俗人情之隐者，可使佐谋术；得敌人门庐请谒之情者，可使为间；知山川险易，形势利害，井泉芻牧道途迂直者，可使导军；巧思出人，能灿金剡木为器械者，⑤可使佐攻；材力矫健，能猿腾鹘击，⑥踰沟越垒，来往无迹者，可使密觇；⑦能占风候气，视月观星，楪蓍转式达于休咎者，⑧可使佐谲。凡此色类，非可悉数，但负一能，军中有以用之，不可弃也。由智将之所裁量尔，其待遇资给，则随色为差次。

（宋）曾公亮等：《武经总要·前集·选能》

注：①总兵：统帅部队的指挥官。②众材：各方面有才能的人。③执：从事某种工作，此处作“出身”解。④干：求取。自干，自我推荐。⑤灿金：冶炼锻铸金属。剡：音“演”，削尖。⑥鹘：音“胡”，鹰类猛禽。⑦觇：音“掺”，侦察。⑧楪蓍转式：占卜测算。休咎：吉凶。

译：担当统帅者，务必搜寻、选拔各方面的人才，以帮助自己获取情报，分析问题，出谋划策。春秋战国之时，虽然只具雕虫小技、鸡鸣狗盗之术的人，也无不被诸侯接纳收养，以为自己服务。其中出身草莽而建功立业者，为数不少。所以大将军一旦接受委任，就应与副手寻访人才，对有特殊才能者，不问他出身贵贱与否，都收置帐下，以备使用。对于那些上门来自我推荐的，也仔细询问情况，检验他的来历，并经过考试而录用。凡是计谋出众者，可使帮助出谋划策；能言善辩者，可使游说各方；阅历丰富，知晓各地风俗人情者，可使为谋士；熟悉敌人内部情况者，可使作间谍；知晓山川形势、道路迂直者，可使为向导；心灵手巧，善于锻金削木者，可使制作兵器；身手矫健、行动敏捷、来无影去无踪者，可使作侦察；能观天象、测气候、占卜吉凶者，可使欺诈敌方。凡此种种，不一而论，只要有一技之长，对作战有利的，就不应舍弃。由统帅量才录用，其物质待遇，也因才能大小而有所差别。

集众思，广忠益，古人之名言也。盖智者有千虑之一失，愚者有千虑之一得。矧将非明智，①顾可轻物傲人，②薄群策为不足询乎。③苟其言可裨军政，④佐胜算，即刍荛可采，⑤安问从来；降虏可帅，何嫌折节。⑥……脱若自矜智术，⑦咨逞胸臆，⑧漫行独断，无论谋士止而不来，即至而必去，知其不足与共功名。

（明）无名氏：《草庐经略》卷2《受善》

注：①矧：音“审”，况且。②顾：难道。③薄：鄙薄。④裨：音“必”，补助。⑤刍荛：音“除饶”，割草砍柴的人。⑥折节：有损气节。⑦脱若：假若。矜：音“巾”，骄傲。⑧咨逞胸臆：肆意逞强。

译：集中众人的智慧，广泛吸取有益的意见，是古人的名言。智者千虑必有一失，愚者千虑必有一得。况且将帅并非圣明贤智，怎么可以狂妄自傲，鄙薄众人的智谋，认为不足咨询呢！如果他人的意见可以补助军政，有益于战争的胜利，即使他是割草砍柴之人，意见也可采纳，何必问他从哪里来？投降的俘虏也可以委以重任，何必嫌他气节有损。……假若自以为智慧超群，肆意逞强，独断专行，不要说谋士们不会投奔而来，即便来了，也一定会离去，因为他知道这样的将帅不足以与自己共建功劳。

4. 用兵之害，犹豫最大

吴子曰："凡兵战之场，立尸之地。必死则生；幸生则死。①其善将者，如坐漏船之中，伏烧屋之下，使智者不及谋，②勇者不及怒，受敌可也。故曰，用兵之害，犹豫最大；三军之灾，生于狐疑。"

《吴子·治兵》

注：①幸生：侥幸求生。②不及：来不及。

译：吴起说："两军搏斗的战场，是流血牺牲的地方。以必死的决心去拼杀倒可能生存，侥幸求生则必然死亡。善于作战的将领，就像坐在漏船之中，躺在着火的房内，应该当机立断，有智谋的人也来不及反复思量，有勇气的人也来不及发威振怒，立即与敌决一死战。所以说，用兵作战，犹豫不决危害最大，迟疑不断，必遭灾祸。"

善战者，居之不挠，①见胜则起，不胜则止。故曰：无恐惧，无犹豫。用兵之害，犹豫最大；三军之灾，莫过狐疑。善战者，见利不失，遇时不疑，失利后时，反受其殃。故智者从之而不释，②巧者一决而不犹豫，是以疾雷不及掩耳，迅电不及瞑目，赴之若惊，用之若狂，当之者破，近之者亡，孰能御之？③

《六韬·龙韬·军势》

注：①挠：嘈杂，不静。②释：放过机会。③孰：谁。御：

抵挡。

译：善于作战者，宿营安静整肃，一旦发现有利战机，立即出动，没有胜利把握，绝不轻举妄动。所以说：不要恐惧，不要犹豫。用兵的危害，以犹豫为最大；三军的灾难，莫过于狐疑不决。善于作战者，发现有利战机绝不错过，遇到有利之时绝不迟疑，错过战机，后时而动，反受其害。所以，机智的将帅抓住战机不放过，一经决定不再犹豫，这样才能迅雷不及掩耳，闪电不及闭目，冲锋如惊雷，搏斗如狂飚，阻挡者被冲破，接近者遭败亡，谁能抵挡得住？”

凡阵，行惟疏，战惟密，兵惟杂，①人教厚，静乃治。威利章，相守义，则人勉。虑多成则人服，时中服厥次治。②物既章，目乃明。虑既定，心乃强。进退迟疑，见敌无谋，听诛。③无诳其名，④无变其旗。

《司马法·定爵》

注：①杂：相互配合。②次治：秩序井然。③听诛：处死。④诳：欺骗。

译：凡排列阵形，行军应疏散，作战应集中，兵器应相互配合，士卒应训练有素，沉着冷静才能有条不紊。号令明白威严，上下遵守信义，才能人人努力作战。反复谋划取得成功，士兵就会信服，士兵信服将帅，军中事务就会秩序井然。旗帜鲜亮，才看得清楚。谋略制定，决心才坚强。对进退犹豫、遇敌无谋的人，应严加惩罚。不要用虚假的名义，不要轻易改变旗号。

5. 祸莫大于轻敌

用兵者有言：“吾不敢为主而为客，①不敢进寸而退尺。”是谓行无行，②攘无臂，③执无兵，扔无敌。④祸莫大于轻敌，轻敌几丧吾宝。故抗兵相加，则哀者胜矣。

《老子·六十九章》

注：①主：主动挑战的一方。客：被动应战的一方。②行无行：行军不讲队列。③攘：捋袖挥臂，表示愤怒。④扔：摧毁。

译：用兵的人这样说："我不敢主动挑战，而只是被动应战，不敢向前进一寸，而宁愿向后退一尺。"这就是说，不须排列阵势，也不激愤地捋袖挥臂，不须手执武器，也没有敌人要摧毁。但是，祸患没有比轻敌更严重的，轻敌几乎丧失了我的法宝。所以，两军对阵，势均力敌，那么哀痛的一方就会获胜。

其过失，无敌深入，[1]偕险绝塞，[2]民倦且饥渴，而复遇疾，此其道也。故将使民，若乘良马者，不可不齐也。[3]

《商君书·战法》

注：①无敌：无视敌人，轻敌。②绝：横穿。③齐：通"剂"，调节。

译：将领的过失，在于麻痹轻敌，冒险深入，横穿险关要塞，士卒疲惫，饥渴交加，又遇上瘟疫，这就是失败之道。所以，将帅指挥部队，就像驾驭良马，不可不加以节制。

夫率师百万以临数千之军者，[1]必胜之军也。然有时而至于败者，骄吾所以必胜，而以轻敌败也。提卒数千以当百万之众者，必败之道也。然有时而至于胜者，奋吾所以必败，而以致死胜也。[2]

（宋）何去非：《何博士备论·汉光武论》

注：①临：面对。②致死：拼死而战。

译：率百万大军以面对数千敌军，这是必胜之师。但有时还会导致失败，这是因为自以为必胜而骄傲轻敌，最终失败。率数千士卒去抵挡敌军的百万之众，这是必败的道路。但有时竟然会夺得胜利，这是因为自以为必败而拼死作战，最后克敌制胜。

《易》曰："劳谦。"谓有功而能谦也。惟有功而不居其功，①故天下莫与争功；有能而不居其能，故天下莫与争能。盖功盖天下，不过了人臣职分，②何必炫耀以施劳。③况亟欲自鸣，④反开谗者萋菲之门，⑤岂保身长策哉。

（明）无名氏：《草庐经略》卷2《将让》

注：①居：傲慢。②了：完成。③施劳：自夸功劳。④亟：急切。自鸣：自我吹嘘。⑤萋菲：本义是文采交错貌。常用作诋毁的代称。

译：《周易》说："劳谦。"指的是有功劳而能保持谦虚。只有有功劳而不以功自傲，所以天下才没有人能与你争功劳；有才能而不以才自傲，所以天下才没有人能与你比才能。功盖天下，也不过是完成了为人臣的职分，何必自我炫耀功劳。况且，急急忙忙地自我吹嘘，反而给存心说你坏话的人提供了诋毁的口实，这难道是自我保全的好计策吗？

尝观将当屡胜之后辄有骄心，其甚者或一胜而骄，①或小胜而骄，皆败道也。盖将之轻敌也，始于骄。则自高其功，自神其志，自矜其勇。②不忧其寇，不恤其下，忠言逆耳，良士疏斥。战则轻进，守则弛备，敌窥其情，故卑其辞而降其礼，佯为败以示怯，以玩弄于股掌焉。庸知敌之败者，③为偶失而无伤于胜势。或一诎而力犹可再举，④或为怒我怠师之谋，俟我将骄卒惰，方始乘焉。有一于此，必堕其阱。古人军胜弥警，⑤良有以也。

（明）无名氏：《草庐经略》卷2《戒骄》

注：①甚：严重。②矜：音“巾”，骄傲。③庸：哪里。④诎：屈服。⑤弥：更加。

译：常可看到将帅屡胜之后，就会产生骄傲情绪，严重的或一胜就骄傲，或小胜就骄傲，这都是失败之道。将帅轻视敌人，从骄傲开始。自夸其功，自长其志，自傲其勇。不防备敌人，不体恤部属，拒绝逆耳忠言，疏远良臣谋士。进攻则轻率前进，防守则疏于戒备。敌人侦察到这种情况，便故意以卑微的言辞和降服的礼节来假装胆怯，谎认失败，从而玩弄对手于股掌之间。哪里知道敌人的失败，仅仅是偶然的挫折，并不影响最后的胜势。或者是一时屈服而力量还可东山再起，或者是气愤我军傲慢懈怠而使用的计谋，等我军将骄兵惰，再乘机而攻。以上毛病犯了一条，必然落入敌人的陷阱。古人打了胜仗更加警惕的范例，是很多很多的啊。

6. 以父母之心，行将帅之事

欲军中之亲附，必尽拊循之道。①饥寒困乏，如以身尝，疾病医药，亲临诊视，解衣推食，②哀死问孤，殡殁吮伤，③恩逾骨肉。言语频烦，谆勤教诲，财必与共，甘苦与分，卒虽最小，得以情通。三军未食，将不先炊，三军未次，④将不先幕，⑤军井未成，将不先饮，亲裹赢粮，⑥与分劳窘。以父母之心，行将帅之事，则三军欣从，万众咸悦。⑦

（明）无名氏：《草庐经略》卷1《拊循》

注：①拊循：安抚，慰问。②解衣：脱下衣服给士卒穿。推食：将自己的食品分给士卒。③殁：音“墨”，死。④次：临时驻扎。⑤幕：帐篷。⑥赢：担负。⑦咸：都。

译：将帅要想得到士卒的拥戴，必须尽心尽力地抚慰下属。士卒的饥寒困乏，将帅好像亲身体验一样。士卒有了伤病，应亲临探视，脱下衣服给士卒穿，与士卒分享食物。哀悼死者，慰问遗孤，厚葬烈士，救护伤员，恩情胜过亲骨肉。多与士卒交谈，谆谆教诲。钱财与士卒共享，甘苦与下属分担。士卒地位虽然低下，但感情是相通的。全军没有吃饭，将帅不可先进食。全军没有驻扎停当，将帅不可先进帐篷。水井没有打好，将帅不可先饮水。亲自运输军粮，以分担士卒的劳累。以父母的慈爱之心，行使将帅的职责，那么全军就会愉快地服从命令。

武王问太公曰："吾欲令三军之众，攻城争先登，野战争先赴，闻金声而怒，闻鼓声而喜，为之奈何？"

太公曰："将有三胜。"

武王曰："敢问其目？"①

太公曰："将，冬不服裘，夏不操扇，雨不张盖，名曰礼将；将不身服礼，无以知士卒之寒暑。出隘塞，犯泥涂，②将必先下步，名曰力将；将不身服力，无以知士卒之劳苦。军皆定次，将乃就舍，炊者皆熟，将乃就食，军不举火，将亦不举，名曰止欲将；将不身服止欲，无以知士卒之饥饱。将与士卒共寒暑、劳苦、饥饱，故三军之众，闻鼓声则喜，闻金声则怒。高城深池，矢石繁下，士争先登；白刃始合，③士争先赴。士非好死而乐伤也，为其将知寒暑、饥饱之审，而见劳苦之明也。"

《六韬·龙韬·励军》

注：①目：条目。②泥涂：泥泞的道路。③合：两军交战。

译：周武王问姜太公："我想命令三军将士，攻城时争先恐后地攀登，野战时争先恐后地冲锋，听到撤退的锣声就发怒，听到前进的鼓声就高兴，该怎么办呢？"

太公说："将帅有三条取胜之道。"

武王说："请具体解释其内容。"

太公说："将帅冬天不穿皮袄，夏天不握羽扇，下雨不张雨伞，这叫做礼将；将帅不遵循礼制，就无法知道士卒的冷暖。翻越关隘要塞，经过泥泞道路，将帅一定要率先前进，这叫做力将；将帅不亲自出力，就无法知道士卒的劳苦。全军都安营扎寨后，将帅才休息，全军都有饭吃了，将帅才进餐，全军不生火做饭，将帅也不进热食，这叫做止欲将；将帅不限制自己的欲望，就无法知道士卒的饥饱。将帅与士卒共冷暖、俱劳苦、同饥饱，所以三军上下才听到鼓声就高兴，听到锣声就发怒，高城深池，敌军箭石如雨下，而士卒却争先恐后地攀登；与敌军短兵相接，而士卒都争先恐后地冲杀。士卒并非爱好死亡、乐于受伤，而是因为将帅关心他们的冷暖、饥饱、劳苦，他们甘愿吃苦知恩图报。”

将军之事，静以幽，①正以治。能愚士卒之耳目，使之无知。易其事，②革其谋，③使人无识。易其居，迂其途，使人不得虑。帅与之期，如登高而去其梯。帅与之深入诸侯之地，而发其机，若驱群羊，驱而往，驱而来，莫知所之。聚三军之众，投之于险，此谓将军之事也。

《孙子·九地篇》

注：①幽：深奥。②易：变易。③革：改革。

译：统率部队，要冷静地谋划深奥的策略，公正严肃地治理队伍。要蒙蔽士卒的耳目，使他们不知道作战的密谋。经常地变动战术，改换策略，使人们无法辨识。迁移驻地，迂回进军，使人们无法预测。向部下布置任务，要像登上高处而后撤去梯子一样，让他们没有退路。率领部队深入敌境，发动攻击，要像驱赶羊群一样，来来去去，不让士卒知道要到哪里去。集中全部兵力，投入危险的战场，使士卒决一死战，这就是将帅的使命。

夫勤劳之师，将不先己。暑不张盖，①寒不重衣，险必下步，军井成而后饮，军食熟而后饭，军垒成而后舍，②劳佚必以身同之。③如此，师虽久而不老不弊。④

《尉缭子·战威》

注：①盖：伞。②舍：入帐休息。③佚：同“逸”。④老：疲惫。

译：勤勉耐劳的军队，将帅绝不会先顾自己。天热不打伞，天冷不加衣，遇到险要地势一定下马步行；全军水井挖成，自己才喝水；全军饭菜熟了，自己才进餐；全军都宿营了，自己才休息。与士卒共劳逸，同甘苦。这样，部队虽然长期作战，也不会感到疲惫厌倦。

夫将帅者，必与士卒同滋味而共安危，敌乃可加。①故兵有全胜，敌有全囚。昔者良将之用兵，有馈箪醪者，②使投诸河与士卒同流而饮。③夫一箪之醪不能味一河之水，而三军之士思为致死者，④以滋味之及己也。

《黄石公三略·上略》

注：①加：凌驾，战胜。②馈：赠送。箪：音“单”，容器。醪：音“劳”，醇酒。③投诸：投之于。④致死：以死相报。

译：当将帅的，必须与士卒同甘苦，共安危，才可能率领部队战胜敌人。所以我有全胜，敌有全败。从前良将用兵，有人送他一壶美酒，他派人将酒倒入河中，与士卒共饮。一壶美酒并不能使河水具有酒的香醇，但是全军将士都因此而决心以死相报，奋勇杀敌，这是因为将帅与他们同甘共苦的原因。

凡行军吏士有死亡者，给其丧具，使归而葬，此坚军全国之道也。①军人被创即给医药，②使谨视之。医不即治视，鞭之。

（唐）杜佑：《通典》一百四十九卷

注：①坚军：稳固军心。全国：保全国家。②被创：受伤。

译：凡在军事行动中将士有死亡的，都要供给棺木，将他们送回故乡安葬，这是稳定军心、保全国家的方法。军人受伤，要立即给予治疗，派人细心守护。医生不及时检查治疗，要处以鞭刑。

利害安危，置之度外，固必忘身以致君矣。①而不使士心与之俱忘，亦非善就功之将也。②然而得其心者，亦自有术；与士卒同衣服，而后忘夫边塞之风霜；与士卒同饮食，而后忘夫马上之饥渴；与士卒同登履，而后忘夫关隘之险阻；与士卒同起息，而后忘夫征战之劳苦；忧士卒之忧，伤士卒之伤，而后忘夫刀剑镞戟之瘢痍。③事皆习而情与周，故以战斗为安，以死伤为分，以冒刃争先为本务，④而不知其蹈危也。两忘者，⑤处险为夷，茹毒如饴也。⑥

（清）揭暄：《兵经百篇·术篇·忘》

注：①致君：报效君主。②就功：完成功业。③瘢痍：创伤。④冒刃：冒着刀锋箭头的危险。⑤两忘：将领与士卒两方面都忘记自身的安危。⑥茹：吃。饴：用米、麦等制作的糖。

译：将自己的利害安危置之度外，必然会舍生忘死以报效君主。但如若不能使士兵之心与自己一起舍生忘死，也不能说是善于建功立业的将领。而如何赢得士兵之心，亦自有方法：将领与士兵穿同样的衣服，而后士兵则忘却边塞的风寒；与士兵吃同样的饮食，而后士兵则忘却马上的饥渴；与士兵穿同样的鞋子，而后士兵则忘却关隘的险阻；与士兵共同起居作息，而后士兵则忘却征战的劳苦。为士兵的忧虑而忧虑，为士兵的死伤而悲痛，而后士兵则忘却刀枪剑戟造成的创伤。以上诸事都习以为常，关心士兵体贴入微，于是士兵便会以战斗为安乐之事，以出生入死为自己的本分，以奋勇争先为自己的职责，而不知道自己正身临危险之境。如果将领与士兵都忘记自身的安危，就会处险境如平地，视劳苦如蜜糖。

7. 将在军，君命有所不受

孙子曰："臣既已受命为将，将在军，君命有所不受。"

（汉）司马迁：《史记·孙子吴起列传》

译： 孙武说："臣下既已接受任命，出任将帅，将帅在军中主事，对君主的命令，有的可以不接受。"

军中之事，不闻君命，皆由将出，临敌决战，无有二心。若此，则无天于上，无地于下，无敌于前，无君于后。是故智者为之谋，勇者为之斗，气厉青云，①疾若驰骛，兵不接刃，而敌降服。战胜于外，功立于内，吏迁士赏，②百姓欢悦，将无咎殃，是故风雨时节，五谷丰熟，社稷安宁。

《六韬·龙韬·立将》

注： ①厉：振奋，高扬。②迁：升官。

译： 军队中的事务，不听从君主的命令，一切由将帅作出决定，对敌决战，绝不三心二意。假如做到这一点，那么上无天，下无地，前面没有强敌阻拦，后面没有君主牵制。于是谋士为之献计献策，兵勇为之顽强战斗，士气高昂，直上云霄，快速推进，疾如飞鸟，兵不血刃，而敌人投降。战胜外敌，建立功勋，官吏得到提拔，士兵受到赏赐，百姓欢乐，将帅也没有灾祸，这样，风调雨顺，五谷丰登，国家安宁。

武王问太公曰："王者帅师，必有股肱羽翼以成威神，①为之奈何？"

太公曰："凡举兵帅师，以将为命②。命在通达，不守一术。因能授职，各取所长，随时变化，以为纲纪。故将有股肱羽翼七十二人，以应天道。备数如法，审知命理，殊能异技，万事毕矣。”

《六韬·龙韬·王翼》

注：①股：大腿。肱：音“公”，胳膊。股肱，比喻辅佐君主的大臣。②命：命运。

译：周武王问姜太公：“君主统率军队，必须有辅佐的将帅大臣，才能建立权威，这事该怎么办？”

姜太公回答：“凡是出动军队，必须以将帅来掌握全军的命运。这就要求他们通权达变，不拘守一规一法。所以，君主应当根据他们的才能分别授予适当的职务，各取所长，随时变化，这是用人的根本法则。所以，君主手下的将帅应有七十二人，以顺应天道。这些人准备谋略，审察形势，又具备特殊的才能技艺，这样就万事俱备了。”

凡用兵之法，将受命于君，合军聚众，圮地无舍，①衢地交合，②绝地无留，③围地则谋，死地则战，途有所不由，军有所不击，城有所不攻，地有所不争，君命有所不受。故将通于九变之利者，④知用兵矣；将不通于九变之利，虽知地形，不能得地之利矣。治兵不知九变之术，虽知五利，⑤不能得人之用矣。

《孙子·九变篇》

注：①圮：音“匹”，毁坏，破败。圮地：险阻、沼泽等难行之地。②衢地：四通八达之地。③绝地：没有水草、难以生存之地。④九变：泛指多种变化。⑤五利：处于圮地、衢地、绝地、围地、死地五种地形时最有利的战法。

译：用兵作战的法则，将帅接受君主的任命，组建军队出征，在险阻难行之地不可扎营，在四通八达之地应结交诸侯，在难以生存之地不可停留，在易被包围之地应预备脱险的计谋，陷入死地要顽强战斗。有些道路不要去走，有些敌军不要去攻，有些城市不要去占，有些地区不要去争，对国君的命令，有些也不要接受。所以说，将帅通晓多种机变的，就是懂得了用兵的道理；将帅不通晓多种机变，虽然了解地形，也不能占据地利。带兵打仗不知道随机应变的方法，虽然了解在各种地形中应该采取的战法，也不能充分发挥部队的战斗力。

夫地形者，兵之助也。料敌制胜，①计险阨远近，上将之道也。知此而用战者，必胜；不知此而用战者，必败。故战道必胜，主曰无战，②必战可也；战道不胜，主曰必战，无战可也。故进不求名，退不避罪，唯民是保，而利于主，国之宝也。

《孙子·地形篇》

注：①料敌：分析敌情。②主：君主。

译：地形是作战的辅助因素。分析敌情，制定取胜方略，判断地形的险阨、路程的远近，是高明将帅的取胜之道。懂得这些而用来作战的，一定胜利；不懂得这些而盲目用兵的，一定失败。所以，当作战有必胜把握时，国君下令不打，也一定要发起进攻；作战没有胜利的可能时，国君下令进攻，也一定不要用兵。进攻不谋求功名，撤退不逃避处罚，只求保护人民，有利于君主，这样的将帅才是国家的宝贝。

将听吾计，①用之必胜，留之；将不听吾计，用之必败，去之。

《孙子·计篇》

注：①将：音“江”，如果。

译：如果听从我的计谋，作战一定胜利，我就留下；如果不听从我的计谋，作战一定失败，我就离去。

吴子曰："凡兵有四机：一曰气机，二曰地机，三曰事机，四曰力机。三军之众，百万之师，张设轻重，在于一人，是谓气机。路狭道险，名山大塞，十夫所守，千夫不过，是谓地机。善行间谍，轻兵往来，分散其众，使其君臣相怨，上下相咎，①是谓事机。车坚管辖，②舟利橹楫，士习战阵，马娴驰逐，是谓力机。知此四者，乃可为将。然其威、德、仁、勇，必足以率下安众，怖敌决疑。施令而下不敢犯，所在而寇不敢敌。得之国强，去之国亡，是谓良将。"

《吴子·论将》

注：①咎：责怪。②管：同"辖"，车毂上的金属套。辖：车轴两端的插栓。

译：吴起说："用兵打仗有四个关键：一是'气机'，二是'地机'，三是'事机'，四是'力机'。三军人马，百万雄师，指挥部署，统于将帅一人，这就是'气机'。道路险峻，高山要塞，十人所守，千人不过，这就是'地机'。善于利用间谍，灵活调兵遣将，分散敌人的兵力，使其君臣相互抱怨，官兵相互责怪，这就是'事机'。战车轮轴坚固，战船橹楫便利，士兵熟悉阵法，战马纵横驰骋，这就是'力机'。掌握这四条，才可以出任将帅。同时，将帅的威严、品德、仁义、勇敢，一定要足以统率部属，安抚民众，威慑敌人，解决疑难。发布命令而部属不敢违反；镇守一方而敌军不敢进犯。得到他，国家就强盛；失去他，国家就灭亡，这就是良将。"

善用兵者，能夺人而不夺于人。①夺者，心之机也。令者，一众心也，令不审则数变，②数变则令虽出，众不信矣。故令之法，小过无更，小疑无申。故上无疑令则众不二听；动无疑事则众不二志。未有不信其心而能得其力者，未有不得其力而能致其死战者也。③

《尉缭子·战威》

注：①夺人：掌握主动，控制敌人。②审：精当、正确。③致：达到。

译：善于用兵的人，能够掌握主动，控制敌人而不被敌人所控制。掌握主动，就要运用机谋。命令是为了统一全军将士的思想行动，命令不精确，就会多次改变；多次改变的命令，士卒就不会相信。所以，发布命令的原则是：虽有小错，也不更改；虽有疑问，也不重申。这样，将帅没有可疑的命令，全军就不会无所适从；行动从不犹豫不决，全军就不会三心二意。从来没有不得到士卒的信任而能得到他们全力拥戴的，也从来没有不得拥戴而能使士卒奋力作战的。

夫将者，上不制于天，下不制于地，中不制于人。故兵者，凶器也；争者，逆德也；①将者，死官也，②故不得已而用之。无天于上，无地于下，无主于后，无敌于前。一人之兵，如狼如虎，如风如雨，如雷如霆，震震冥冥，③天下皆惊。

《尉缭子·武议》

注：①逆德：违反道德。②死官：随时有死亡危险的官员。③震震：威风凛凛的样子。冥冥：神秘莫测的样子。

译：率兵作战的将帅，上不受天时制约，下不受地形制约，中不受旁人制约。武器，是凶险之器；战争，是违反道德之举；将帅，是随时可能牺牲的官员。所以，只能不得已而用之。没有天在上制约，没有地在下限制，没有君主在后方牵制，就会一往无前，战胜任何敌人。全军统一如一人，像虎狼一般凶猛，像风雨一般迅疾，像雷霆一般威力万钧，气势宏大，神秘莫测，天下都为之惊恐。

将军受命，君必先谋于庙，行令于廷。君身以斧钺授将曰："左、右、中军，皆有分职，若逾分而上请者死。①军无二令，二令者诛，留令者诛，②失令者诛③。"将军告曰："出国门之外，期日中，设营表，④置辕门，期之，如过时则坐法。"将军入营，即闭门清道，有敢行者诛，有敢高言者诛，有敢不从令者诛。

《尉缭子·将令》

注：①逾分：超越名分。②留令：扣留命令。③失令：不执行命令。④营表：军营中为观测日影以计时而立的标杆。

译：将军接受任命，国君一定要先在朝廷中谋划，并正式颁布命令，亲自将象征军事全权的斧钺授予将军，并说："左、中、右三军，都有各自的职责，假如超越自己的职责而向上报告的，处死刑。军中除主将外，其他人无权发布命令；若发布命令，应予严惩。此外，扣压命令及不执行命令的，也应严惩。"将军报告说："出了都城之外，约定某一天中午，树立营表，置于辕门处，定时集合，如过时不到，依法治罪。"将军进入军营，立即封闭营门，实行戒严，有随便走动的、高声喧哗的、胆敢不服从命令的，一律严惩不贷。

将者，上不制于天，①下不制于地，中不制于人。宽不可激而怒，②清不可事以财。③夫心狂、耳聋、目盲，以三悖率人者，④难矣。

《尉缭子·兵谈》

注：①制：控制，制约。②宽：气度宽宏。③清：清正廉洁。④悖：谬误。

译：担任将帅的人，上不受天时的制约，下不受地形的制约，中不受旁人的制约。气度宽宏，不被轻易激怒，清正廉洁，不贪图钱财。丧失理智，听不进逆耳忠言，看不见真实形势，有这三条错误的人去统率军队，是难以胜任的。

夫兵权者，是三军之司命，①主将之威势。将能执兵之权，操兵之要势，而临群下，譬如猛虎，加之羽翼，而翱翔四海，随所遇而施之。若将失权，不操其势，亦如鱼龙脱于江湖，欲求游洋之势，奔涛戏浪，何可得也。

《诸葛亮集·将苑·兵权》

注：①司命：神名，亦用以比喻与生命有关的事物。

译：军队的指挥权，与三军将士的性命攸关，是主将威势的体现。主将能执掌这一权力，发扬威势，从而指挥部属，就会如虎添翼，翱翔四海，攻无不克，战无不胜。主将如失去指挥权，毫无威信，也就会如同鱼龙脱离了江湖，再想畅游汪洋，搏击波涛，哪里还办得到呢？

夫以功就天下者，常有强臣；以力致天下者，常有骄兵。臣非故强也，恃勋赏之积而卒至于强；兵非故骄也，恃战役之勤而卒至于骄。故古者拨乱定倾之主，①不忧天下大计之不集，而深虞大臣之或强，②战士之或骄，故常先事而董治之，使其操制常在于我，是以天下既集，而国家安强，举而遗之冲人弱息，③而变故不作。

（宋）何去非：《何博士备论·五代论》

注：①定倾：平定危难。②虞：忧虑。③冲人：幼童。弱息：自己的子女。

译：以胜利夺取天下的君主，手下常有强悍的大臣；以武力打下江山的君主，手下常有骄横的士兵。大臣不是本来就强悍，而是依仗赏赐的积累而终至于强悍；士兵不是本来就骄横，而是依仗战斗的辛勤而终至于骄横。所以，拯救乱世平定危难的君主，不愁天下大计的不成功，而是深忧大臣的强悍，士卒的骄横。因此，通常事先慎重治理，将控制权牢牢掌握在自己手里。于是天下太平，国家安强，将江山留给自己的子女，也不会发生变乱。

胡林翼语：军旅之事，以一而成，① 以二三而败。唐代九节度之师，② 溃于相州，其时名将如郭子仪、李光弼，亦不能免。盖谋议可咨于众人，③ 而决断须归于一将。

（近现代）蔡锷：《曾胡治兵语录·和睦》

注： ①一：统一号令。②节度：节度使，唐代官名，总揽数州军事。③咨：咨询意见。

译： 胡林翼说：军队作战之事，以统一号令而成功，如果令出多门，必然失败。唐代九位节度使率领的大军，就是因为号令不一，而失败于相州。当时的名将如郭子仪、李光弼，也不能幸免。所以说，制定计谋时，可征询众人的意见，但最后必须由一人作出决断。

8. 猛将必发于卒伍

夫视锻锡而察青黄，① 区冶不能以必剑；② 水击鹄雁，陆断驹马，则臧获不疑钝利。③ 发齿吻相形容，伯乐不能以必马；授车就驾，而观其末涂，则臧获不疑驽良。观容服，听辞言，仲尼不能以必士；试之官职，课其功伐，则庸人不疑于愚智。故明主之吏，宰相必起于州部，④ 猛将必发于卒伍。夫有功者必赏，则爵禄厚而愈劝；迁官袭级，⑤ 则官职大而愈治。夫爵禄大而官职治，王之道也。

《韩非子·显学》

注： ①锻锡：锻剑时掺入的锡。青黄：炉火的颜色。②区冶：春秋时越国的铸剑巧匠。③臧获：奴婢。④州部：地方行政

机构。⑤迁：晋升。袭：继承。

译：只看锻剑时掺锡的多少，火色的青黄，就是区冶也不能断定剑的好坏；在水中能杀死鹄雁，在陆地能斩断马驹，就是奴婢也不会怀疑剑的利钝。只是掰开马嘴看看口齿，看看外形，就是伯乐也不能断定马的优劣；配一辆车，套上马，看看马跑到终点的情况，就是奴婢也不会怀疑马的好坏。只看人的外表、服饰，听听他的言谈辞令，就是孔子也不能断定士的德才如何；给他一个官职，加以试用，考核他的成绩，就是平庸的人也不会怀疑士的愚智。所以贤明的君主任用官吏，宰相一定从地方官员中提拔，猛将一定从士兵中提拔。对有功劳的人一定给予奖赏，那么官爵越高、俸禄越厚就越能使人受到鼓励；按功劳大小升官晋级，那么官职越大就越治理有方。爵禄优厚而官吏尽职，是称王于天下的规律。

明主之择贤人也，言勇者试之以军，言智者试之以官。试于军而有功者，则举之；①试于官而事治者，则用之。故以战功之事定勇怯，以官职之治定愚智。故勇怯、愚智之见也，如白黑之分。

《管子·明法解》

注：①举：提拔。

译：贤明的君主选择人才，对自称勇敢者，让他们到军队里去接受考验，对自称智谋者，让他们到官府里去接受考查。在军中立有战功的，就提拔他；当官政事治理得好的，就任用他。所以，用战功的大小来判定将士的勇、怯，用政事的治乱来判定官员的智、愚。这样，勇敢与胆怯、愚笨与聪明的区别，就像黑白一样分明。

第六章 士 卒 论

战争的胜负，归根结底取决于前线士卒的战斗行为。统帅部的战略方针，指挥官的作战布署，最终都要靠士卒来实现。所以，关于士卒的选拔训练、指挥调度，就成为兵家韬略的重要组成部分。

“兵在精不在多”〔1〕，是古代兵家的基本观点。“简选精良”〔2〕是组建强大军队的首要步骤。“所谓选者，选其人于未教之先而选之，再选其人于既教之后而用之”〔3〕。至于“选”的具体方法，《六韬·龙韬》所载姜太公对周武王指出的“外貌与中情相应者十五”，以及辨别相应与否的“知之有八征”，显然对于今天的军事家们，仍有宝贵的借鉴意义。

军队是特殊的社会群体。因此，对于士卒也有不同于平民百姓的纪律约束。制度严明，

〔1〕《草庐经略·卷5·用寡》。
〔2〕《吕氏春秋·简选》。
〔3〕《草庐经略·卷一·丁壮》。

“用百万如役一人”〔1〕是最基本的要求。“不呼儆，不苟聚，不妄行，不强进”〔2〕，不仅仅是一个行为规范问题，更是培养军人意识、军人素质的必然途径。

纪律与制度，是规范士卒行为的外在要求，但要真正使士卒奋勇作战，单靠这些外在要求是不够的，还必须通过各种形式的思想工作，来统一士卒的意志。古代兵家把这称作“三军一心则令可使无敌矣”〔3〕。实现“三军一心”，应当奖惩结合，恩威并施。“缘法而治，按功而赏”〔4〕是调动士卒奋勇作战的有效手段。对此，古代兵家提出：“小善必录，小功必赏”〔5〕，“用赏者贵信，用罚者贵必”〔6〕，“勋劳宜赏，不吝千金；无功妄施，分毫不与”〔7〕。这些原则，对于今天的治军者，仍有教益。

士卒是第一线的战斗人员。赴汤蹈火，出生入死，勇敢是最基本的素质要求和生存根据。所以，古代兵家提出：“胆贵壮，其练之也，以心为主”〔8〕，训练士卒由“必死”而“乐死”，由“乐死”而“甘死”，由“甘死”而“义死”，最后达到“视死如归”〔9〕，这样的军队，才能攻无不克，战无不胜。

士卒的精神面貌，体现为军容。古代兵家对此也十分重

---

〔1〕《何博士备论·汉光武论》。
〔2〕《管子·制分》。
〔3〕《吕氏春秋·论威》。
〔4〕《商君书·君臣》。
〔5〕《诸葛亮集·将苑·厉士》。
〔6〕《六韬·文韬·赏罚》。
〔7〕《草庐经略·卷一·军赏》。
〔8〕《兵书三种·练勇刍言》。
〔9〕《太公兵法·逸文》。

视，要求“器械务取其精锐，旌旗必求其绚烂，甲胄务欲其鲜华，人马腾凌，三军生色”。简而言之，“军容不盛，则军威不张”〔1〕，军威不张，则败亡无疑。

1. 简选精良

世有言曰：“驱市人而战之，①可以胜人之厚禄教卒；老弱罢民，②可以胜人之精士练材；离散係纍，③可以胜人之行阵整齐；锄櫌白梃，④可以胜人之长铫利兵。⑤”此不通乎兵者之论。今有利剑于此，以刺则不中，以击则不及，与恶剑无择，⑥为是，斗因用恶剑则不可。简选精良，兵械铦利，发之则不时，纵之则不当，与恶卒无择，为是，战因用恶卒则不可。……简选精良、兵械铦利，令能将将之，古者有以王者、有以霸者矣，汤、武、齐桓、晋文、吴阖庐是矣。

《吕氏春秋·简选》

注：①市人：城市居民。②罢：音“皮”，同“疲”。③係纍：捆绑。此处指俘虏、罪犯。④梃：木棒。⑤铫：音“条”，矛。⑥无择：没有区别。

译：现在有人说：“驱赶普通市民去作战，可以战胜供养优厚、训练精良的敌军；老弱疲惫之人，可以战胜精锐干练之师；游民、罪人，可以战胜军容整齐的部队；锄头木棒，可以战胜长矛利剑。”这是对军事一窍不通的人的议论。如果有一把利剑，刺杀不中，投击不远，那么它就与一把钝刀没有区别。但是，如果由此推论，作战可以用钝刀，那就不对了。精选士兵，配备锐利武器，但出动不合时宜，又放松严格的管理，那么它就与乌合之众没有区别。但是，如果由此推论，作战可以用乌合之众，那就

〔1〕《草庐经略·卷三·军容》。

不对了。……精选士兵，配备锐利武器，任命贤能的将领统率，古代就有凭借这样的军队称王称霸的。商汤、周武王、齐桓公、晋文公、吴王阖庐就是例证。

武王问太公曰："王者举兵，欲简练英雄、①知士之高下，为之奈何？"

太公曰："夫士外貌不与中情相应者十五：②有贤而不肖者，有温良而为盗者，有貌恭敬而心慢者，③有外廉谨而内无至诚者，有精精而无情者，④有湛湛而无诚者，⑤有好谋而不决者，有果敢而不能者，有悾悾而不信者，⑥有恍恍惚惚而反忠实者，有诡激而有功效者，有外勇而内怯者，有肃肃而反易人者，⑦有嗃嗃而反静悫者，⑧有势虚形劣而外出无所不至、无所不遂者。⑨天下所贱，圣人所贵，凡人莫知，非有大明，不见其际，此士之外貌不与中情相应者也。"

武王曰："何以知之？"

太公曰："知之有八征：⑩一曰问之以言以观其辞，二曰穷之以辞以观其变，三曰与之间谍以观其诚，四曰明白显问以观其德，五曰使之以财以观其廉，六曰试之以色以观其贞，七曰告之以难以观其勇，八曰醉之以酒以观其态。八征皆备，则贤、不肖别矣。"

《六韬·龙韬·选将》

注：①简练：精选训练。②中情：内心的思想感情。③慢：傲慢不敬。④情：才情。⑤湛湛：忠厚老实的样子。⑥悾悾：音"空空"，诚恳的样子。⑦肃肃：威严的样子。易人：平易近人。⑧嗃嗃：音"号号（一声）"，咋咋呼呼的样子。悫：音"却"，恭谨忠厚的样子。⑨遂：成功。⑩征：验证。

译：周武王问姜太公："君主发动战争，想选拔训练英雄人物，了解将士才能的高低，该怎么办呢？"

太公回答："将士的外貌与其内心的思想感情不相一致，有以下十五种情况：有外表贤良而实际上不正派的，有外表温和善良而实际是盗贼的，有外表谦恭而实际上傲慢不敬的，有外表谨慎而实际上不诚恳的，有外表精明而实际上并无才能的，有外表忠厚老实而实际上并无诚意的，有外表足智多谋而实际上优柔寡断的，有外表果敢而实际上并无所作为的，有外表诚恳而实际上不讲信用的，有外表糊里糊涂而实际上忠诚老实的，有外表言行过激而实际上干事确有成效的，有外表勇敢而实际上胆小如鼠的，有外表威严而实际上平易近人的，有外表咋咋呼呼而实际上恭谨忠厚的，有外表虚弱丑陋而实际上无所不能的。天下人都鄙视的，圣人却十分尊崇，一般人不了解，非有慧眼，不识其才。这就是人的外表与内情不相一致的情况。"

武王问："怎样才能了解人内心的实际状况呢？"

太公说："有八种方法可以验证：一是提出问题，看他怎样回答；二是刨根问底，看他怎样应变；三是使用间谍考验他的忠诚；四是问一些重大尖锐的问题考察他的品德；五是提供钱财看他是否廉洁；六是以女色试探他有无淫欲；七是给他困难的任务看他有无勇气；八是用酒灌醉看他是不是失态。八种方法都用过，一个人是贤明还是不正派，就可以辨别清楚了。"

武王问太公曰："选车士奈何？"

太公曰："选车士之法：取年四十已下，长七尺五寸已上；走能逐奔马，及驰而乘之，前后、左右、上下周旋，能束缚旌旗，力能彀八石弩，①射前后左右，皆便习者，②名曰武车之士，不可不厚也。"

《六韬·犬韬·武车士》

注：①彀：音"够"，使劲张弓。石：音"担"，古代以一

百二十斤为一石。②便习：熟练掌握。

译：周武王问姜太公："怎样选拔战车武士？"

太公答："选拔战车武士的标准是：年龄四十岁以下，身高七尺五寸以上，快跑能追上奔马，并能在奔驰中跳上战车，前后左右砍杀敌人，能执掌旌旗，力大能张开八石之弓，并熟练地向四面射击。对这些战车武士，待遇不可不优厚。"

武王问太公曰："选骑士奈何？"

太公曰："选骑士之法：取年四十已下，长七尺五寸已上，壮健捷疾，超绝等伦，①能驰骑彀射，②前后、左右周旋进退，越沟堑，登丘陵，冒险阻，绝大泽，③驰强敌，乱大众者，名曰武骑之士，不可不厚也。"

《六韬·犬韬·武骑士》

注：①等伦：同辈。②彀：音"够"，用力张弓。③绝：横渡。

译：周武王问姜太公："怎样选拔骑士？"

太公答："选拔骑士的标准是：年龄四十岁以下，身高七尺五寸以上，身体健壮，行动敏捷，超过同辈之人，能在飞驰的战马上张弓射箭，前后左右，动作自如，飞越沟堑，攀登丘陵，战胜险阻，横渡大江大湖，冲击强敌，打乱敌阵。将这样的人选作骑士，待遇不可不优厚。

子曰："善人教民七年，亦可以即戎矣。"①

子曰："以不教民战，②是谓弃之。"

《论语·子路》

注：①即戎：从军作战。②不教民：未受训练的民众。

译：孔子说："聪明的君主训练民众7年，也就可以派遣他们从军作战了。”

孔子说：“派遣未经训练的民众去作战，这就是抛弃他们，让他们白白送死。”

百人而教战，教成，合之千人；千人教成，合之万人；万人教成，会之于三军。三军之众，有分有合，为大战之法。教成试之以阅。①方亦胜，圆亦胜，错斜亦胜，②临险亦胜。敌在山，缘而从之；敌在渊，没而从之。求敌若求亡子，③从之无疑，故能败敌而制其命。

《尉缭子·勒卒令》

注：①阅：阅兵。②错斜：复杂地形。③亡子：丢失的儿子。

译：先以一百人为一队训练，训练完成，再集合一千人训练，一千人训练完成，再集合一万人合练，一万人训练完成，再集中全军合练。全体部队，有分有合，这才是打大仗的方法。全军合练完毕，应进行阅兵典礼，检验训练成绩。经过训练，部队列方阵能胜，列圆阵也能胜；在复杂的地形中能胜，在危险的情形下也能胜。敌人在山上，爬山而进攻；敌人在水中，渡水而进攻。寻敌决战就像寻找丢失的儿子一样迫切，一旦发现，毫不迟疑地发起攻击，所以能制敌于死命。

孙子曰：“兵之胜在于篡卒，①其勇在于制，其巧在于势，其利在于信，其德在于道，其富在于亟归，②其强在于休民，其伤在于数战。”

《孙膑兵法·篡卒》

注：①篡：取。②亟：急，赶快。

译：孙膑说：“军队的优势，在于选取精兵；军队的勇猛，在于制度严密；军队的灵巧，在于利用形势；军队的战斗力，在于赏罚必信；军队思想素质好，在于知晓道义所在；军队的供给充足，在于速战速决；军队的强大，在于及时休整；军队的衰弱，在于频繁作战。”

李悝为魏文侯上地之守，①而欲人之善射也，乃下令曰：“人之有狐疑之讼者，②令之射的，③中之者胜，不中者负。”令下而人皆疾习射，④日夜不休。及与秦人战，大败之，以人之善射也。

《韩非子·内储说上七术》

注：①上地：上郡，位于今陕西北部。②狐疑：疑惑。讼：诉讼，打官司。③的：箭靶。④疾：急切。

译：李悝为魏文侯出任上郡太守，想让民众都善于射箭，于是下令道：“有疑难的官司，就让当事人去射箭，射中了的胜诉，射不中的败诉。”命令一下，人们赶紧练习射箭，日夜不休。等到与秦国作战时，大败秦军，因为人们都善于射箭。

夫三军之行也，必有宾客，①群议得失，以资将用。有词若悬流，奇谋不测，博闻广见，多艺多才，此万夫之望，②可引为上宾。有猛若熊虎，捷若腾猿，刚如铁石，利若龙泉，③此一时之雄，可以为中宾。有多言或中，④薄技小才，常人之能，此可引为下宾。

《诸葛亮集·将苑·三宾》

注：①宾客：幕僚，参谋人才。②万夫之望：万人敬仰。③龙泉：宝剑。④中：音“众”，说对了。

译：军事行动，必须配备参谋人才，评议成败得失，以供主将参考。其中有的人口若悬河，计谋神奇，见多识广，多才多艺，这类万人敬仰的人才，可以奉为上宾。有的人像老虎一样勇猛，像猿猴一样敏捷，像铁石一样坚强，像宝剑一样锋利，这类一时称雄的人才，可以奉为中宾。有的人多次建议，其中也有可取之处，略具雕虫小技，可算是一般民众中间的能人，这类人才，可以奉为下宾。

经曰：统六军之众，将百万之师而无选锋，①浑而杂用，则智者无所施其谋，辩者无所施其说，勇者无所奋其敢，力者无所著其壮，无异独行中原，亦何所取于胜负哉？

（唐）李荃：《太白阴经·人谋下·选士》

注：①选锋：选拔士卒组成突击队。

译：兵书上说：统率六军之众，指挥百万之师，而不从中选拔士卒组成突击队，浑然杂用各种人才，那么，智慧者无所施展其奇谋妙计，善辩者无所施展其伶牙俐齿，勇猛者无所表现其果敢顽强，力大者无所表现其身强体壮，这就与一个人孤零零地行走于中原大地没有什么区别，凭什么去夺取战争的胜利呢？

臣伏见自古以来，军兵之众、资粮之费，未有如今日者。时议者皆患兵之众……而不知众之由；皆欲兵之销，①而不得销之术。故散之则军情怨而戎心启，②聚之则财用竭而人力疲。为日既深，其敝亦甚。臣以为销兵省费者，在乎断召募，去虚名而已。……臣窃见当今募新兵、占旧额、张虚薄、破见粮者，③天下尽是矣。斯则致众之由，④积费之本也。今若去虚名，就实数，则一日之内，十已减其二三矣。若使逃不补，死不填，则十年之间，十又销其三四矣。故不散弃之，则军情无怨也；不增加之，则兵数自销也。去虚就实，则名不诈，而用不费也。故臣以为销兵之方，省费之数，或在于此，唯陛下评之。

（唐）白居易：《白居易集》卷六十四

注：①销：裁减。②戎心：敌国的侵略野心。③破：破费。见粮：现粮，现存粮食。④斯：这。

译：我看自古以来，军队人数之多、粮食消耗之大，没有像今天这样的。现在的舆论都以兵多为患……而又不知道兵多的原由；都想裁减军队，而又不知道裁减的方法。所以，解散部队则军心怨恨，敌国也会因此而生出侵犯的野心；征集部队则财力枯竭，人力疲乏。这样时间越长，弊病越深。我认为，裁减军队、节省费用的方法，在于停止召募新兵，取消虚有的名额。……我发现，现在招募新兵，占着空额，制造虚假的名册，浪费现存的粮食，这些情况全国到处都是。这就是军队人数多的原因，粮食消耗大的根源。现在，如果勾销虚有名额，核定实际人数，那么一天之内，军队就裁减了十分之二三。如果逃走的不补充，死去的不顶替，那么十年之间，就又裁减了十分之三四。这样，不遣散士卒，军心就不会怨恨；不增加人员，军队人数自然削减。去虚额，就实数，名额就不会虚假，而费用也就不会浪费了。我以为，裁减军队的方法，节省军费的手段，或许就在于此。希望陛下认真考虑。

是故无用之卒，虽薄其资粮，而皆廪之终身。①凡民之生，自二十以上至于衰老，不过四十余年之间。勇锐强力之气，足以犯坚冒刃者，②不过二十余年。今廪之终身，则是一卒凡二十年无用而食于官也。自此而推之，养兵十万，则是五万人可去也。屯兵十年，则是五年无益之费也。民者天下之本，而财者民之所以生也。有兵而不可使战，是谓弃财。不可使战而驱之战，是谓弃民。

（宋）苏轼：《经进东坡文集事略·进策》

注：①廪：国家供给口粮。②犯坚冒刃：出生入死于枪林弹雨之中。

译：无用的士卒，虽然给的粮饷很少，但终归是由国家供养终身。大凡人的一生，从二十岁以上直到衰老，不过四十多年。其间勇猛强悍，精力充沛，足以冲锋陷阵的时间，不过二十几年。现在供养他们终身，也就是说一个士卒二十年无用却白吃国家的粮饷。由此推算，养兵十万，就有五万人可以裁减。屯兵十年，就有五年的费用是白白消耗。民众是国家的根本，而财富是民众之所以生存的依据。供养军队却不能派去作战，这就叫抛弃资财。不能作战的人却被驱赶上阵，这就叫抛弃民众。

夫兵无事而食，则不可使聚；聚则不可使无事而食。此二者相胜而不可并行，①其势然也。

（宋）苏轼：《经进东坡文集事略·进策》

注：①相胜：相互排斥。

译：军队没有战事而白白耗费粮饷，就不可使之集结；军队一旦集结，就不可使之无所事事而白费粮饷。这两条相互排斥，不可并行，是形势所决定的。

兵贵精，多而不精，徒费食而不济用。①

《明实录》卷九十一

注：①徒：白白地；济用：顶用。

译：军队贵在精干。军队人多而不精干，白白地耗费粮饷，却不顶用。

兵在精不在多，我之师诚锐矣，①寡亦何尝不可胜敌哉，顾其将之智勇如何耳。②用寡者，宜险隘，宜昏夜，宜短兵，宜致死，③宜进退迅速，宜烦数变化，宜置阵坚固，宜撤备，而不为自保之计。

（明）无名氏：《草庐经略》卷5《用寡》

注：①诚：确实。②顾：看。③致死：拼死而战。

译：兵在精而不在多。我军确实精锐，人少也未尝不可战胜敌人，这就要看将帅的智谋如何了。士卒少，应该利用险要地形，夜间作战，多用短兵器，拼死向前，行动迅速，变化多端，布阵坚固，撤销后备，不考虑自保之计。

兵法曰：兵无选锋曰北。①所谓选者，选其人于未教之先而选之，再选其人于既教之后而用之。以材力雄健者为众兵。仍于众兵之中，选其武勇超群，一可当百者，为选锋。所谓先登陷阵，势如风雨，全恃此辈也。善乎周世宗曰："兵务精不务多。农夫百不能养甲士一，奈何取民之膏血，养此无用之物乎！且健怯不分，众何所惩乎？"②于是大简诸军。③其士卒精强，每战必胜。此选于既教之后者也。未教时之所选者，或以武艺，或以强力，或以胆气，或以雄貌。须用乡野壮人，无取市井游滑。盖野人力作而性朴。力作则素习勤劳，性朴则畏法奉令，易以诚信感之，恩爱联之，不难就我彀中，④而不测我颠倒之术。市井游猾，不习勤劬，⑤不畏法度。其在军中，巧为规避，潜倡邪说，引诱群辈，故不宜用。然市井中，果有武艺精熟，膂力轶众，⑥胆勇过人者，又不在此论，在收用之得术耳。

（明）无名氏：《草庐经略》卷1《丁壮》

注：①北：败北。②惩：鉴戒，恐惧。③简：选拔。④彀中：弓弩射程之内。喻为掌握之中。⑤劬：音"渠"，劳苦。⑥轶：音"义"，超越。

译：兵法说：军队里没有精选士卒组成的突击队，就会打败仗。所谓精选，是指先选拔平民来训练，再从训练成的士卒中选拔精锐之士而委以重任。由身强力壮者组成大军。再从大军中选拔武艺超群，以一当百者，组成突击队。冲锋陷阵，势如风雨，全靠这支队伍。周世宗柴荣说得好："兵一定要精而不要多。一百个农夫还养不起一个士兵，那怎么能用民脂民膏来养无用之兵呢？而且，勇怯不分，那么众人还有什么要鉴戒、担心的呢？"于是，他在军中进行了大规模的选拔淘汰，因而部队精干强劲，每战必胜。这是指训练之后的选拔。训练之前的选拔，标准或为武艺，或为体力，或为胆量，或为相貌。须选拔村野壮夫，不取市井无赖游滑之徒。村夫辛勤劳作，本性纯朴。辛勤劳作就能吃苦，本性纯朴就能遵守法令，容易用诚信来感化他，用恩爱来笼络他，不难为我所掌握，而不会察觉我的控制手段。市井无赖，不能吃苦耐劳，又不畏惧法令。他们在军中，巧计逃避纪律约束，暗中散布邪说，引诱同流合污之辈，所以不宜录取。可是，城市之中，真有武艺精熟，体力过人，胆量超群的，又不在此列，不过要录用得法罢了。

今日之操练，不教诸军以技艺，而第教以阵法已非矣。①况所谓阵者，又沿习久而易讹。即使尽善而无技艺，犹金弓玉矢不可得而用也。十八般武艺，人虽不能全习，亦当熟其一二。而弓弩枪刀，则人人不可无，又人人不可不熟。教之者第无务用花法耳。②盖花法，进退回旋，止可饰观，而与敌相对，务宜前进，稍尔回转，敌必乘之。胜负之机，于兹决矣。故但当教以临阵正法，使之精熟。

（明）无名氏：《草庐经略》卷1《习技艺》

注：①第：只管，仅仅。②花法：中看不中用之法。

译：现在的操练，不教士卒练习技艺，而仅仅只教阵法，是不对的。况且所谓阵法，沿习已久，常常出错。就算阵法精熟，但没有技艺，正好像有金弓玉箭却不会使用一样。十八般武艺，一个人虽不能样样精通，也应当熟练掌握一两种。至于弓弩枪刀，则是人人都不可不配备并熟练使用的。训练时切切不可用中看不中用的"花法"。花法表面上进退回旋，令人眼花缭乱，但却只可作为装饰。与敌作战，一定要进攻，稍稍回转，必给敌可乘之机。胜负的关键，由此决定。所以，一定要教练临阵作战的正确方法，使士卒熟练掌握。

胡林翼语：有不可战之将，无不可战之兵；有可胜不可败之将，无必胜必不败之兵。

（近现代）蔡锷：《曾胡治兵语录·兵机》

译：胡林翼说：有不可与之作战的将领，没有不可与之作战的士兵；有可胜不可败的将领，没有必胜必不败的士兵。

2. 用百万如役一人

古之善将者，其用百万如役一人。①分数既定，②形名既饰，③节制素明，威赏素著，有术以用其锋故也。

（宋）何去非：《何博士备论·汉光武论》

注：①役：指挥。②分数：职份安排。③形名：旌旗、锣鼓。饰：整治。

译：古代善于带兵者，调动百万大军如同指挥一人。职份安排已定，旌旗、锣鼓已整治就绪，管理一贯严格，赏罚一贯分明，这就是调动大军行动自如的原因。

武王问太公曰："合三军之众，欲令士卒练士，教战之道奈何？"

太公曰："凡领三军，必有金鼓之节，①所以整齐士众者也。将必先明告吏士，申之以三令，以教操兵起居，旌旗指麾之变法。故教吏士：使一人学战，教成，合之十人；十人学战，教成，合之百人；百人学战，教成，合之千人；千人学战，教成，合之万人；万人学战，教成，合之三军之众；大战之法，教成，合之百万之众。故能成其大兵，立威于天下。”

《六韬·犬韬·教战》

注：①金鼓之节：以锣、鼓来节制部队的行动，闻锣声则退，闻鼓声则进。

译：周武王问姜太公：“集合三军，要想使士卒听从指挥，训练的方法是怎样的？”

太公回答：“凡统领三军，必须用锣、鼓来统一部队的行动。将帅必须首先明确告诉官兵，如何遵守起居制度，刻苦操练，如何按照旌旗指挥，变换阵形。所以，训练官兵的方法是：先进行单兵教练，教会了，再集十人合练；十人教会了，再集百人合练；百人教会了，再集千人合练；千人教会了，再集万人合练；万人学会了，再集三军合练大战之法，以编成威武的百万之师。这样才能组成强大军队，威震天下。”

兵不呼儌，①不苟聚，②不妄行，不强进。呼儌则敌人戒，苟聚则众不用，妄行则群卒困，强进则锐士挫。故凡用兵者，攻坚则轫，③乘瑕则神。④攻坚则瑕者坚，乘瑕则坚者瑕。故坚其坚者，瑕其瑕者。屠牛坦朝解九牛，⑤而刀可以莫铁，⑥则刃游间也。故天道不行，屈不足从；⑦人事荒乱，以十破百；器备不行，以半击倍。故军争者不行于完城池，有道者不行于无君。

《管子·制分》

注：①呼儌：惊慌呼叫。②苟聚：随随便便三五成群。③轫：音“认”，阻止车轮转动的木头。此处作“阻碍”之意。④瑕：薄弱之处。⑤屠牛坦：名叫坦的屠牛者。⑥莫铁：作“剃

毛”解。⑦从：追击。

译： 军中不许惊慌呼叫，不许三五成群，不许随便行动，不许强行攻击。惊慌呼叫，敌人就会警戒；三五成群，部队就不成编制；随便行动，士卒就陷于困境；强行攻击，旺盛的士气就会受挫。所以，用兵打仗，攻击敌人坚固的阵地，就会受阻；攻击敌人的薄弱之处，就会用兵如神，取得胜利。强攻坚固之处，那么薄弱处也变得坚固；智取薄弱之处，那么坚固处也变得薄弱。所以，承认敌阵坚固而避开它，抓住敌阵的破绽而攻击它。屠户坦一天宰九头牛，他的刀还锋利无比，可以剃毛，是因为他让刀刃在牛骨缝间活动，不伤刀刃。所以，天时不顺之时，即使敌人穷困也不要追击；乘敌国政事混乱时，就可以用十个人打败它的一百个人；乘敌军装备不齐，可以用一半的部队攻击它成倍的部队。所以，作战不可对坚城深池用兵，有道德的人不对君死居丧的国家作战。

视卒如婴儿，故可与之赴深溪；视卒如爱子，故可与之俱死。爱而不能令，厚而不能使①，乱而不能治，譬若骄子，②不可用也。

《孙子·地形篇》

注： ①厚：给予优厚待遇。②骄子：娇生惯养的孩子。

译： 对待士卒如婴儿，士卒便会跟随将帅赴汤蹈火；对待士卒如爱子，士卒便会与将帅同生共死。溺爱士卒而无法指挥，给予优厚待遇却不能驱使，纪律混乱又不能整治，这就像娇惯的孩子，不可委以重任。

卒未亲附而罚之则不服，不服则难用；卒亲附而罚不行，则不可用。故令之以文，齐之以武，是谓必取。令素行以教其民，①则民服；令不素行以教其民，则民不服。令素行者，与众相得也。②

《孙子·行军篇》

注：①素行：一贯得以执行。②相得：情投意合。

译：士兵对将帅不亲近就去处罚他，他不会信服，不信服就难于指挥调动；士兵对将帅已亲近而不实行处罚，部队也无法令行禁止。所以，要以“文”的方法使士兵心悦诚服，又要以“武”的方法使士兵服从命令，统一行动，这样才能每战必胜。命令一贯得以执行，并以此来教育士兵，士兵就会服从；命令不能一贯执行，士兵未受教育，也就不会服从。命令一贯得以执行，是因为将帅与士兵的关系融洽，情投意合。

民之外事，莫难于战，故轻法不可以使之。①奚谓轻法？②其赏少而威薄，淫道不塞之谓也。奚谓淫道？为辩知者贵，游宦者任，③文学私名显之谓也。④三者不塞，则民不战而事失矣。故其赏少，则听者无利也；威薄，则犯者无害也。故开淫道以诱之，而以轻法战之，是谓设鼠而饵以狸也，⑤亦不几乎！⑥故欲战其民者，必以重法，赏则必多，威则必严，淫道必塞，为辩知者不贵，游宦者不任，文学私名不显。赏多威严，民见战赏之多则忘死，见不战之辱则苦生。赏使之忘死，而威使之苦生，而淫道又塞，以此遇敌，是以百石之弩射飘叶也，⑦何不陷之有哉！⑧

《商君书·外内》

注：①使：驱使。②奚：何，什么。③任：委以重任。④显：显赫。⑤狸：野猫。⑥不几：相去太远。⑦石：音“担”，重量单位，一百二十斤为一石。⑧陷：攻下。

译：民众对外的事，没有比作战更艰难的了。所以，轻法不足以驱使民众去作战。什么叫轻法？轻法就是赏赐少，威严薄，歪门邪道没有堵塞住。什么叫歪门邪道？歪门邪道就是善于诡辩的人受到尊重，东游西荡的人被委以重任，咬文嚼字的人名声显赫。这三条邪道不堵塞，民众就不去作战，军事上就会失败。所以，赏赐少，服从法令的人就无利可图；威严薄，犯法违禁的人就不会受到打击。因此，开放歪门邪道来诱惑民众，又试图用轻法去督促他们作战，这就好比想抓老鼠却用猫做诱饵，相去不是太远了吗？所以，想督促民众去作战，一定要用重法，赏赐一定要多，刑罚一定要严，歪门邪道一定要堵塞，使善于诡辩的人得不到尊重，东游西荡的人没有官做，咬文嚼字的人也没有显赫的名声。赏赐多，刑罚严，民众看到立功受赏丰厚，就不怕死，看到逃避作战耻辱深重，就耻于苟且偷生。赏赐使民众不怕战死，刑罚使民众耻于偷生，加上歪门邪道已被堵塞，这样的军队与敌人相遇，好比用一百石强力的弓弩射击飘落的树叶，还有什么不会被摧毁呢？

中军、左、右、前、后军，皆有分地，方之以行垣，①而无通其交往。将有分地，帅有分地，伯有分地，皆营其沟域，而明其塞令，使非百人无得通。②非其百人而入者，伯诛之；伯不诛，与之同罪。军中纵横之道，百有二十步而立一府柱，量人与地，柱道相望，禁行清道。非将吏之符节，③不得通行。

《尉缭子·分塞令》

注：①行垣：临时的围墙。②百人：古时军队以一百人为一基本单位，由伯长率领。非百人：即不是本单位的成员。③符节：古时用作凭证的信物，以木、竹或金属制作，一分为二，使用时以两片相合为验。

译：中军以及左、右、前、后各军，都有划分的营盘，营盘四周筑起围墙，使各军之间不得随意通行。将、帅、伯也各有自己的营地，四周挖沟相隔，申明禁令，非本部成员不得通行。违反禁令者，本部长官应给予严厉惩罚，否则与其同罪。军营中的纵横道路，每隔120步立一哨塔，观察行人与营区各处，哨塔相互联络，禁止随便通行。没有特别证件者，一律不许通过。

凡伍临阵，①若一人有不进死于敌，则教者如犯法者之罪。

凡什保什，②若亡一人，而九人不尽死于敌，则教者如犯法者之罪。自什以上，至于裨将，③有不若法者，④则教者如犯法者之罪。凡明刑罚，正劝赏，必在乎兵教之法。

《尉缭子·兵教》

注：①伍：军中五人组成一伍。②什：军中十人组成一什。③裨将：副将。④若法：按法令行事。

译：同伍的士兵临阵作战，如有一人不拼死杀敌，那么负责训练的伍长就与他同罪。同什的士兵应互相担保，如一人阵亡，其余9人不拼死而战，那么负责训练的什长就与他们同罪。从什长以上直至副将，凡部下有不按法令行事的，负责训练的长官就与违法者同罪。要想做到刑罚严明，奖赏公正，就必须贯彻到平时的训练之中。

临武君曰："善。请问王者之军制。"

孙卿子曰：①"将死鼓，②御死辔，③百吏死职，士大夫死行列。闻鼓声而进，闻金声而退。④顺命为上，有功次之；令不进而进，犹令不退而退也，其罪惟均。不杀老弱，不猎禾稼。服者不擒，格者不舍，⑤奔命者不获。凡诛，非诛其百姓也，诛其乱百姓者也；百姓有扞其贼，⑥则是亦贼也。以故顺刃者生，苏刃者死，⑦奔命者贡。……王者有诛而无战。城守不攻，兵格不击，上下相喜则庆之。不屠城，不潜军，不留众，师不越时。故乱者乐其政，不安其上，欲其至也。"

《荀子·议兵》

注：①孙卿子：即荀子。②死鼓：古时作战，将帅亲自擂鼓，指挥士兵。死鼓，即战死在指挥的岗位上。③御：驭手。辔：音"佩"，缰绳。④金声：锣声。⑤格：格斗，抵抗。⑥扞：音"汉"，保护。⑦苏刃：苏，音"素"，逆向。面对刀锋，意

为正面抵抗。

译：临武君说："好。请问称王于天下的君主的军令制度是怎样的。"

荀子回答："将帅至死不离开指挥岗位，驭手至死不放下缰绳，各级军官至死不擅离职守，士卒至死不脱离战斗队伍。听到鼓声就前进，听到锣声就后退。服从命令为首位，杀敌立功次之；命令不进而进，如同命令不退而退，罪责是相等的。不杀害老弱，不毁坏庄稼。降服者不要捉拿，抵抗者不要放过，逃命者不要追击。诛杀，不是杀死百姓，而是杀死祸害百姓的人；百姓中有掩护贼人的，那么他也就是贼人。所以，放弃抵抗的，让他求生；敢于抵抗的，坚决消灭；逃命的，不予追究。……称王于天下的君主有诛伐而没有搏战。敌方城池有防备，就不去围攻；士兵进行抵抗，就不去打击；君民关系和睦，就表示庆贺。不屠杀全城居民，不派兵暗中偷袭，不留驻攻克的城镇，出兵不超过一定的期限。所以，敌国的民众向往王者的政治，不满意自己的君主，盼望仁义之师的到来。

夫三军之行，有探候不审，①烽火失度；后期犯令，②不应时机，阻乱师徒；乍前乍后，不合金鼓；上不恤下，削敛无度；营私徇己，不恤饥寒；非言妖辞，妄陈祸福；无事喧杂，惊惑将吏；勇不受制，专而凌上；③侵竭府库，擅给其财。此九者，三军之蠹，④有之必败也。

《诸葛亮集·将苑·军蠹》

注：①探候：侦探。②后期：拖延规定的期限。③专：专横跋扈。④蠹：音"度"，蛀虫。

译：军队行动，常有如下情况发生：侦探情报不精确，烽火传递消息失误；违反命令，拖延日期，遗误战机，阻碍了军事计划的完成；忽前忽后，不按进退号令行动；上级不关心下级，无限制地克扣军饷；营私谋利，不顾士兵的饥寒；妖言惑众，谎报军情；无事喧哗，惊动、迷惑将领；士兵不服从指挥，专横跋扈，对抗上级；侵吞国库储备，擅自发放财物。这9种情况，都好比军队的蛀虫，一旦发生，必然招致失败。

太宗曰："严刑峻法，使人畏我而不畏敌，朕甚惑之。昔光武以孤军当王莽百万之众，非有刑法临之，此何由乎？"

靖曰："兵家胜败，情状万殊，不可以一事推之也。如陈胜吴广败秦军，岂胜广刑法能加于秦乎？①光武之起，盖顺人心之怨莽也，况又王寻、王邑不晓兵法，徒夸兵众，所以自败。臣案《孙子》曰：'卒未亲附而罚之，则不服；已亲附而罚不行，则不可用。'此言凡将先有爱结于士，然后可以严刑也；若爱未加而独用峻法，鲜克济焉。②"

《唐太宗李卫公问对·卷中》

注：①加：超过。②鲜：少。克：能。济：成功

译：唐太宗说："施行严刑峻法，使士卒害怕我而不害怕敌人，对这种办法，我很疑惑。从前光武帝刘秀以孤军抵挡王莽的百万大军，并没有施用刑法，这是为什么呢？"

李靖答："军事上的胜败，情况千差万别，不能依一件事去推论。例如陈胜、吴广打败秦军，难道他们的刑法比秦朝还要严酷吗？刘秀起兵，是顺应了人们怨恨王莽的心情，况且王寻、王邑又不懂兵法，只知道夸耀军队人多，所以自取失败。我看《孙子兵法》说：'士卒尚未亲附就惩罚他们，他们一定不服；已经亲附，但刑罚执行不了，这样的士卒就无法指挥。'这是说将领首先要与士卒建立亲密的关系，然后才可以施行严厉的刑罚；假如没有建立亲密关系而单用严刑峻法，很少有成功的。"

夫部曲行阵，①屯营顿舍，与夫昼夜之警严，符籍之管摄，②皆所谓军之纪律。虽百夫之率，③不可一日辄废，而缓于申严约束者也。故以守，则整而不犯；以战，则肃而用命。

（宋）何去非：《何博士备论·李广论》

注：①部曲：部队。②符籍：军中机要文件。③百夫：百夫长，率领一百人的下级军官。

译：部队行军布阵，安营扎寨，以及昼夜的警戒，文件的管理，都要有纪律约束。虽然是一百人的小部队，也不可一日废弛，而没有严格的要求。只有这样，才能保证防守时严整无隙，进攻时三军效命。

唐之善于兵者，无若李靖，其为书曰："畏我者，不畏敌；畏敌者，不畏我。"是以古之名将，十卒而杀其三者，威振于敌国，杀其一者，令行于三军。靖岂以卒为不足爱哉，以为杀一而百奋，则奋者可期于胜也；纵一而百惰，①则惰者可期于败也。奋而克敌，与夫惰而为敌所克，则是杀者，乃所以生之；爱者，乃所以害之也。

（宋）何去非：《何博士备论·杨素论》

注：①纵：放纵。

译：唐代善于用兵者，没有超过李靖的。李靖写道："害怕我的士卒，就不怕敌人；害怕敌人的士卒，就不怕我。"所以古代有名的将帅，杀掉士卒十分之三的，威名震慑敌国，杀掉士卒十分之一的，命令畅行三军。李靖难道是认为士卒不应该爱护吗？他是认为，杀一人而百人振奋，而振奋的士卒可以期待他们去夺取胜利；放纵一人而百人懈怠，而懈怠的士卒可以预料一定会打败仗。振奋就可战胜敌人，而懈怠则被敌人所战胜。这样说来，杀掉他们，是给他们以生机；溺爱放纵，倒是害了他们。

凡与敌战，军中有畏怯者，鼓之不进，未闻金先退，须择而杀之，以戒其众。若三军之士，人人皆惧，不可加诛戮。须假之以颜色，①说之以利害，示以不畏，喻以不死，②则众心自安。法曰：执戮禁畏；太畏则勿杀戮，示之以颜色，告之以所生。

（明）刘基：《百战奇略·畏战》

注：①假：宽容。②喻：说明。

译：凡与敌作战，军队中有胆小怕死的，听到进攻的鼓声不往前冲，未听到撤退的锣声率先后撤，对这样的人，必须有选择地杀一儆百。假如三军将士，人人都害怕作战，就不可加以杀戮。必须和颜悦色予以宽容，同时说明利害关系，作出无所畏惧的榜样，说明避免死亡的方法，这样士兵之心才会安定。所以，兵法说：用处死的严厉军法来制止畏敌情绪的滋生蔓延；如果人人畏敌，就不可杀戮，而应当正颜厉色，告诉士兵求得生存的方法。

兵有二用。①数十百人，随意野战，风雨之势，非罚所加，非法所管，可以一语传呼而止，无节制可也。虽然，此即节制也。若用数万之众，堂堂原野之间，法明令审，动止有则，使强者不得独进，弱者不得独退，峙如山岳不可撼摇，流如江河不可阻遏，虽乱犹整，百战不殆，②握定胜算以制全敌，舍节制必不能军。节制者何？譬如竹之有节，节节而制之，故竹虽虚抽数丈之笋，而直立不屈；故军士虽众，统百万之夫如一人。夫节制工夫，始于士伍以至队哨，队哨而至部曲，部曲而至营阵，营阵而至大将，一节相制一节，节节分明，毫不可干。③

（明）戚继光：《练兵纪实·严节制》

注：①二用：两种指挥的方法。②殆：危险。③干：冒犯，违反。

译：军队有两种指挥的办法。一种是：几十上百人，随意流动作战，如风雨飘忽不定，用不着刑罚威慑、军法约束，只用一声传呼就可令行禁止。这时，没有节制是可以的，它本身就是一种节制。另一种是：数万大军，堂堂正正地布阵原野之上，军法严明，命令周详，一举一动都有规则，使强者不得独进，弱者不得独退，驻扎时如山岳不可摇撼，运动时如江河不可阻挡，虽然队形混乱，也像整齐时一样，百战不殆，稳操胜算，全歼敌人。这时，没有节制必定无法指挥全军。什么是节制？譬如竹子，分为一节一节，节节相制，所以竹子虽然中间空空，抽出几丈高，而直立不弯；所以，军队人数虽多，统率百万之众，就像指挥一人。部队的节制，从单个士兵开始，渐次而至队哨、部曲、营阵，最终而至大将，一级制约一级，层次分明，丝毫不可冒犯。

夫三军之事，嚣则乱，①静则治，必至之理也。以静待哗，以治待乱，未有不胜者也。

（明）无名氏：《草庐经略》卷4《尚静》

注：①嚣：音“消”，喧哗吵闹。

译：管理军队事务，喧哗则乱，安静则治，这是一定的道理。以安静对付吵闹，以有条不紊对付混乱不堪，没有不取得胜利的。

拊揗之久，①士即附，倘威刑不肃，何以令人？尝见纯用恩者，兵骄将纵，居恒则犯上而无等，②临敌则未战而先退。鼓之不进，令之不止，譬之骄子不可用也。夫天之道，虽春生不废秋杀，将之道，岂以姑息掩我威棱。

（明）无名氏：《草庐经略》卷1《军刑》

注：①拊揗：安抚，慰问。②居恒：平时驻扎。

译：长期抚慰下属，士卒就会拥戴你。假若刑罚不严肃，那么用什么来指挥部队？曾见单纯施加恩惠的，结果是士卒骄横，将领放纵。平时则顶撞上级，不遵等级之分，临阵则不战而先退。闻鼓声不向前进，接到命令也不停止，就像娇生惯养的儿子不听指挥。自然气候的流转，虽有春天的生机勃勃，也不废止秋天的肃杀凄凉。担任全军的统帅，岂可以姑息纵容而掩盖了军纪的威严。

曾国藩语：治军以勤字为先，由阅历而知其不可易。①未有平日不早起，而临敌忽能早起者；未有平日不习劳，而临敌忽能习劳者；未有平日不能忍饥耐寒，而临敌忽能忍饥耐寒者。

（近现代）蔡锷：《曾胡治兵语录·勤劳》

注：①易：更改。

译：曾国藩说：治军以勤勉为先，这一条，由人们平时的经历就可以证明其不可更改。从来没有平日不早早起床，而临阵忽然能早早起床的；从来没有平日不勤恳工作，而临阵忽然能勤恳工作的；从来没有平日不能忍饥耐寒，而临阵忽然能忍饥耐寒的。

3. 三军一心

人情欲生而恶死，①欲荣而恶辱。死生荣辱之道一，则三军之士可使一心矣。凡军欲其众也，心欲其一也，三军一心则令可使无敌矣。令能无敌者，其兵之于天下也亦无敌矣。古之至兵，②民之重令也。③重乎天下，贵乎天子。其藏于民心，捷于肌肤也，深痛执固，④不可摇荡，物莫之能动：若此则敌胡足胜矣？⑤故曰，其令强者其敌弱，其令信者其敌诎。先胜之于此，则必胜之于彼矣。

《吕氏春秋·论威》

注：①恶：音“务”，厌恶。②至兵：最强大的军队。③重令：看重军令。④深痛执固：感受深刻，牢记不忘。⑤胡足胜：胡，何，哪里。哪里值得去战胜，即不堪一击之意。

译：人的常情是渴望生存而厌恶死亡，渴望荣耀而厌恶耻辱。将对待生死荣辱的态度统一起来，就可以统一全军将士的意志。凡行军作战，力量要强大，意志要统一。全军意志统一，就可以做到一声令下，所向无敌。古代最强大的军队，士卒都非常看重军令，把军令看得重于天下，重于君主。军令深藏于士卒心中，就会反应敏捷，牢记不忘，不可动摇，任何外力都无法改变：若能做到这一步，敌人就不堪一击了。所以说，军令强有力的，敌人就显得脆弱；军令贯彻执行彻底的，敌人就一定会被消灭。首先在军令这个问题上取胜，那么一定会在对敌作战方面获胜。

武王问太公曰："兵道何如？"

太公曰："凡兵之道，莫过乎一。①一者，能独往独来。黄帝曰：'一者，阶于道，几于神'。用之在于机，显之在于势，成之在于君，故圣王号兵为凶器，不得已而用之。

今商王知存而不知亡，知乐而不知殃。夫存者非存，在于虑亡；乐者非乐，在于虑殃。今王已虑其源，岂忧其流乎！"

武王曰："两军相遇，彼不可来，此不可往，各设固备，未敢先发，我欲袭之，不得其利，为之奈何？"

太公曰："外乱而内整，示饥而实饱，内精而外钝。一合一离，一聚一散，阴其谋，密其机，高其垒，伏其锐士，寂若无声，敌不知我所备。欲其西，袭其东。"

武王曰："敌知我情，通我谋，②为之奈何？"

太公曰："兵胜之术，密察敌人之机而速乘其利，复疾击其不意。"

《六韬·文韬·兵道》

注：①一：统一意志，统一指挥。②通我谋：识破我军的计谋。

译：周武王问姜太公："用兵作战的规律是什么？"

太公回答："用兵作战的规律，不外乎统一意志，统一指挥。统一就能独往独来，无法阻挡。黄帝说：‘统一是把握战争规律的阶梯，接近于神明’。运用统一的原则，在于把握战机，显示这一原则，在于利用形势，实行这一原则，在于君主的决断。所以圣明的君主称兵器为凶器，迫不得已才使用。

现在商纣王只知国家还存在，不知已面临灭亡，只知享乐，不知灾祸即生。国家的生存，在于居安思危；君主的幸福，在于乐不忘忧。现在您已考虑到安危存亡的根本大计，难道还为枝微末节伤脑筋吗？”

武王又问：“两军相遇，敌无法攻我，我也无法破敌，各自坚守阵地，不敢先发动进攻。我想袭击敌人，又不占据有利条件，这该怎么办？”

太公回答：“可令我军外表混乱而内部严整，外表缺粮而实际供给充足，外表废惫困顿而实际兵强马壮。离合聚散，变化莫测，深藏计谋，寻求战机，高垒营寨，埋伏精兵。士卒保持肃静，使敌不知我方部署，以便声东击西。”

武王再问：“敌人已掌握我方情报，识破我方计谋，又该怎么办？”

太公回答：“克敌制胜的方法，在于周密侦察，抓住战机，乘隙而入，迅速攻击，出其不意。”

专一则胜，①离散则败。阵以密则固，锋以疏则达。卒畏将甚于敌者胜；卒畏敌甚于将者败。所以知胜败者，称将于敌也，②敌与将犹权衡焉。③

《尉缭子·兵令》

注：①专一：同心同德。②称：比较。③权衡：权，即称砣；衡，即称杆。

译：部队一心一德就会取胜，离心离德就会失败。防守阵形紧密就牢固，冲锋队形疏散就有利于突破敌阵。士卒畏惧将帅超过畏惧敌人，就可获胜；士卒畏惧敌人超过畏惧将帅，就会失败。拿将帅与敌人相比较，谁更可怕，可以预知胜负。敌人与将帅，就好比称砣、称杆。

凡兵，制必先定。①制先定，则士不乱，士不乱，则刑乃明。金鼓所指，则百人尽斗；陷行乱阵，则千人尽斗；覆军杀将，则万人齐刃②。天下莫能当其战矣。

《尉缭子·制谈》

注：①制：制度、纪律。②齐刃：齐心协力地战斗。

译：统率军队，首先必须制定严格的制度。制度严格，士卒才不会散乱；士卒不散乱，刑罚才能严明。进军的鼓声一响，上百人奋力攻击；冲锋陷阵，上千人英勇战斗；全歼敌军，上万人同心协力。这样的军队将无敌于天下。

兵法曰：夏后氏誓众于军中，①欲人先成其虑也。商人誓众于军门之外，欲人先意以待事也。周人将交刃而誓之，②以致人意也。故书之所纪，三代令主出兵伐罪，③必立誓命之文，所以申饬有众，④坚整士心，为战阵之首也。今之出师，凡将发及战，主帅当亲临士众，明布誓言，使在下无不闻者，感激众志，然后行也。

（宋）曾公亮等：《武经总要·前集·军誓》

注：①夏后氏：古代部落名。相传大禹为其领袖。后其子启建立夏朝。②交刃：兵锋相交，喻作战。③令主：贤明的君主。④申饬：告诫、命令。

译：兵法说：夏后氏在军中誓师，是想使人们对战事先有所考虑。商人在军门之外誓师，是想使人们先作准备以迎接战争的到来。周人将在作战之前誓师，是表达自己必胜的信念。所以书中记载，夏、商、周三代贤明的君主出兵讨伐罪恶的敌人，一定要颁布誓师的文辞，用它来告诫部队，振作军心，这是出兵列阵的首要环节。现在出动军队，凡是将要出发作战，主帅应当亲临部队，明确宣布誓言，使属下无不知晓，激励全军的斗志，然后开始行动。

凡与敌战，若陷在危亡之地，当激励将士决死而战，不可怀生则胜。[①]法曰：兵士甚陷，[②]则不惧。

（明）刘基：《百战奇略·危战》

注：①怀生：贪生怕死。②甚陷：深深陷入危难之中。

译：凡是与敌作战，假如已身陷危亡之地，应当激励全军将士决一死战，不可苟且偷生，这样才能取得胜利。所以，《孙子兵法》说：士兵已经深深陷入危险之中，就会无所畏惧。

凡将之所以战者兵也，兵之所以战者气也，气之所以胜者鼓也。能作士卒之气，则不可太频，[①]太频则气易衰；不可太远，太远则力易竭。须度敌人之至六七十步之内，乃可以鼓，令士卒近战。彼衰我胜，败之必矣。法曰：气实则斗，[②]气夺则走。

（明）刘基：《百战奇略·气战》

注：①太频：过于频繁。②气实：士气旺盛。气夺：士气衰落。

译：凡主将赖以作战的是士兵，士兵赖以作战的是士气，士气之所以能胜利，是因为受到鼓舞。能够鼓舞士气，但不可过于频繁，过于频繁，则士气易衰；不可太远，太远则力量容易耗尽。必须等到敌人进到六七十步之内，才可以击鼓鸣号，命令士兵近战杀敌。此时敌军气衰，我军气盛，必定胜利。所以，兵法说：士气旺盛就进行战斗，士气衰落就立即撤退。

凡与敌战对垒，不可令军士通家书，亲戚往来；恐语言不一，众心疑惑。法曰：信通问，则心有所恐；亲往来，则心有所恋。

（明）刘基：《百战奇略·书战》

译：凡与敌作战对垒，不可让士兵与家人通信，与亲戚往来。恐怕说话不一致，引起众心疑惑。所以，兵法说：通信问事，则易引起思想波动，亲戚往来，则士兵心有别恋，无意作战。

谓我无可生者，激吾众也。①谓敌不足畏者，安吾民也。布疑言于人耳者，使人惑也。置赤心于人腹者，使人信也。②

（明）西湖逸士：《投笔肤谈·达权》

注：①激：激励。②赤心：真诚的心。

译：说我们已无可生还，是为了激励将士拼死以战的斗志。说敌人并不可怕，是为了安抚老百姓的情绪。散布疑言，是为了使人产生迷惑。推心置腹，是为了取得别人的信任。

兵法曰："千人同心，则有千人之力；万人异心，则无一人之用。"众心不一，则彼此互诿，①进退疑二，敌人薄之，②前阵数顾，③后阵欲走，虽百万之众，竟亦何益。故一众之说，④兵家所同。《三略》曰："士众欲一。"《司马法》曰："气间心一。"《孙武子》曰："齐勇若一。"《六韬》以一为独往独来之兵，《尉缭》以一为独出独入之兵。所谓独者，谓能使三军之众一心同力齐至死战。一之之法，拊揗欲厚，⑤激劝欲勤，号令欲严，赏罚欲信。俾士卒戴我而乐于一，畏我而不敢不一。又顿兵死地，⑥示之以必死，令不得不致其死而一。所以万人一心，奋勇直前，人莫能御，如吴子所称父子之兵者是也。⑦

（明）无名氏：《草庐经略》卷2《一众》

注：①诿：推卸，推托。②薄：逼近。③顾：回头看。④一：统一。⑤拊揗：抚慰。⑥顿：驻扎。⑦吴子：吴起，战国时著名军事家。

译：兵法说："个人同心协力，就会团结千人的力量；万人离心离德，就不如一人有用。"众人的思想不一致，就会彼此推诿，进退迟疑。敌人逼进之时，前卫频繁地回望，后卫急欲逃走，虽有百万之众，又有什么用处？所以，统一众人的意见，是兵家所共同主张的。《三略》说："士卒应使其团结一致"。《司马法》说："气要有所间隔，心要紧密相连"。《孙子兵法》说："队列整齐，行动勇猛，像一个人一样"。《六韬》认为只有统一步调，才是独往独来之军，《尉缭子》认为只有统一步调，才是独出独入之兵。所谓"独"，是指能使全军上下同心协力一齐死战。统一部队的办法，抚慰要厚，鼓励要勤，号令要严，赏罚要信。使士卒拥戴我而乐于服从统一指挥，畏惧我而不敢不服从统一指挥。又可将部队驻扎在死亡之地，向士卒表明必死无疑，使他们不得不拼死一战。这样才能万众一心，奋勇直前，无人可以阻挡，正如吴起所说的父子之兵那样。

4. 缘法而治，按功而赏

明主之治天下也，缘法而治，①按功而赏。凡民之所疾战不避死者，以求爵禄也。明君之治国也，士有斩首捕虏之功，必其爵足荣也，禄足食也；农不离廛者，②足以养二亲，治军事。故军士死节，而农民不偷也。③

《商君书·君臣》

注：①缘：依据。②廛：音"缠"，一户人家所占的房地。又指故乡。③偷：懒惰。

译：圣明的君主治理天下，依法而治，论功行赏。大凡民众之所以奋勇作战，不怕牺牲，是因为追求官爵俸禄。明君治国，只要将士有杀敌捕俘的战功，一定使他的爵位足够荣耀，俸禄足够享用；只要农民不离开故土，一定使他的家产足够奉养二老，供给军需。这样，将士就愿意为国捐躯，而农民也不会偷懒。

文王问太公曰："赏所以存劝，①罚所以示惩，吾欲赏一以劝百，罚一以惩众，为之奈何？"

太公曰："凡用赏者贵信，用罚者贵必。②赏信罚必于耳目之所闻见，则所不闻见者，莫不阴化矣。夫诚，畅于天地，通于神明，而况于人乎！"

《六韬·文韬·赏罚》

注：①劝：鼓励。②必：坚决执行。

译：周文王问姜太公："奖赏是为了鼓励，处罚是为了惩戒。我想赏一而励百，罚一而惩众，该怎么办？"

姜太公回答："颁发奖赏，贵在恪守诺言；宣布惩罚，贵在坚决执行。赏罚严明一定要让人们亲自看到听到，那么，没有直接闻见的人，也会被默默地感化。真诚，可以畅达于天地神明，何况对于人呢？"

武王问太公曰："将何以为威？何以为明？何以为禁止而令行？"

太公曰："将以诛大为威，以赏小为明，以罚审为禁止而令行。故杀一人而三军震者，杀之；赏一人而万人说者，①赏之。杀贵大，赏贵小。杀其当路贵重之臣，②是刑上极也；赏及牛竖，③马洗、④厩养之徒，是赏下通也。刑上极，赏下通，是将威之所行也。"

《六韬·龙韬·将威》

注：①说：同“悦”，喜悦。②当路：当权者。③牛竖：放牛者。④马洗：马前引导者。

译：周武王问姜太公：“主将怎样才能树立威信？怎样才能体现贤明？怎样才能有令必行，有禁必止？”

太公说：“主将用诛杀地位高、官职大的人来树立威信，用奖赏地位低的小人物来体现贤明，用审慎准确的刑罚来达到有令必行，有禁必止。所以，杀一人而三军震慑的，就处死他；赏一人而万众喜悦的，就赏赐他。处死应偏重于大人物，奖赏应偏重于小人物。处死当权的显贵之臣，是刑不避显要；奖赏到放牛、引马、饲养者，是赏不遗卑贱。刑不避显要，赏不遗卑贱，这样主将的威信就会树立起来，并推行于全军。”

管子曰：“湩然击鼓，①士忿怒；枪然击金，②士帅然。筴桴鼓从之，③舆死扶伤，争进而无止，口满用，④手满钱，⑤非有父母之仇也，重禄重赏之所使也。故轩冕立于朝，⑥爵禄不随，臣不为忠；中军行战，委予之赏不随，士不死其列阵。然则是大臣执于朝，⑦而列阵之士执于赏也。故使父不得子其子，兄不得弟其弟，妻不得有其夫，唯重禄重赏为然耳。故不远道里而能威绝域之民，⑧不险山川而能服有恃之国，发若雷霆，动若风雨，独出独入，莫之能圉。⑨”

《管子·轻重甲》

注：①湩：音“洞”，击鼓声。②枪：敲击金属的声音。③桴：鼓槌。④用：当作“涌”。⑤钱：当作“残”，伤残。⑥轩冕：卿大夫所使用的车辆和服饰。也用作官吏的代称。⑦执：通“絷”，系心、牵挂、想念。⑧绝域：极偏远的地方。⑨圉：通“御”，抵抗。

译：管子说：“隆隆击鼓，士卒就义愤填膺；铿锵敲锣，士卒就肃然而立。将帅执槌击鼓，士卒紧随其后，奋勇冲杀，死伤惨重仍不停息，口中杀声不断，双手伤痕累累，他们并不是对敌人有杀父之仇，而是君主丰厚的赏赐使他们舍生忘死。所以，臣属供职于朝廷，如果君主不随之给予官爵、俸禄，他们就不会尽忠；将士效力于军中，如果君主不随之给予犒赏，他们就不会奋勇作战。这就是说，大臣们心系于俸禄，而将士们心系于犒赏。所以，要想使父亲不疼爱他的儿子，哥哥不疼爱他的弟弟，妻子不守着她的丈夫，只有用优厚的俸禄奖赏才能做到。由于有了优厚的赏赐，就不怕路途遥远，而能威慑极偏僻之地的民众，不依赖山川的险峻，而能征服据险而守的敌国。冲击如雷霆，行动如风雨，纵横驰骋，无人阻挡。”

武侯问曰：“严刑明赏，足以胜乎？”

起对曰：“严明之事，臣不能悉。①虽然，非所恃也。②夫发号布令而人乐闻，兴师动众而人乐战，交兵接刃而人乐死。此三者，人主之所恃也。”

武侯曰：“致之奈何？”③

对曰：“君举有功而进飨之，④无功而励之。”

《吴子·励士》

注：①悉：详尽地了解。②恃：依靠。③致：做到。④飨：音“想”，宴请。

译：魏武侯问道：“赏罚严明，就足以克敌制胜吗？”

吴起回答道：“关于赏罚严明的作用，我还不能详尽地了解。但是，我认为打胜仗不能完全依赖于它。发布号令而人们乐于服从，兴师动众而人们乐于出战，短兵相接而人们乐于拼死搏斗。这三条，是君主所依靠的。”

武侯又问：“怎样才能做到这三条呢？”

吴起回答：“君主表彰有功之臣并宴请他们，同时对无功者予以鼓励。”

古之明君，错法而民无邪，①举事而材自练，赏行而兵强。此三者，治之本也。……行赏而兵强者，爵禄之谓也，爵禄者兵之实也。以故人君之出爵禄也道明。②道明则国日强，道幽则国日削。故爵禄之所道，存亡之机也。夫削国亡主，非无爵禄也，其所道过也。三王五霸，其所道不过爵禄，而功相万者，③其所道明也。是以明君之使其臣也，用必出于其劳，赏必加于其功。功赏明则民竞于功。为国而能使其民尽力以竞于功，则兵必强矣。

《商君书·错法》

注：①错：通“措”，实施。②道明：原则明确。③相万：相差一万倍。

译：古代贤明的君主，实施法制，民众就不行奸邪；兴办事业，就造就出干练的人才；实行赏赐，军队就强大。这三项，是治国的根本。实行赏赐军队就强大，这是说官爵俸禄的作用明显，爵禄就是军事力量之所在。正因为如此，君主赏赐爵禄的原则要明确。原则明确，国家就一天天强大；原则含混，国家就一天天衰弱。所以，赏赐爵禄的原则，就是国家存亡的关键。那些衰弱的国家，灭亡的君主，并不是没有爵禄，而是他们据以赏赐的原则是错误的。历史上圣明的三王五霸，也不过赏赐爵禄，但取得的功效却超过常人一万倍，那是因为他们的原则是明确的。因此，贤明的君主任用臣下，一定是由于他们勤于效劳，赏赐一定要依据他们的功绩大小。论功行赏，民众就会争相立功。治理国家而能使民众尽力争相立功，那么军事力量就一定强大。

人生而有好恶，①故民可治也，人君不可以不审好恶。好恶者，赏罚之本也。夫人情好爵禄而恶刑罚，人君设二者以御民之志，②而立所欲焉。夫民力尽而爵随之，功立而赏随之，人君能使其民信于此如日月，则兵无敌矣。

《商君书·错法》

注：①恶：音“务”，厌恶。②御：控制。

译：人们生来就有所喜好，有所厌恶，所以民众是可以治理的。人们的爱好和厌恶，是行赏施罚的根据。人之常情是喜好爵禄而厌恶刑罚，君主于是设置爵禄和刑罚来控制民众的志向，而设立民众所想要的东西。民众尽了力，爵禄随之而来，立了功，赏赐随之而来，君主能使民众相信这一点就像相信月落日升一样可靠，那么军队就无敌于天下了。

民非乐死而恶生也，①号令明，法制审，故能使之前。明赏于前，决罚于后，是以发能中利，动则有功。今百人一卒，千人一司马，万人一将，以少诛众，②以弱诛强。试听臣言其术，足使三军之众。诛一人无失刑，父不敢舍子，③子不敢舍父，况国人乎！

《尉缭子·制谈》

注：①恶：音“务”，厌恶。②诛：责备、要求、指挥。③舍：通“赦”，免罪。

译：人们并不是乐于死亡而厌恶生存，只是号令严明，法律周密，这才能促使他们勇往直前。事先明确悬赏，事后坚决处罚，这样才能出发就获利，行动就成功。现今一百人听从卒长指挥，一千人听从司马指挥，一万人听从将军指挥，以少数人指挥多数人，以弱的一方要求、管理强的一方。如果听从我说的方法，足以统驭三军之众。只要不让一个违法者逃脱惩罚，那么父亲也不敢赦免儿子，儿子也不敢赦免父亲，更何况一般人之间的关系呢！

将自千人以上，有战而北，①守而降，离地逃众，命曰国贼。身戮家残，去其籍，②发其坟墓，暴其骨于市，男女公于官。③自百人以上，有战而北，守而降，离地逃众，命曰军贼。身死家残，男女公于官。使民内畏重刑，则外轻敌。故先王明制度于前，重威刑于后。刑重则内畏，内畏则外坚矣。

《尉缭子·重刑令》

注：①北：败北，失败。②去其籍：开除他当军官的资格。③公于官：收入官府当奴婢。

译：统率千人以上的将领，如果作战失败，防守投降，临阵脱逃，擅离职守，叫做“国贼”。对这种人，要杀头抄家，开除军官资格，掘开坟墓，暴尸示众，全家老幼收入官府，充当奴婢。率领百人以上的将领，如果作战失败，防守投降，临阵脱逃，擅离职守，叫做“军贼”。对这种人，要杀头抄家，全家老幼收入官府，充当奴婢。使军人对内畏惧重刑，才会对外不害怕敌人。所以，古代君王先申明法制，后使用刑罚。刑罚严厉，国人就会内怕，内怕才会对外坚决作战。

夫用兵之道，尊之以爵，瞻之以财，①则士无不奋矣；接之以礼，厉之以信，则士无不死矣；②畜恩不倦，③法若画一，则士无不服矣；先之以身，后之以人，则士无不勇矣；小善必录，小功必赏，则士无不劝矣。④

《诸葛亮集·将苑·厉士》

注：①瞻之以财：以丰厚财物供养。②死：拼力死战。③畜恩：同“蓄恩”，积聚对兵士的恩惠。④劝：受到鼓励。

译：大凡用兵的道理，授以爵位使之感到尊荣，供给财物使之感到富足，那么兵士无不振作精神；以礼貌对待他们，严格遵守信诺，那么兵士无不拼力死战；不倦地积蓄对兵士的恩惠，规整地执行军法，那么兵士无不服从命令；身先士卒，以身作则，那么兵士无不勇猛向前；优良表现一定记录在案，立了功劳一定给予奖赏，那么兵士无不受到鼓励。

经曰：激人之心，励士之气，发号施令，使人乐闻；兴师动众，使人乐战；交兵接刃，①使人乐死。其在以战劝战，②以赏劝赏，以士励士。木石无心，犹可危而动，安而静，况于励士乎！

（唐）李荃：《太白阴经·人谋下·励士》

注：①接刃：刀刃相接，喻作战。②劝：勉励。

译：兵书上说：激发军人的信心，鼓励战士的斗志，发号施令，应使士兵乐于接受；兴师动众，应使士兵乐于投入战斗；短兵相接，应使士兵乐于为国捐躯。这里的关键在于以战斗鼓励士兵，以赏赐刺激求赏的心情，以优秀士兵作为全军的榜样。树木石头没有思想，还可以遇危而动，居安而静，更何况对士兵的鼓励呢！

有功不赏；虽赏，不速、不溢、①不公、不信，②均将之所忌也。然而尤贵不滥，滥则得者不以为荣，食者辄图侥幸。……故勋劳宜赏，不吝千金；无功妄施，分毫不与。

（明）无名氏：《草庐经略》卷1《军赏》

注：①溢：满。②信：守信用。

译：有功劳而不给奖赏；或者虽然给予奖赏，但是不及时、不满足、不公平、不守信用，这些都是将帅所忌讳的。然而，尤其重要的是奖赏不可太滥。太滥，则得奖的不以为荣耀，部属都企图侥幸得奖。……所以，对于那些应该奖赏的功劳，即便是千金也不吝啬；而对于那些不该奖赏的，一分一毫也不给予。

将者，三军之所仰也。一语之出，万人倾听。倘有言不践，云赏不赏，①云罚不罚，期约②有如儿戏，许可一语无所凭，则禁令徒严，③科条徒密，人必将心非而巷议，曰此空谈耳。其陈师而谕之也，④赏格虽立，人不以为劝；⑤刑章虽示，人不以为畏。令之而不行，禁之而不止，统驭虽多，总皆乌合，不可得而用，以其信不足以结人也。

（明）无名氏：《草庐经略》卷2《将信》

注：①云：说。②期约：许诺，约定。③徒：空。④谕：告诉、命令。⑤劝：受到鼓励。

译：将帅为三军所敬仰。一言既出，万人倾听。假若说话不实行，说赏不赏，说罚不罚，许诺有如儿戏，说话没有凭证，那么就会禁令空严，纪律条文空密，人们必将不以为然，议论纷纷，说这些不过是空谈罢了。临战誓师，命令颁布，奖赏标准确定，但士卒并不因此受到鼓励；惩罚规则虽然公布，士卒也不畏惧。令而不行，禁而不止，统领的人马虽多，但都是乌合之众，不可派上用场。这都是因为将帅的信用不足以团结部属的结果。

励士原不一法，而余谓名加则刚勇者奋，①利诱则忍毅者奋，迫之以势，胁之以危，诡之以术，则柔弱者亦奋。将能恩威胁，所策皆获，则三军之士，彪飞龙蹲，②遇敌可克。而又立势佐威，盈节护气，虽北不损其锐，③虽危不震其心，则又无人无时而不可奋也。

（清）揭暄：《兵经百篇·法篇·励》

注：①余：我。②彪：小老虎。③北：战败。

译：鼓励士兵本来不只一种方法。而我认为，授予荣誉，则刚勇者更加奋勇；以利益相诱导，则忍毅者更加奋勇；以形势相逼迫，以危险相威胁，以诡计相欺诈，则柔弱者亦更加奋勇。将领如能恩威并施，计谋周全，则三军将士，龙腾虎跃，攻无不克。加上又扩张势力以助声威，充盈节操鼓舞士气，虽有小败不损其锐气，虽陷危难不动摇军心，则全军上下无人无时不奋勇作战。

军无财，士不来；军无赏，士不往。故良饵之下有悬鱼，重赏之下有勇夫。

（清）汪宗沂：《太公兵法逸文·篇七》

译： 当兵没有钱财收入，人们不会来投军；打胜仗没有奖赏，士兵不会勇往直前。所以，好的钓饵能引诱游鱼上钩，重赏之下必有勇夫。

5. 胆贵壮

胆贵壮，其练之也，以心为主。此心见，得理明，则气自雄，胆自壮。试思我以堂堂大兵，诛剿无赖逆贼，正顺之势既明，忠义之气自足以吞之。况我仍训练有方，同心一气，贼乃迫胁乌合之众，虽号数万，其实能打仗者，那有多人。有此两层，贼自该十分怕我。我只要见透此理，固不待战，而已操必胜之权，①视数万贼如草芥耳。②今人多说贼胆大，不怕究竟，那有此事，不过因我兵勇不明此理，怕贼到十二分，而贼反少怕得一两分，以至兵勇多有死于贼者，乃偏不怪自己胆小，转说贼子胆大，岂不可笑，岂不可憾。不知临阵之际，胜败定于片刻，只要稳住片刻不怕，便足以寒贼之胆而壮我之气。故贼虽众必败，我虽少必胜。使不能稳住，则我先自丧其气，贼之胆又安得而不大哉。此理之甚明者也。明夫怕则败，不怕则胜之理，自能常存一不怕之心以取胜矣。况乎怕者，怕死而已。诚使怕死则可以不死，亦无怪其怕耳。不知怕则我之气愈弱，贼之气愈强，欲求不死而不得。纵或不死贼手，亦必死于军法，其死更为不值。是怕死则必死，不怕死则不惟不死，并可以立奇功，此又理之甚明者也。

（清）王鑫：《兵书三种·练勇刍言》

注：①权：权柄，把握。②草芥：比喻极轻贱之物。

译：胆量要壮，锻炼胆量的方法，以端正思想为主。思想端正了，道理明白了，那么士气自然高昂，胆量自然雄壮。试想我以堂堂正正的大军，讨伐围剿造反的匪贼，名正言顺，此势既然已明，那么我军的忠义之气自然足以压倒敌人。况且我军训练有方，同心协力，而匪贼不过是胁迫而成的乌合之众，虽然号称数万人马，其实真正能打仗的，哪有那么多？有这两条，应该是匪贼十分怕我才对。我只要懂得这个道理，不须对阵拼杀，便已稳操胜券，看待数万匪贼，不过如草芥一般。现在人们都说匪贼胆大，什么都不怕，其实哪有这种事情，不过是因为我军士兵不明白这个道理，十二分地惧怕匪贼，而匪贼反倒少怕我军一两分，以至于士兵多有被贼杀死，偏不怪自己胆小，反说匪贼胆大，岂不令人可笑，岂不令人遗憾。他们不知道，临阵之际，胜败定于片刻之间，只要在这一片刻稳住阵脚，勇敢战斗，便足以使匪贼心惊胆颤，而我军士气高昂。所以，匪贼虽多而必败，我军虽少而必胜。相反，假如不能稳住阵脚，那么我军先自泄气丧胆，匪贼的胆量又怎么会不大呢？这个道理是再明白不过的了。明白了怕则败，不怕则胜的道理，自然能经常保持不怕的心理，去夺取胜利。况且，害怕什么呢？不过怕死罢了。假如怕死便真的可以不死，那么他害怕也就没有什么可怪的。但是，人们不知道，越害怕我军的士气就越低沉，而匪贼的士气就越高昂，这样，我想求不死也不可能。即使不被贼杀死，也必然为军法所不容，死得更无价值。这就说明，怕死则必死，不怕死则不但不会死，还可以建立奇功，这也是非常明白的道理。

守有城之邑，①不知以死人之力与客生力战，②其城拔。若死人之力也，客不尽夷城，③客无从入，此谓以死人之力与客生力战。城尽夷，客若有从入，则客必罢。④中人必佚矣。⑤以佚力与罢力战，此谓以生人力与客死力战。皆曰：“围城之患，患无不尽死”。

《商君书·兵守》

注：①有城之邑：有城墙的城镇。②死人：抱有必死决心的士卒。生力：生力军，精锐部队。③夷：摧毁。④罢：通“疲”，疲惫。⑤佚：安逸。

译：守卫有城墙的城市，如果不懂得以抱有必死决心的士卒与敌人的生力军搏杀，城市一定会被攻破。假若守城士卒人人拼死抵抗，敌军不完全摧毁城墙，就无法攻入城内。这就叫以抱有必死决心的士卒与敌生力军搏杀。城墙被完全摧毁，敌军才得以入城，但这时他们一定已精疲力竭，而城中守军则相对安逸。以安逸的力量与疲惫的力量作战，这就叫以生气勃勃的军队去收拾敌人垂死的军队。人们都说：“围攻城池，怕就怕守城的士卒人人都拼死抵抗。”

兵有五致：[1]为将忘家，逾垠忘亲，[2]指敌忘身，必死则生，急胜为下。百人被刃，[3]陷行乱阵；千人被刃，擒敌杀将；万人被刃，横行天下。

《尉缭子·兵教》

注：①五致：做到五条。②逾垠：越过天涯，比喻远出作战。③被刃：浴血奋战。

译：军人要做到五条：受封为将时，忘记自己的家庭；远出作战时，忘记自己的亲人；临阵作战时，奋不顾身；下定必死的决心才能得以生存；急于求胜是下策。这样，一百人浴血奋战，可以冲锋陷阵；一千人浴血奋战，可以擒敌杀将；一万人浴血奋战，可以横行天下。

夫怯于小敌者，其真情也；勇于大敌者，其权术也。[1]敌小而怯，怯而戒，戒而励，胜之道也。敌大而勇，勇而决，决而奋，亦胜之道也。于敌之小，而示之其真情，是以不易胜之也；[2]于敌之大，而用其权术，是以不畏胜之也。

（宋）何去非：《何博士备论·汉光武论》

注：①权术：权谋机变的手段。②易：轻视。

译：害怕小股敌人，是士卒的真实情感；勇于对抗大队敌军，要依靠权谋机变的手段。面对小股敌人而害怕，害怕就会警戒，警戒就会努力作战，这便是取胜之道。面对大队敌军而勇气倍增，由勇敢而下定决心，由决心而奋力拼杀，这也是取胜之道。对于小股敌人，表现出真实情感，这是因不轻视敌人而胜；对于大队敌人，采用机谋妙计，这是因不害怕敌人而胜。

故必死，必死不如乐死；乐死不如甘死；甘死不如义死；义死不如视死如归，此之谓也。故一人必死，十人弗能待也；①十人必死，百人弗能待也；百人必死，千人弗能待也；千人必死，万人弗能待也；万人必死，横行乎天下。

（清）汪宗沂：《太公兵法逸文·篇一》

注：①待：防守、抵挡。

译：既然必死，那么不如不怕战死；不怕战死不如心甘情愿地战死；心甘情愿地战死不如为了正义去战死；为了正义战死不如视死如归，就是指的这种情况。所以，一个人抱定必死的决心，十个人不能抵挡；十个人抱定必死的决心，一百个人不能抵挡；一百个人抱定必死的决心，一千个人不能抵挡；一千个人抱定必死的决心，一万个人不能抵挡；一万个人抱定必死的决心，将横行于天下。

6. 军容不盛，军威不张

军之有容也，所以振扬威武，壮三军之魄，而夺敌人之气者也。军容不盛，则军威不张；军威不张，则将之能否可知矣。①是以器械务取其精锐，旌旗必求其绚烂，甲胄务欲其鲜华，②人马腾陵，三军生色，真将军也。

（明）无名氏：《草庐经略》卷3《军容》

注：①否：音“痞”，低劣。②胄：头盔。

译：部队之所以讲究军容，是因为它可以振武扬威，壮我全军胆魄，打击敌人士气。军容不整，则军威不扬，军威不扬，便可得知将帅才能低劣。所以，器械一定要精锐，旗帜一定要灿烂，盔甲一定要鲜艳，全军龙腾虎跃，生气勃勃，这才是真正的将军。

古者，国容不入军，①军容不入国。军容入国，则民德废；国容入军，则民德弱。故在国言文而语温，在朝恭以逊，修己以待人，不召不至，不问不言，难进易退；在军抗而立，②在行遂而果，③介者不拜，④兵车不式，⑤城上不趋，危事不齿。⑥故礼与法表里也，文与武左右也。

《司马法·天子之义》

注：①容：礼节仪容。②抗：刚正不屈。③遂：决断。④介：铠甲。⑤式：敬礼。⑥齿：谈论、重视。

译：在古代，朝廷的礼节仪容不在军队里实行，军队的礼节仪容不在朝廷内实行。军队的仪容用于朝廷，民众礼让的品德就会丧失；朝廷的仪容用于军队，士兵勇猛的精神就会削弱。所以，在朝廷内，语言要温和，行为要恭逊，加强修养，礼貌待人。君主不召不来，不问不答，进退适宜。在军队里，要刚正而立，行动果断，身着铠甲不跪拜，站立车上不敬礼，城头巡逻不急走，遭遇危险不害怕。所以说，礼仪与军法互为表里，文治与武功不可偏废。

太宗曰：“《曹公新书》云：‘作阵对敌，必先立表，①引兵就表而阵。一部受敌，余部不进救者斩。此何术乎？”

靖曰：“临敌立表，非也，此但教战时法尔。古人善用兵者，教正不教奇，驱众若驱群羊，与之进，与之退，不知所之也。曹公骄而好胜，当时诸将奉《新书》者，莫敢攻其短。

且临敌立表，无乃晚乎？臣窃观陛下所制破阵乐舞，② 前出四表，后缀八幡，左右折旋，趋步金鼓，各有其节，此即八阵图四头八尾之制也。人间但见乐舞之盛，岂有知军容如斯焉！”

《唐太宗李卫公问对·卷中》

注：①表：作为标记的木柱。②破阵乐舞：即秦王破阵乐舞。唐太宗李世民为秦王时，征伐四方，军中有《秦王破阵乐》流传。贞观七年（633 年），李世民又亲制《破阵舞图》，命吕才依图教乐工一百二十八人披甲执戟而舞。

译：唐太宗问：“《曹公新书》说：‘列阵对敌，一定要先树立标柱，率兵根据标柱排列阵势。一部遭敌攻击，余部不前往救援的斩首。’这是什么战术？”

李靖答：“临到与敌对阵才树立标柱的说法是不对的。这不过是平时训练时所用的办法。古人善于用兵者，只教正兵的战法，不教奇兵的战法，指挥部队如同驱赶羊群，令进则进，令退则退，不让士卒知道要到哪里去。曹公骄横好胜，当时奉行《新书》的将领，没人敢指责其中的错误。而且，等到面对敌军了，才树立标柱，不是太晚了吗？我看陛下所制定的‘秦王破阵乐舞’，前面树立四根标柱，后面连接八幅长幡，舞者左右回旋，依从鼓、锣的节奏移动脚步，这就是按照八阵图中四头八尾的规矩。人们只看到乐舞的盛况，哪里知道军队的阵容也是如此呢？”